叢書 現代社会のフロンティア 21

「成熟社会」を解読する

都市化・高齢化・少子化

Kaneko Isamu
金子 勇 著

ミネルヴァ書房

はじめに

本書は、その時折の社会学の研究論文や著書のエッセンスを明らかにして、時代の記録の一助にするために、四〇年近くの大学勤務のなかで、マスコミとりわけ新聞と雑誌に寄せた原稿をテーマ別に、そしてほぼ年代順に並べたものである。内容としては、昭和の後半から平成の前半までに発表した短編のうちほぼ八割を選択して、必要に応じて最小限の加筆修正を行った。

本書タイトルに用いた「成熟社会」はかつてガボールによって書かれた同名の著書によっており、講談社からその翻訳が出版されたのは、一五年間続いた日本の高度成長が終焉した一九七三年であった。大学院修士課程で社会学を学び始めたばかりの私は、それに触れて以来「成熟」(maturity)や「成熟社会」(mature society)についても考えるようになった。

「成熟」は団塊世代のライフヒストリーにも重なり合う意味合いを持っており、時代の中の明るさも暗さも兼ね備え、同時に活気も沈滞も取り込んだ不思議な概念として私の中に取り込まれてきた。その後「成熟社会」は、豊かさに伴う「緩やかな脇道への動き」を含みながら私の中で膨らんでいった。

本書の「音楽社会学」で使った表現をすれば、「緩やかな脇道への動き」は頂点を極め爛熟した「吉田都会派メロディ」がその次に生み出した清新な「吉田青春歌謡」、および激しい「吉田リズム歌謡」の登場と符合する。同じ作曲家が時代の要請に応えつつ、少しずつ自分の作品の幅を広げる試みは大変魅力的であった。しかも「成熟社会」では、社会的にも個人的にも豊かさを「生活の質」の向上として達成して、日本社会の多くの分野でこの種の多様性がみられるようになり、多面的な可能性を予感させるに至った。

ただし、多様性はときに時代の調子を狂わせることもある。『ハムレット』の台詞は味読する価値に富んでいるが、その第一幕第五場一八九行に有名な台詞"The time is out of joint."（時代の調子が狂っている）がある。個性あふれる名訳揃いの台詞を二一世紀の「成熟した日本社会」に置き換えてみると、社会システムや日本国民の動向に予測できない揺れが大きくなったと解読してもよさそうである。

「全体社会」のあり方と行く末に関心が強かった私は、学問的には「マクロ社会学」を志向した。高度成長期は私の青春時代であり、それはまた「成熟期への胎動」でもあった。この経験による「現状認識」が都市化であり、その処方箋をコミュニティづくりに求めるという問題意識を育てた。そのパラダイムで約一〇年間の都市調査研究を行い、調査を進める過程で高齢化に直面した。そのために次の「現状認識」が高齢化になり、その対応を地域福祉社会システムとみなした。都市高齢化の研究も一〇年くらい継続したが、このなかで高齢化の促進要因が少子化だと気がついた。

そこでこれらを合成して「少子化する高齢社会」という時代認識を確定して、これは現在まで二〇年以上続いている。もちろん少子化対策や子育て支援は、「全体社会」のあり方としても行く末としても大きな課題なので、現状認識を基盤にして政策的にもいくつかの関与をしてきた。本書の前半はそのような研究史から紡ぎ出された「自助、互助、共助、商助、公助」、「義捐・微助人活動」、「結合定質の法則」、「子育てフリーラーダー」、「子育て基金」などのオリジナルな概念も含めての内容から構成されている。

その短編のほとんどは、「成熟した日本社会」の経験から生み出されたものであり、都市化、高齢化、少子化、環境問題などを考えるたびに、時代の理解の難しさを噛み締めてきた。

たまたま二〇〇二年にフランスの作家ゾラのセレクション（藤原書店）が刊行され、その第一〇巻が『時代を読む　1870―1900』になっている。それは三〇年間にわたる『フィガロ』紙、『ヨーロッパ通報』誌、短編集の「序文」、『オーロール』紙などへのゾラの寄稿文を集めて、「女性」「教育」「ジャーナリズム」「文学」「宗教」「パリ」「風俗と社会」などのテーマ別に再編集した構成である。

時代も内容も分量も全く違うが、一〇年前ほど前にそれを読んでからは、いずれこのようなマスコミ寄稿論だけを集めて、私も「時代を読む」という記録を残したいという思いが強くなった。そして北海道大学を離れる時にそれが叶った。三五年にわたる短編集をこのような形式でまとめるに際しては、二〇年以上ご支援いただいているミネルヴァ書房杉田啓三社長のご配慮と編集部の田引勝二氏のご援助が大きかった。心からお礼を申し上げたい。現状を語りながらどこまで近未来を見通せるか、本書の各短編からそれがいくらかでも読者に伝われば、たいへんうれしい。

二〇一三年一二月四日

金子　勇

「成熟社会」を解読する——都市化・高齢化・少子化　目次

はじめに

目次

第Ⅱ部　高齢社会の隘路　41

第Ⅲ部　地域福祉の可能性　79

第V部　環境問題のジレンマ

初出媒体（数字は項目番号）

『西日本新聞』　1、2、10、11、18、19、24、25、26、27、30、39、41、42、45、46、48、52、59
『北海道新聞』　4、5、6、7、8、9、14、20、21、44、55、56、57、58
『朝日新聞』　3、13、31
『読売新聞』　28
その他の新聞　15、16、17、29、33
専門誌・学会誌　32、34、35、40、50、51、53、63
一般誌・週刊誌　22、23、36、38、47、49、60
単行本　37、61、62
書き下ろし　12、43、54

第Ⅰ部　都市社会の診断

文化

社会指標への熱い視線
――制御の処方箋を求めて

金子　勇

　花の季節におこなわれる行事の一つに身体検査がある。入学試験合格者はもとより、四、五月になれば、小学生から大学院生まで、あるいは各職場ごとに、身長、体重をはじめ、尿検査、血沈、血圧測定、レントゲン撮影などが半ば強制的に実施される。個人の健康保持という観点からのみならず、社会的役割の円滑な遂行のためにも、個人の身体検査（診断）は重要である。

　その結果は、例えば尿検査用紙の変化度合い、血圧では平均血圧を基準にしてどれだけ逸脱しているかという判断、レントゲンフィルムの来歴との比較判定などを総合して、『健康』、『やや健康』、『まあまあだが、少し血圧が高い』というような『診断』が下される。そして、健康ではないと判断された個人には、医師はどの点に留意したらよいかを説明するだろう。いいかえれば、ある指標によって個人の身体の状態を測定し、常態の基準と著しい差異があらわれた場合、その部分を機能不全とし、対策を含めた処方せんが出されるのである。

　ところで、身体検査はなま身の人間を対象にするものだが、そのなま身の人間によって構成される社会に『検査』という視角を広げたらどうなるだろうか。社会の身体検査に当たるものを『社会診断』とよぶことにしよう。個人の身体状態がいくつかの基礎的指標で測定されるのと同様に、社会状態も一定の指標によって測定することができる。この測定用具が、ある種の熱い期待をもって現在注目されている社会指標である。

　個人の状態が血沈、血圧、レントゲン検査、最大酸素摂取量、検尿などの総合判定でしか診断できないように、社会の状態も、健康、安全、居住、仕事、教育、娯楽といった生活基礎要件を軸として、交通・通信、社会保障、家計、階層と社会移動などの分野によって構成されている。

　今のところ、研究者によって使用される分野はやや異なるが、生活基礎要件の六群は不可欠である。これらはちょうど、レントゲン検査、検尿、血圧検査に相当する基本項目といえよう。測定分野が決まったら、それを代表する指標も選ばなければならない。この方法が社会指標のトップダウン方式と呼ばれている。健康分野を素材にして考えてみよう。

　健康を支える社会的条件は①医療の機会（予防、治療）②環境衛生サービス（公害防止活動、し尿・ゴミ処理、下水道）に大別される。医療の機会指標としては地域、学校、職場ごとに実施される集団予防検診（乳児、ガン、老人検診）の受診状況がまず第一に挙げられる。

　次に、治療機会の指標としてよく利用されるものに、住民千人当たりの医療従事者数（医師、歯科医師、看護婦）、住民一万人当たりの病院、診療所数がある。そのほかには住民一万人当たりの救急件数とか国民健康保険の受診率なども適宜用いられる。いずれも治療機関への接近回路が太いほど望ましいと仮定されている。

　予防と治療の四指標によって、そのコミュニティーにおける医療機会が測定され、どこに政策の力点を置くかもわかるようになる。

　環境衛生に関しては、大気汚染、水質汚濁、騒音をはじめとする七大公害分野の測定、生活廃棄物処理施設の稼動状態と許容能力、下水道普及率などが主要な指標とされる。これらの調査で得られたデータを、客観的（可能なときだけ）基準値と照応して、環境衛生総体についての診断が下されることになる。

　以上例示した指標は客観的・実物指標であるが、社会指標体系は主観的指標も含まねばならない。すなわち、各分野で測定された実物指標の実情を、住民がどう評価しているかを知ることが大切である。社会状態は社会環境、社会構造、社会心理の複合システムと考えられるから、この点の作業は当然なされる必要があろう。特に、現状評価（満足水準）と改善要求（要求水準）との把握は不可欠である。

　この両者は、実物指数による社会状態の診断をして、社会状態の処方せんを作成するときに決定的に重要となってくる。満足水準と要求水準とによって、各指標間および分野間のウエートづけができるからである。われわれ（社会移動研究会＝代表・鈴木広九大助教授）の大野城、人吉両市の調査によれば、最も重要な分野とみなされたものは健康、次いで安全であり、両者合計が七割にも達した。

　社会指標による社会診断は、現代的社会問題の制御という方向をめざす、政策科学構築のための核をなす研究領域である。自治体独自のアイデアもいくつか出され、密接な関連をもちつつ社会学者を中心に理論的検討や調査も進められている。しかし、誕生して日の浅い理論の宿命として、未解決の課題は多い。基準点作成方法とその主体、指標の代表性の吟味、総合化の方法という問題は特に解明が急がれるところである。

　他人の、特に外国の学説の研究のみを理論と考える社会学者は少なくないが、そこで得たものと同時に、この日本の社会の研究で直接得られた成果を基にした理論づくりこそ、これからの社会学者の方向であろう。その意味で、社会指標の研究は社会学にとって試金石になるかもしれない。

（久留米大学講師・社会学）

『西日本新聞』1978年4月7日

1　社会指標への熱い視線

社会診断

花の季節に行われる行事の一つに身体検査がある。入学試験合格者はもとより、四、五月になれば、小学生から大学院生まで、あるいは職場ごとに、身長、体重をはじめ、尿検査、血沈、血圧測定、レントゲン撮影などが半ば強制的に実施される。個人の健康保持という観点からのみならず、社会的役割の円滑な遂行のためにも、個人の身体検査（診断）は重要である。

その結果は、例えば尿検査用紙の変化度合い、血圧では平均血圧を基準にしてどれだけ逸脱しているかという判断、レントゲンフィルムの常態との比較判定などを総合して、「健康」、「やや健康」、「まあまあだが少し血圧が高い」というような診断が下される。そして、健康ではないと判断された個人には、医師はどの点に留意したらよいかを説明するだろう。いいかえれば、複数の指標によって個人の身体の状態を測定し、常態と著しい差異があらわれた場合、その部分を機能不全とし、対策を含めた処方箋が出されるのである。

ところで、身体検査は生身の人間を対象にするものだが、その生身の人間によって構成される社会に「検査」という視角を広げたらどうなるだろうか。社会の身体検査に当たるものを「社会診断」と呼ぶことにしよう。個人の身体状態がいくつかの基準的指標で測定されるのと同様に、社会状態も一定の指標によって測定することができる。この測定用具が、学術的にも政策的にもある種の熱い期待をもって現在注目されている社会指標である。

個人の状態が血沈、血圧、レントゲン検査、最大酸素摂取量、検尿などの総合判定でしか診断できないように、社会の状態も、健康、安全、居住、仕事、教育、娯楽といった生活基礎要件を軸として、交通通信、社会保障、家計、階層と社会移動などの分野によって構成されている。

今のところ、研究者によって使用される分野はやや異なるが、生活基礎要件の六群は不可欠である。これらはちょうど、レントゲン検査、検尿、血圧検査に相当する基本項目といえよう。測定分野が決まったら、それを代表する指標も選ばなければならない。この方法が社会指標のトップダウン方式と呼ばれる。健康分野を素材にして考えてみよう。

健康の社会的条件　健康を支える社会的条件は、(1)医療の機会（予防、治療）と(2)環境衛生サービス（公害防止活動、し尿・ごみ処理、下水道）に大別される。医療の機会指標としては地域、学校、職場ごとに実施される集団予防検診（乳児、ガン、老人健診）の受診状況が第一に挙げられる。

次に、治療機会の指標としてよく利用されるものに、住民一〇〇〇人当たりの医療従事者数（医師、歯科医師、看護師）、住民一万人当たりの救急件数とか国民健康保険の受診率なども適宜用いられる。いずれも治療機関へのアクセスが太いほど望ましいと仮定されている。

予防と治療の両指標によって、そのコミュニティにおける医療機会が測定され、どこに政策の力点を置くかも分かるようになる。

環境衛生に関しては、大気汚染、水質汚濁、騒音をはじめとする七大公害分野の測定、生活廃棄物処理施設の稼働状態と許容能力、下水道普及率などが主要な指標とされる。これらの調査で得られたデータを客観的（可能なときだけ）基準値と照応して、環境衛生総体についての診断が下されることになる。

以上例示した指標は客観的・実物指標であるが、社会指標体系は主観的指標も含まねばならない。すなわち、各分野で測定された実物指標の実情を、住民がどう評価しているかを知ることが大切である。社会状態は社会環境、社会構造、社会心理の複合システムと考えられるから、この点の作業は当然なされる必要があろう。特に、現状評価（満足水準）と改善要求（要求水準）との把握は不可欠である。

この両者は、実物指数による社会状態を診断して、社会状態の処方箋を作成する時に決定的に重要となる。満足水準と要求水準とによって、各指標間および分野間のウェートづけができるからである。われわれ（社会移動研究会＝代表鈴木広九大助教授）の大野城、人吉両市の調査によれば、最も重要な分野とみなされたものは、健康、次いで安全であり、両者の合計が七割にも達した。

社会問題の制御

社会指標による社会診断は、現代的社会問題の制御という方向を目指す、政策科学構築のための中核をなす研究領域である。自治体独自のアイディアもいくつか出され、密接な関連を持ちつつ社会学者を中心に理論的検討や調査も進められている。しかし、誕生して日の浅い理論の宿命として、未解決の課題は多い。基準点作成方法とその主体、指標の代表性の吟味、総合化の方法という問題は特に解明が急がれるところである。

他人の、特に外国の学説の研究のみを理論と考える社会学者は少なくないが、そこで得たものと同時に、この日本の社会の研究で直接得られた成果を基にした理論づくりこそ、これからの社会学者の方向であろう。その意味で、社会指標の研究は社会学にとって試金石になるかもしれない。

（『西日本新聞』一九七八年四月七日）

2　コミュニティを考える

都市近郊農漁村でマスタープランづくりを手伝っているうちに、「コミュニティ」について考える機会をもった。

地域性と共同性

本来、コミュニティの原義は「精神的統一体」にあり、そのための要件が地域性と共同性であるといわれてきた。ある一定の限られた地域の中で、近隣を中心とする私的な人間関係が豊かにみられ、地域での共同行為も盛んで、強い連帯意識が認められる住民生活の様相を、われわれはコミュニティの代表的イメージとして持っている。しかし、もちろん都市化に伴う社会変動によって、このイメージのある部分が縮小または消失することは当然予測できる。地域性が失われたとか、住民のミーイズムにより共同作業や行事への参加が乏しくなったとかは、日常生活でもよく聞かれる話である。

いつの時代でも、地域住民の活動は、

(1)生産的活動（生業従事、被雇用）
(2)消費的活動（財・サービスの享受）
(3)交流的活動（つきあい、交際）

に分けられる。現実の住民生活はこれらが渾然一体となって展開している。そのすぐれた記録を、きだみのるの描く世界にみることができよう。私は今回の調査に先立ち、彼の二冊の本を読んでコミュニティ形成へのイメージづくりをした。[1] けれども、この作業は現実を無視し、古きよき時代を賛美し、そこへの無条件の回帰を主張するアナクロニズムとは無縁である。住縁と職縁とが著しく分離してしまった今日、生産、消費、交流の活動すべてを居住する地域社会にはめこむことはできない。ただ、都市近郊農漁村では、大都市とは違って、これら三種の活動が比較的に住縁に収束しやすいことは今でも事実であろう。

専門機関に依存　高度成長期以前、この地域での住民の出会い・交流の場は次のようなものであった。

(1)港と川端（生産の場）
(2)雑貨屋と駄菓子屋（消費の場）
(3)公共浴場（交流の場）

すなわち、住民が漁に出かける直前と直後（生産）、日常生活物資の購入のついで（消費）、そして文字通り「ハダカのつきあい」のできる公共浴場（交流）が最も大切な交歓の場だったのである。そのような場所では、生産や収穫の情報交換から適齢期の男女についての情報分析まで、さらに愚痴や悪口による欲求不満の解消などが、至る所で見られたであろう。

しかし現在、公共浴場は消え、駄菓子屋はスーパーへと変貌した。都市化がゴミ・し尿処理、保育、水利用に関する「共同化の契機」を奪ったために、住民はそれらの機能遂行を専門処理機関に依存せざるをえなくなった。すなわち、村落的な自家処理力や地域ぐるみ処理力が大幅に低下し、代わって生活の社会化が進み、個別専門処理サービスを抜きにしては住民生活の維持が難しくなったのである。これが「都市的生活様式」である。確かにお金さえ出せば、家族本来が持っていた子どもの社会化、老幼病弱の保護さえも、専門機関（学校、病院など）に委ねられる点は便利といえるかもしれない。また、共同体的規制から解放され、関心の向くままに結合する関係が、長い人生では楽しいことも多いだろう。

にもかかわらず、老人福祉のみを取り上げてみても、老人福祉センターや老人病院といった施設の整備だけで、福祉が前進するとはいいにくい。それに合わせて、老人が居住する近隣や地域の住民による相互扶助が充実することが望まれる。いわば、施設面と関係面との両者で福祉機能が論じられるのである。そして、これこそが「地域共存社会」としてのコミュニティ像といえる。

地域共存社会は、日常生活欲求の処理を専門機関サービスに求める点で「都市的生活様式」を前提にするが、自発的な住民間の相互扶助機能をそこに組み込んだシステムでもある。したがって、現代の「コミュニティ形成」計画では、この両機能の強化が課題とならねばならない。施設の充足を進める一方で、そのソフトウェアを十分考慮し、出会いの場としても学習の場としても活用できる体制づくりが必要であろう。

共受・共動・共育

共同化の契機は、例えば専門処理サービスがうまくいかなかった時に生まれる。水でも廃棄物処理でも、住民は専門機関による共通のサービスを受けているが（共受）、何かの事情で処理システムがうまく作動しない場合、住民全体でシステムの機能化を要求する集合行動（共動）が発生する。これには機能関心的に生きる住民には自然な形態であろう。また、社会教育活動がテーマごとに集まる住民の相互交流を深め、総合的な地域教育力（共育）の向上に役立つことはいうまでもない。

都市的生活様式の中で「コミュニティ形成」計画を進めるためには、以上に述べた共受・共動・共育という新しい考え方を含む「地域共存社会」の設計が必要であろう。私も地域調査を通じて、地域性と共同性という伝統的なコミュニティ要件に代わるものとして、これら概念の進化、操作化を試みたいと考えている。(2)

注

(1) きだみのる『にっぽん部落』岩波書店、一九六七年。きだみのる『気違い部落周游紀行』冨山房、一九八一年。

(2) 金子勇『コミュニティの社会理論』アカデミア出版会、一九八二年、第三章に詳しい。

(『西日本新聞』一九八一年四月一〇日)

3　筑豊調査の経験から産炭地域振興を考える

筑豊の経験

エネルギー革命と称された生活様式の変化により、地域産業の大黒柱である石炭鉱業が壊滅し、地域社会が大きな打撃を受けた先例として「筑豊」がある。今日、道内の産炭地域振興の問題については、通産省、開発庁、道庁をはじめ各方面から積極的な対応が模索されているが、ここでは筆者の筑豊調査の体験からその振興策を考えてみたい。

まず、どの機関の対応策でも登場する「企業誘致」について。誘致が期待される企業の種類の筆頭には先端技術産業が多く挙げられ、そのために産業基盤の整備と制度上の優遇を推進するという図式である。土地の造成、高速道路建設、税金面の優遇などは、企業の誘致にとっての「呼び水」にはもちろんなろう。加えて、生産に不可欠な労働力、水資源、交通・通信の諸条件の充足もまた誘致に欠かせない条件である。しかし、それらだけでは十分ではない。なぜなら、円高、国際化によって、商品の生産だけを取れば、徐々に外国での生産に切り替え始めた企業が出てきたからである。労働賃金の単価の違いがこの動きを加速する。

地域の生活基盤づくり

ではどうするか。地域の生活基盤整備とりわけ教育、医療、住宅を優先することである。なぜなら、道外の企業を誘致する場合、その従業者も移住することになるが、その人々にとっての大きな不安は、気候風土の差よりも日常生活水準の低下なのである。具体的に言えば、子どもが通学する学校教育水準、工業団地周辺地域の医療体制、自分たちが住む住宅の水準などへの心配が、誘致される企業側の従業者にあり、そのために労働組合も産炭地域への進出に熱心になれないという事情がある。すなわち、産炭地域の日常生活イメージが、域外の経営者と従業者に不安を与えやすいことは、もっと考慮されてよい。土地も水もあり、労働力にも恵まれ、福岡空港へも一時間たらずの筑豊に、先端技術産業がほとんど集積しなかった理由の一つにこの問題があった。

空知地域と筑豊地域は、二つの大都市に挟まれるという地理的にみて同じ条件をもっている。筑豊では、すでに福岡市と北九州市とに隣接する地域の人口が増加傾向にあるが、ここまでの途は決して楽ではなかった。交通条件の改善、特に鉄道の新設（昭和四三年）とトンネル開通と大都市への道路改良、駅前の再開発による都心づくり、分譲住宅の建設などの事業がなされた。その結果、住民の定着が進み、住宅都市として再生に成功した自治体も生まれた。空知地域でも札幌と旭川に隣接する地域は、このような筑豊の事例も参考になろう。ただし、そのためには鉄道が重要であり、両都市までの通勤が一時間以内ですむ快速列車の増発と、自家用車利用のためのパーク・アンド・ライドに適するような駅前の再開発が緊急の課題となる。

母都市づくり

もうひとつは、空知地域内部の母都市づくりであろう。札幌と旭川とに隣接しない地域でその中心となる都市に機能を集積させ、そこで小売業を軸としたサービス化を進め、高齢者を含めた雇用力を増大させるという試みがあげられる。筑豊での母都市には飯塚市が該当し、サービス業を軸として「雇用吸収力」（昼間就業者／常住就業者）はかなり上昇しつつある。

以上は、国際的要請である内需拡大につながる炭住改良事業、道路整備事業による土木・建設業の推進で当面の地域雇用を維持しつつ、地域イメージを高める教育、医療、住宅面に投資し（内需拡大になる）、さらに大都市とのネットワークづくりで住宅都市化を目指す一方、母都市づくりによるサービス化を進め、雇用吸収力を高めることを目指すと要約される。今、東京都心部で道路をわずか一・四キロ延ばす際の費用は、工事代が一五億円、用地取得代が四二〇〇億円にもなるという（都試算）。公共投資の効率性の観点からすれば、この一〇％でも産炭地域振興のための内需拡大用にまわす発想は現実的ではないか。なぜなら、筑豊の経験は、地域振興案が経済政策と社会政策だけではなく、生活基盤と都市計画の側面からも作成できることを教えるからである[1]。

（『朝日新聞』一九八七年五月四日）

注

（1）　日本の高度成長期については、金子勇『社会分析』ミネルヴァ書房、二〇〇九年、第四章に詳しい。

4 「ローカルチャー」という発想

「弁慶岬に弁慶の銅像を建てたきっかけは、義経・弁慶伝説研究を卒論のテーマにした東京からの女子学生の訪問でした」（後志管内寿都町の若狭守町長）。

女学生の訪問が契機

伝説には発生当時の夢が託されている。正史との異同はもちろん議論されなければならないが、伝説の存在自体が地域文化そのものなのだ。

義経・弁慶伝説を具体化し、昭和六二年に建立した弁慶像は、徐々に人気を集め、この五月の連休中、ものすごい観光客を呼び寄せた（同町企画課）。岬にある小さな売店の売上げも年間一四〇〇万円になっている。何を求めて人は集まったのだろう。

地方文化は「ローカルチャー」を核にしている。私が造語したこの言葉は「ローカル（地方の）」＋カルチャー」と「ロー（生の）＋カルチャー」の両方の意味を含んでいる。ローカルチャーは地域的に限定され、体系だっておらず、混沌として個別的であるが、上手に組み立てれば、地域活性化の起爆剤になる。(1)

素材はそれぞれの地方が持つ歴史・風土に根差した個性である。この個性に付加価値を付けることが肝心で、ここに地域間の知恵比べが発生する。もっとも百億円、千億円単位の投資が可能なら、狭い地域とは無縁の東京ディズニーランドも長崎のハウステンボスも登別伊達時代村も可能だが、これらはやはり例外だろう。

シンポに愛好家集う

地域にはそれぞれローカルチャーに育まれた歴史、風土、伝説がある。九州の福岡では数年ごとに古代への夢を競う「邪馬台国シンポジウム」が開かれている。

このシンポジウムには愛好家数百人が集い、会場参加費、ホテル宿泊費、交通費、資料代、飲食代など合計一〇〇〇万円の売り上げを二日間で記録する。

大和の国・奈良県でも似たような事情にある。佐賀県吉野ヶ里の遺跡展示室には、この三年間で延べ五〇〇万人を超える見物客が訪れた。人が集い、歴史に学ぶ「動き」の発生もまた地域活性化なのだ。

ロマンと夢を求めて人は集まるから、道内に伝承されてきた義経・弁慶伝説を「邪馬台国シンポジウム」のかたちで地域活性化のきっかけにすることは可能でないか。

寿都の「だし風」資源

寿都の「だし風」は風土に根差した個性ある資源で、弁慶岬から数キロ離れた小高い丘にはこの風を生かした風力発電所が設けられ、寿都中学校に電力を供給している。

これはエネルギー問題を生徒が考えるきっかけになり、社会教育の意味もある。四月から幸い制度が変わり、北電が余剰電力を販売価格並みで買い取れることになった。

これを機会に、「だし風」が最も強い弁慶岬に「風力発電所」を新設して、鰊場《にしんば》倉庫を移し、これを寿都の旧家・佐藤家の歴史記念物や文献をはじめ町中に散在する伝説と歴史的資料を集めた「寿都弁慶歴史館」として再生できないものか。もちろん電力は売店を含めすべて風力発電でまかなう(2)。

そこは近未来のクリーンエネルギーと詩情豊かな過去の歴史とが結び付けられた空間であり、夕日に輝く「ローカルチャー」の館になる。集積の威力は小樽運河沿いの空間で証明済みなのだ。

注

（1） ローカルチャーや地域活性化については、金子勇『社会学的創造力』ミネルヴァ書房、二〇〇〇年、第八章で体系的に論じた。

（2） 風力発電の功罪については、金子勇『環境問題の知識社会学』ミネルヴァ書房、二〇一二年、で詳しくまとめた。

（原題「細見『北の時代』――金子勇のほっかいどう新考」／『北海道新聞』一九九二年七月一四日）

5 観光とシンボル創造

連日五万人の観光客

行楽の季節を迎えて、小樽運河には観光客があふれている。小樽市発表によれば、平成三年度の観光客数は四九三万人に達した。単純平均で一日一万三〇〇〇人だが、夏場は冬場の四倍というから、ここしばらくは連日五万人が運河沿いの狭い空間を占領し、まるでお祭りのにぎわいだろう。

しかし、この観光ブームの最大の演出者である北一ガラスの浅原健蔵社長は、冷静に今の活気は虚像とみる。なぜなら、依然として通過型の観光であることに加えて、斜陽を象徴するかのように、平成二年の国勢調査結果でも五年前より九〇〇〇人も定住人口が減少したからだ(1)。

運河地区ではたしかに観光客が急激に伸びたが、市内の例えば長橋地区にみる定住市民の持続的な減少は、活気と斜陽が同居する小樽の両面を表している。

高度経済成長に乗り遅れ

現在の観光ブームに沸く小樽は「一周遅れのトップランナー」とみてよいだろう。札幌を大きく引き離し、農産物の世界相場を左右した明治・大正期の輝ける「北のウォール街」が一転し、昭和の終盤まで衰退の一途を辿る。この時期のシンボルは「坂道と日本海」であるが、高度成長に乗り遅れたため、運河は汚れたままで放置され、逆に札幌に対しては一周遅れてしまった。

しかし、昭和四〇年代に始まる運河埋め立て論争により、運河はかけがえのない地域資源との認識が市民レベルで高まる。

その後五〇年代から民間先行・行政後追い型の整備が進み、ガラスショップの進出が重なり、観光ブームに沸き立つ「運河とガラス」の時代に至った。

高度成長が終わり、歴史的建造物に彩られた都市景観を軸とした快適性を意味するアメニティが求められる時代になって、小樽は「全国区」で比較してもアメニティ都市の「トップランナー」へと変貌した(2)。

シンボルは三度変わる

結局、小樽は「北のウォール街」「坂道と日本海」「運河とガラス」の三回、そのシンボルを変えてきたことになる。小樽を題材にとったヒット曲は多いが、俗に「演歌十年」といって、演歌歌手は一つのヒット曲で一〇年は仕事ができる。「運河とガラス」もまもなく一〇年だ。各方面で取材して得た第四のシンボルは「寿司とオルゴール」のようだった。

歴史を振り返ると「北のウォール街」「坂道と日本海」「運河とガラス」は、いずれも都市経済の興隆と衰退あるいは自然環境といった偶然の力によるところが大きかったことに気付く。色内地区に魅力的な建造物が多く残されたのも偶然の産物であり、一方、予想以上の入館者を記録している石原裕次郎記念館は民間先行型の結果である。

小樽活性化の歴史は、行政にはあまり期待せずに、民間の自由な活動に委ねる方が、都市の活力にとってはよい結果が得られるという皮肉な事例だろうか。

注

（1）住民基本台帳によれば、小樽市の人口は二〇一三年八月末で、一二万七八七一人（六万六六〇〇世帯）になっている。

（2）都市アメニティについては、金子勇『都市高齢社会と地域福祉』ミネルヴァ書房、一九九三年、第六章に詳しい。

（原題「細見『北の時代』――金子勇のほっかいどう新考2」／『北海道新聞』一九九二年七月一五日）

6 「オンリーワン」づくり競争の時代

隠れた人材、情報網生かせ

今後の地域活性化にとって、「ナンバーワン」づくりよりも個性を生かした「オンリーワン」づくりの方が、成功の可能性は高い。つまり北海道で、あるいは地域で一番になるより、そこでしかできないもの、他に真似のできないものを生み出すほうが有利だ。そういえば、一〇年を越えた一村一品運動も当初は「オンリーワン」を目指したのではなかったか。

後志管内余市町の内村節郎北海しんきんサービスセンター社長は、江戸時代にならって、これを「御禁制品」と呼び替え、新しい発想による地域活性化を主張する。そのためには「御禁制品」づくりを手掛けようとする人材の発掘と支援が重要だ。

経験豊かUターン組

私の調査経験では有能な人材のほとんどが大都市からのUターン組、あるいはいくつかの他の職業を経験して現在の仕事に就いた人たちであった。この経験豊富なリーダーは比較の視点を持ち、さらに地域や職場を超えた各方面へのネットワークも持っている。

このように地域でナンバーワンをつくる「動き」を生み出すためにも、様々なネットワークを持つ人材の交流が必要になってくる。空知管内北竜町のヒマワリは有名だが、「ヒマワリ迷路」「竜踊り」「ヒマワリ祭り」などを企画・実施したのは、九年間のサラリーマン生活を辞め、家業の農業を継いだ佐藤稔さんを中心とするグループだ。

ヒマワリブランドづくりは多彩で、観光だけでなく、ヒマワリ油、ヒマワリチョコレート、ヒマワリラーメン、サンフラワーティッシュなどが開発された。それらの生産と販売を行い、しかも油かすさえも有機肥料の原料にして、「ヒマワリヘルシー」という独自の肥料を農協で販売している。まさしく「オンリーワン」が多角的な手法によって次々と生み出されている。

まず物流の整備から

ネットワークづくりはUターン、転職だけでなく、交通条件の向上からも可能で、例えば岩内町と直江津間のフェリー増便でも期待される。平成二年に就航し、今年四月に、週二便から三便に増えたこのフェリーの効果は前年同期に比べて一五％の物流増加というかたちで現れてきた。直江津—岩内航路を利用して本州と札幌を結ぶ大型トラックが顕著に増えている。

物の流通は人と情報の交流を強める。東京から深夜バスとフェリーを乗り継げば、一万円の運賃で北海道に来ることができる。「東京から一万円」（佐藤則明北海信金寿都支店長）は立派な宣伝コピーになるだろう。

寿都が気に入り、この二月に家族を東京から引っ越しさせたインテリア関係の仕事をしている金子諒さん（四八）は、仕事の都合で自分は東京に住んでいる。家族のいる寿都との往復には、時間はかかるが、格安のこのフェリーを使うことがあるという。

地方が競争する時代

地方には人材がいないと嘆く声をよく耳にするが、地域にいるものはすべて人材（人財）であると発想の転換をすれば、ネットワークと人材はどの地域にも豊富にある。それを十分に生かし、地域を象徴する資源を掘り起こし、組み合わせることでオンリーワンが生まれる。地域活性化はオンリーワンをつくる地方の競争の時代でもある。

（原題「細見『北の時代』——金子勇のほっかいどう新考3」／『北海道新聞』一九九二年七月一六日）

7 「持ち駒」見直し

地域活性化は、その地域の持ち駒を見直すことから始まる。持ち駒は歴史・風土に根差すことが肝要で、「視」「聴」「嗅」「味」「触」の五感のどこかに訴えかけるものであればよい。要は絞り込み、かつ組み合わせることである。そうすれば、将棋の「歩」が、ある条件下で「と金」になるように、地域の持ち駒もまた発想と工夫次第で、金の卵になる。

後志管内岩内町では平成六年を目指して木田金次郎美術館の建設が具体化されつつある。(1) ピカソの版画を展示している荒井記念館と岩内市街地の郷土館、ニセコ町の有島記念館の既設三館にこの木田美術館を結んだネットワークが出来上がる。

もともと絵画や俳句に親しむ厚い層がある岩内では、「海から生まれた町なのに、魚のにおいがしなくなって久しい」(岩内商工会議所の阿部政勝専務理事)。魚のにおいに代わって漂ってくるのは、文化の薫りだ。

主役は魚から文化へ

この文化・芸術に親しむ厚い住民層の存在そのものが持ち駒である。

加えて自然環境も重要な要素だろう。木田金次郎自身が「海」から生まれた画家だが、この海に加え中腹に荒井記念館のある岩内岳、有島記念館から眺めたニセコ高原と、自然には事欠かない。

芸術を「視《み》」、自然に「触」れた後は、新鮮なすしを「味」わうこともできる。

資源を組み合わせて

このように地域資源としての持ち駒は、組み合わせれば効果が大きくなる。異業種交流は産業活動だけでなく、広く活性化を目指す場合にも有効だ。

岩城成治岩内町長は「住民に支持される地域特性をどうやって引き出すかが、活性化の原則」と強調する。空知管内北竜町の住民参加のイベント「竜トピア」では、三頭の竜を作るのに、竜一頭で七〇〇〇枚必要なウロコを一枚五〇〇円で住民に買ってもらい、ウロコの裏に名前を入れた。

その結果、一八〇万円の基金が集まった。製作過程でものべ六〇〇人の協力が得られ、マスメディアにも取り上げられた。

地域特性を発見するにはあらゆる地域資源を見直すことが必要だが、これと決めたら一つに絞り込んで限定する勇気も必要だ。

その点、観光に沸く小樽市はどうか。今後の振興策などを聞こうと、観光課まで足を運んだが、「小樽は観光だけのまちではない」との方針だった。確かに、観光だけに頼るわけにはいかない。商・工・農・水産業あらゆる面で都市の振興策が必要だが、経済課や商工課ならいざ知らず、観光に対する観光課の、このようにクールな見方は、住民の意思とズレてはいないか。

滞在型観光への飛躍

小樽の観光が一過性のブームではない証拠に、修学旅行生が増えている。この秋には新千歳空港からの高速道路が完成し、東京から三時間で運河に立てる。宿命だった半日の通過型観光地から、滞在型観光地へ飛躍するチャンスである。多少の危険はあっても、優先順位の発想を導入し、ホテルや駐車場、土産品など観光に関わる持ち駒を絞り込み、強化する時期に来ているのではないか。(2)

注

（1） 平成二六年（二〇一四年）で、開設二〇周年となる。
（2） 残念ながら、この二〇年でも通過型観光地のまま推移してきた。

（原題「細見『北の時代』——金子勇のほっかいどう新考4」／『北海道新聞』一九九二年七月一七日）

8 「コミュニティ・イノベーション」で勝ち残る

地域を表すシンボル

もともとＣＩは「コーポレイト・アイデンティティ」の略号で、企業を象徴するシンボルに使われてきた。コーポレイトをコミュニティと読み替えれば、地域活性化にも有効な言葉で、私は三つの意味を込めている。

第一は企業のＣＩと同じ「コミュニティ・アイデンティティ」を表す。これは地域を象徴するシンボルづくりのことだ。地域資源は多様だから、あれもこれも目配りしたくなるが、最初は一品に絞った方が成功しやすい。

第二のＣＩは「コミュニティ・イノベーション」で、新しいものへの志向が強いことを指す。いわゆる「進取の気風」だ。

トマトづくりに結実

後志管内仁木町の丸谷農園では、六年前から西日、北からの浜風、ゴロゴロした赤粘土という悪条件の下で、水に沈む密度の高いトマトづくりに力を注いできた。生きているトマト固有の力を引き出すため、常識と異なり、水は百分の一、肥料も一五分の一しかやらず、トマトを温かい心でいじめ抜く。みぞれの降る三月には、水ではなくお湯を根元に注いだが、効果があったという。

この進取の気風は農協の方針とは衝突したため、大変な苦労があったようだ。岩内や寿都でも閉鎖的で偏狭で井の中の蛙的なパーソナリティを意味する「エンカマ根性」が問題視されていた。小樽でも外部からの支援を拒む体質が感じ取れた。道民性の特徴であった進取の気風は地域によっては衰退している。地域活性化には、このエンカマ根性を壊す努力が必要だろう。

第三のCIは「コミュニティ・インダストリー」。地域に根差し、販売まで念頭に置いた産業活動のことだ。バラの切り花を生産する余市町の内田農園では、この夏からバラの宅配を始めた。一村一品運動では、商品開発と販売・宣伝がばらばらになっているという批判があったが、内田農園の試みはバラのネットワークづくりを目指す新しい産直販売方法として期待される。

規則、慣習が試み妨害

地域活性化を阻害し制約する要因はいろいろある。岩内町で長く社会教育や町づくりに携わってきた住職、梅庭昭寛さんは天気、人気、景気の三つの「き」を挙げた。私はこれらに季節と規則を加えて「五き」としたい。

観光、季節商品やスキー、ゴルフ、海水浴などのレジャーもすべてこの「五き」の制約を受けている。この中で、最大の制約は規則の存在で、これが第二のCI「コミュニティ・イノベーション」を抑制する。規則とそれに基づく慣習を理由に、地域社会や各種団体が、個人による新しい試みを妨害したりするからだ。

この五番目の「き」を排除して進取の気風を育て、外部からの専門家の協力と支援を拒まない地域が、地方と地方の競争に、結局勝ち残るのではないだろうか。

（原題「細見『北の時代』――金子勇のほっかいどう新考5」／『北海道新聞』一九九二年七月一八日）

9　阪神淡路大震災の教訓生かそう——国と地域の連携がカギ

六四三四人もの犠牲者を数えた阪神淡路大震災から四カ月。この経験を地域社会で教訓として生かす道を考えてみたい。

大地震や火山爆発、暴風雨雪などの大規模災害の制御はできない。しかし、人為的に被害を緩和することは可能である。その方法を総称して「緊急社会システム」づくりと呼ぶ。[1]

官庁を地方に分散

一つは国レベルでの「緊急社会システム」づくりである。これには行政組織間のバックアップシステムの必要性を強調したい。阪神淡路大震災では、被災して機能を果たせなくなった神戸市や兵庫県に代わり、中央官庁が支援体制をとった。この逆はどうか。将来予想される「京浜大震災」で中央官庁が壊滅したら、どの組織が代替できるだろう。日本には霞が関官庁群の代替はないのである。

そこで、中央官庁のスペアを全国各地におくことを提言する。例えば大蔵省は大阪府、外務省は北海道、文部省は福岡県というように、各地に緊急時の機能を代替できる人員と情報を集めておく。道府県庁所在地を避け、人口が三番目程度の都市に限定する。スペア官庁には情報の保管と最小限の人員があればよい。

具体的には道開発庁と開発局の関係が参考になる。つまり、東京に八八人が勤務する道開発庁があり、札幌を中心に七八九〇人の開発局があって、二極構造が成立している。効率性から、道開発庁は無駄と指摘され、廃止対象になりがちだ。中央官庁のスペアにも、「行政改革にそぐわない」と反対が予想される。しかし、国の防災の上で一〇〇人程度のスペア官庁は必要であり、二極構造が好ましいと私は思う。

小学校の校庭利用

二つには、地域社会での「緊急社会システム」づくりである。小学校は少子化で児童が激減し、生涯学習拠点としての活用がくり返し指摘されているが、ここでは地域社会の優良資産である小学校校庭に地域の福祉・防災安全センターの建設を提案する。[2]

災害で自治体組織が破壊されたとき、地域住民を束ねるのは町内会しかない。現に神戸市長田区の真野地区では、町内会メンバーが消火や救助、防犯に力を合わせ、被害を最小限に食い止めたという報道がある。

これは日常的なコミュニティづくりである。福祉・防災安全センターは、その核として町内会が運営する。非常食を常備し、緊急通報システムの端末を用意し、多世代が交流できる地域施設とする。

縦割り行政やめよ

大議論としてのスペア官庁の地方分散、小議論では、地域福祉・防災安全センターの建設。この二つを、政治家は具体的に審議してほしい。そして厚生省（地域福祉）、文部省（学校教育）、建設省（センター建設）、郵政・通産省（緊急通報）、自治省、国土省（防災）が、地域社会レベルで連携できるかどうか、中央官庁も縦割り行政の壁を越えることが問われている。

（『北海道新聞』一九九五年五月一四日）

注

（1）緊急社会システムについては、金子勇『「時代診断」の社会学』ミネルヴァ書房、二〇一三年、第七章で論じた。

（2）地域福祉の拠点については、金子勇『地域福祉社会学』ミネルヴァ書房、一九九七年、第六章に詳しい。

10　まちづくりの「優等生」と「最強都市」の条件

優等生としての伊達市

少し前に、『週刊ダイヤモンド』（第九五巻二四号、二〇〇七年六月二三日刊）で「都市経済特集　北海道」がなされたことがある。この特集で、三万七〇〇〇人の伊達市は北海道での「地域活性化」の「優等生」と評価され、誌面では特に「タウンモビリティ」と「安心ハウス」が成功例として紹介された。これは、新しいもの（イノベーション）への取り組みが市長サイドから活発に出され、新しいことへの抵抗感が少ない市民もまた、それへの期待が強いから成功したと一般化できる。調査をすると、確かにこの両者や「心の伊達市民」や「移住促進」事業などが伊達市における都市イノベーションになり、疲弊が続く北海道において稀有な「優等生」を支える基盤と見てとれる。

最強都市としての鳥栖市

三カ月後の『週刊ダイヤモンド』（第九五巻三七号、二〇〇七年九月二九日刊）では、「都市経済特集　福岡」が試みられた。そこでは二〇一一年の九州新幹線の全線開通をにらんだ福岡市の「リスタート」が多様に描かれており、特集の最後のページに、六万三〇〇〇人の鳥栖市が「九州で最強の都市」であると評価され、ともに興味深い。

少子化と高齢化と総人口の減少が同時に進行する「三位一体の人口変化」の時代において、伊達市も鳥栖市も全国八〇五の市区町村の「まちづくり」に有意義なヒントが得られると私は考えて、調査その他で訪れる機会が多い。この経験から、まちづくりの「優等生」や「最強都市」への飛躍条件をまとめ伊達市の事例からは、市長の先進的なリーダーシップが評価される。たまたま「北の湘南」という北海道にしては冬でも雪が少なく、温暖な気候を活かして、市長就任後に道内外から定年退職者の移住促進がその筆頭政策になった。自然な高齢化の進行はやむをえないが、高齢者が増えると社会保障費や医療費がかかるので、わざわざ他都市の高齢者を招くことはないという常識の逆転を実行したら、五年間に一〇〇〇人以上の高齢者が伊達市に移住してきた。その結果、二〇〇〇〜三〇〇〇万円台の土地付き一戸建て住宅建設が増えて、各方面で経済効果が得られて、社会保障費や医療費の増加分を吸収した。

この「人の移動」を柱として、「相乗りタクシー」の試み、高齢者向けマンションに市独自の「安心ハウス」認定証を交付し、地元農産物の販路を拡大するために全国に「心の伊達市民」を募集して、一年間で一〇〇〇人以上の申し込みを得た。これは市外の居住者でも五〇〇〇円から一万円程度の申し込み費用で、その年の夏から秋に伊達市で収穫された山海の珍味を宅配するシステムである。最初に定年退職者という「人の移動」を仕掛けたことが北海道では稀有な「優等生」の道を開いたのである[1]。

「人の移動」を増やす

てみよう。

「モノの移動」を激しくする

一方、佐賀県鳥栖市では、「モノの移動」に特化して、「最強都市」の歩みを始めている。福岡空港まで高速道路で三〇分たらず、博多駅まで快速で三五分あまり、北九州、長崎、熊本、大分までそれぞれ二時間圏の東洋一のジャンクションが売りである。九州新幹線の駅建設も進んでいて、今後も物流基地として要衝を占める。そのために、地元の老舗久光製薬だけではなく、五つに分散した工業団地には食品、薬品、タイヤ、半導体製造その他の製造業がひしめき、市内総生産の四六％が製造業で占められている。東洋経済『都市データパック二〇〇七年版』「住みよさランキング総合」では、八〇五都市で第五位という高い評価を受け、九州では四年連続第一位である[2]。

自然環境や風土に逆らわず、少子化する高齢社会でも、伝統に配慮した「人の移動」か「モノの移動」に特化して、個性的なまちづくりを行うところに、今後の自治体の探る方向がある。二〇〇〇キロ離れた伊達市と鳥栖市の経験はそれを改めて教えてくれる。何をしていいのか分からないという嘆きから卒業して、自前の都市カルテを作り、優先順位の発想で、まず一歩を踏み出したい。

注

（1）伊達市の現状については、金子勇『格差不安時代のコミュニティ社会学』ミネルヴァ書房、二〇〇七年、第四章で細かく論じた。

（2）二〇一三年版では、全国八一三都市（全国七八九市、東京二三区）の中で、鳥栖市は第一六位であり、九州全体ではやはり第一位であった。

（『西日本新聞』二〇〇七年一〇月二日）

11　小家族化と地域力低下

人口減少が進む

人口と世帯数に関する二〇一〇年国勢調査速報値が公表された。総人口が一億二八〇〇万人であり、首都圏、愛知県、大阪府、福岡県までの九都府県の人口は増加し、三八道府県は減少した。九州全県と山口県では、合計特殊出生率が高い沖縄県の二・三％の増加、福岡県の〇・五％以外は、長崎県の三・五％減少を筆頭に二％前後の人口減少が進み、全国市町村では七割を超える一三二一の自治体で人口減となった。

このように三大都市圏を除く日本社会は人口減少を基調する一方で、秋田県と高知県を除いた全国の世帯数は増加して、五一九五万世帯になった。総人口を世帯数で割った平均世帯人員では、日本全体では二〇〇五年調査の二・五八人から二・四六人へと減少した。北海道のそれは二・二七人になり、東京都二・〇六人に次いで少なく、小家族化がますます鮮明になった。九州でも、佐賀県（二・八八人）、沖縄県（二・六八人）、熊本県（二・六四人）は高く、その他の県は二・五〇人前後で推移し、小家族化傾向は同じである。

北海道の五年間の人口減少率は二・一％であったが、単なる総人口減少よりもその内訳が気になる。なぜなら、人口が五〇〇〇人を割り込むと、全体として地域生活機能を満たしえなくなり、急速に特定地区が集落としてのまとまりを失い崩壊する限界集落を抱える自治体が増え始めるからである。北海道では、五〇〇〇人を割り込んだ自治体は実に六六市町村にも達して、全一七九市町村に占める割合は三七％になった。

小家族化と並行するこのような地域力の衰退は、住民の衣食住機能の維持低下をもたらす。具体的には、商店街がシャッター通りに変貌し、公共交通機関が廃止され、小中学校が統廃合され、内科小児科外科の診療所が移転をして、交番や郵便局が廃止されるというなだれ現象が始まりやすくなる。(1)それらによって地域経済が疲弊して、家族全体の所得の低下が進み、生活保護を申請する比率が上昇し、自殺率が高まる。

五〇〇〇人の人口集積では、一人暮らし高齢者の「孤独死・孤立死予防」活動にも地元での人手が不足する。介護保険サービスも行政独自の福祉サービスと併用されなければ、十分な機能が果たせない。「買い物難民」も多くなるが、自治体単独の対応は困難であり、業者による無料の買い物バス運行か地域移動販売車に頼らざるを得ない。

余剰住宅の利用

しかし、この灰色の国勢調査速報値からでもいくつかの展望を語ることはできる。

一つは、高齢者の住宅持ち家率は高いから、人口減少社会では余剰住宅が増えてきたことが指摘される。例えば、北海道の住宅総数は現在二七三万戸であり、総世帯数二四二万世帯だから、三一万戸も余剰が生まれている。現状ではもちろんこれは個人資産であり、公的資金を投入するわけにはいかない。

しかし政治的な視点から、あえて行政がリフォームして若い世代や北海道への移住者に格安で提供できないか。特に都市部の若い世代には、政治的にも余剰住宅の提供を行い、少子化対策としても直接的子育て支援がほしい。並行して、そのリフォーム住宅事業をバネに地域経済の振興による雇用の促進と安定を図りたい。

二つには、政治や行政がより細かな地域主権の具体化として、都市部と過疎地との政策内容を変えら地方の時代を迎えている。

れるか。都市部には大学生をはじめとする若い世代が集住する半面、都市周辺部から中山間地域経由の過疎地域までの広大な面積には高齢化が激しい。政治も行政も都市部と過疎地に配慮した二正面作戦の地方の時代を迎えている。

「その日暮らしの政治」からの脱却

第三には、世帯主の平均年齢が六五歳を超えている農業過疎地域を放置せずに、その地域生活機能を維持するために、若い世代に農業へ参入してもらえるか。(2) そのためには、農業や食料生産に関する優良事例の学習や発掘が不可欠である。北海道でいえば伊達市の「心の伊達市民」活動、足寄町の放牧酪農、鹿児島県ならば鹿屋市の「やねだん」における芋焼酎を梃子としたコミュニティ・ビジネス実践などに学ぶ姿勢が官民一体で望まれる。予算面での配慮も必要だ。国勢調査速報は、政局に多忙な国会議員による「その日暮らしの政治」からの脱却を勧めている。それぞれが選挙区の実情をじっくりと観察して、速やかに国家百年の計を熟議して、「少子化する高齢社会」適応の判断素材を国民に示すときである。

注

(1)　地域力の衰退のメカニズムについては、金子勇『コミュニティの創造的探求』新曜社、二〇一一年、第一章で整理した。

(2)　農林水産省によれば、農家出身ではないのに新規に農業経営に参入した人は、二〇一二年には三〇一〇人であり、うち四〇歳未満が一五四〇人である。四五歳未満には最長で七年間毎年一五〇万円が国から支給される。農家出身の新規就農者では五六四八人であり、このうち六〇歳以上が五二％を占めている。

（『西日本新聞』二〇一一年三月二一日）

12 ソーシャル・キャピタル

浸透した概念

一九九〇年代半ば以来ソーシャル・キャピタルの概念は、学問的文献のなかで飛躍的な進歩を遂げた。それはまるで一九七〇年代の日本におけるコミュニティの浸透力に勝るとも劣らない。しかも社会学だけではなく、隣接する政治学や経済学に及んだことも両者はよく似ている。コミュニティ論でのマッキーバーの位置には、ソーシャル・キャピタルではパットナムがいる。特に『孤独なボウリング』の業績によって、その刊行前と後では間違いなく学術的認識面でも政策面でも変化が大きい。

そこで二一世紀の今日、ソーシャル・キャピタルをどう定義すればいいか。誰もが合意する内容がそれにあるのか。共通の理解が不可能なほどに、概念の広がりを持ち、むしろ様々なバリエーションに分裂したのではないか。

確かに、キャピタルを想定しつつソーシャル・キャピタルで表現することは、親しみが持て魅力的でもある。それは、キャピタルが資本としての経済的豊かさを連想させるという意味ではない。むしろキャピタルに伴う個人に還元される利息（インタレスト）の存在が大きい。

だから、ソーシャルは「非経済的」な意味として使用されるのではなく、ソーシャル・キャピタルの存在により個人は助けられ、サービス支援を受けるという文脈が重視される。

キャピタルは利息を個人に戻し、ソーシャル・キャピタルでは隣人や知人からの援助（ヘルプ）が前提に置かれる。それは、まさしく経済から社会、社会から経済へと行く軸線が、このコンセプトの柱であることを示している。いかなる分野のどのような内容においても、この基本原則をわきまえておけば、理解の骨格はゆがまない。

ソーシャル・キャピタルの近代経済学的理解は、合理的な行為を前提としており、市場もまたその種の人間であるホモ・エコノミクスが持つ論理で動いている。損することは避けるし、説明可能な一元的規範がそれを覆い尽くす。

一方社会学は、様々なテーマとして家族、地域、政治、異常行動など、言い換えれば近代経済学のフィールドから除外された市場外のものまで追跡してきた。

理論社会学が明らかにしたように、社会を束ねるものは価値と規範である。そして特定の地位を占めた人間はそれにふさわしい役割行動を行うから、地位が異なったり、時代が変わって規範が変質すると、一見非合理的な行為すらも生み出されてくる。

近代経済学は最良の選択肢の存在を語るが、社会学はいくつもの選択肢が見えるために、簡単には決定できないと述べるだけである。

マジック・ワード

幅広いコンセプトの使用方法が容認されると、恵まれない地域での学校教育の失敗から経営者のパフォーマンスまで、周囲の人々や家族の間の助け合いから開発計画の成功まで、ロシアでの死亡率からタンザニアの村々の収入格差まで、民主主義のバイタリティから経済発展、統治まで、公衆衛生から青少年犯罪まで、政治腐敗から競争力まで、ほんの少しであってもそこでソーシャル・キャピタルを応用することに抵抗する問題はほとんどないように思える。

パットナムの成功は、必然的に重要な位置を占めるが、それは何故なら現代のソーシャル・キャピタル研究分野の最も大きな範囲の起源であるからで、同時に彼の研究が生んだ議論、慎重さ、批判が、このコンセプトの流れを特に驚くべきものにしたからである。

この識別は、つながりや財産、それらの性質や使い道を優先することによって、または与えられた意味によって、そして私たちが個人レベル、グループレベル、社会レベルと対象を移動させることで可能になる。その後で、私たちはこのテーマ体系が研究の中で重要になるにつれ、ソーシャル・キャピタルが常に不安定な理論の基礎にもかかわらず、新しい意味をどのように与えるのかという疑問に答えられるよう努めてきた。

キャピタルの前にソーシャルを付加する伝統に立脚し、経験的に支持される証拠を揃え、その実践的な潜在力を際立たせたパットナムは確かに成功した。具体的な指標には、社会参加や団体参加などの関係性レベルのデータと、相互性の規範や信頼といった心理的要素が凝縮され組み合わされる。この前提から獲得された有益な情報が各方面で効果を発揮するので、世界銀行やOECDでさえもこの概念の積極的な活用を行った。

社会科学の概念が国際機関の興味を引いた事例は、社会指標や人間開発指標などわずかしかなかった歴史を見ると、ソーシャル・キャピタル概念への期待の大きさが分かる。

多様な結果が生み出された

今後これまで以上に積極的なソーシャル・キャピタル概念を展開するには、何をどうすればよいのか。まずそのためには、ソーシャル・キャピタルが具体的に表す側面を比較測定し、データを揃え、それを時系列で追跡する作業が挙げられる。もとより実証的な研究レベルでこれらを行うことが、概念の有効性を評価する基準を確定する最短距離となる。

なぜなら、ソーシャル・キャピタルと被説明変数との因果関係を証明しようと努める実証的研究では、ますます多様な結果が生み出されているからである。例えばOECDが指摘しているように、ソーシャル・キャピタルと社会的不平等間の因果関係を見つけるのが困難であったり、ソーシャル・キャピタルのマクロ経済的な効果への研究が、その研究が実施された国や期間によって非常に不規則な結果を生んでいたりするのである。逆に、健康づくりにとって、その存在が有効であるという報告もある。

しかし、いくら各分野における仮説が魅力的であっても、結局は公共政策に関する新しい結果を引き出すのは困難なように思われる。なぜなら、例えば少子化支援策がソーシャル・キャピタルに直結するわけではないからである。むしろ、ベクトルは逆向きであり、ソーシャル・キャピタルの存在が子育て支援策を有効に導きやすい。

経済的パフォーマンスとソーシャル・キャピタルの関連性の研究成果からは何がもたらされたか。多くの場合、ソーシャル・キャピタルの三つの指標である信頼性と公民意識それに団体への参加の効果は、評価されたのか。信頼性と公民意識には経済的パフォーマンスのプラス効果は示されたが、パットナム仮説とは逆に、団体参加（結びつき）が成長に与えるはっきりした効果は見つけ出しえなかった。このテーマに関しての研究からは、決定的な傾向は今日でもなかなか把握できないようである。

総合指数は困難

社会指標の経験から、総合指数の樹立が困難なことは周知の事実になっている。この伝統を知らずして、総合指数の可能性に触れても無意味であろう。その理由は、実証的レベルでの三つの変数が社会的信頼性と公民意識のスコアそして団体参加の測定であれば、少なくとも前二者と団体参加とは性質が異なるために、合算できないからである。したがって、総合指数も作り出せない。わずか三種類の指標でも総合化できないのであれば、多変数の指標はいわずもがなである。せいぜい測定した内容の時系列の推移から、得られた傾向を判断するだけにとどめるしかない。

信頼性測定の問題点

また信頼性の決定因子については、性、世代、教育、階層、コミュニティ、民族的影響や宗教的効果を映し出すことが分かる。おそらく測定される信頼性は、一般的な他人への信頼度よりもむしろ身近な人の誠実度を測っているのではないか。通常、医師の判断は素人判断よりも信頼されるが、それは医師という職業がもつ誠実度から生み出される。すなわち信頼性は誠実と見なされる社会的地位が反映しやすい。

政治家の言動に不信感が蔓延しているのは、その地位と誠実度が無関係なためである。

公民意識は個人にも個人間でも影響する規範の指標であるが、それはある一定の行動（例えば、もらう資格のない給付を要求すること、公共交通機関で料金を払わない、脱税する等）を許容できる性質もしくは許容できない性質に関連する。これは、国によって異なりやすい。平気で賄賂を求める国もあれば、規則を守らず整列せずに、撮影禁止の対象を平気でカメラに収める国民もいる。

経済性にとって国民の信頼性と強い公民意識がプラス効果を持つことは、日本の高度成長期に証明されている。「所得倍増」を池田首相が唱えたときには失笑した評論家も国民も、着実な経済成長が進み、外貨が増加する形で国富が、並びに三種の神器の浸透で民富が膨らみ始めたとたんに、その経済政策を信頼した。また国民は、公民意識の筆頭である勤勉性を遺憾なく発揮した。その相乗効果が一九七二年の第一次石油ショックまで一五年間も続いたのである。

団体参加率と経済性

しかし、団体参加率の高さが経済性にどのような効果があるのかは依然として見出されていない。市民間の団体参加量が多いと、経済性はどうなるのか。周知の二分類できる団体カテゴリーを使うと、一つのカテゴリーは、休養的で文化的な性質をもつ団体が該当する。この種の団体は、経済性にとって有効であるとするのがパットナム仮説に含まれている。したがって、この範疇には、フォーマル団体と見なされる組合、政党、職業上の団体は削除される。

パーソンズの古典的なＡＧＩＬ図式でいえば、文化的な団体はＬとしての緊張処理を果たす機能を受け持っている。この視点からいえば、日々の経済性の追求から疲れ果てた個人を癒す働きがあるので、「明日のために今日も頑張った」企業戦士を再度戦場に送り出す効果がある。これは生活構造論の筆頭に用いられる概念である。その意味で、団体参加が経済性とプラスの相関をすることはあるであろう。しかし、この団体はただ単に仕事の残余範疇としての余暇活動ないしは気晴らしのためでしかないから、経済性にどこまで有効かという疑問は依然として解消されない。なぜなら、疲れ果てた企業戦士である個人は、その癒しのために気を使わざるをえない団体参加などよりも、粉末化された個人向けの娯楽を選好したがるからである。

「橋渡し」と「結合」の二大機能

ただし、パットナムが「橋渡し」と「結合」にソーシャル・キャピタルがもつ機能を分類した結果は、日本的な文脈からも応用可能であろう。例えばロータリーやライオンズなどの財界クラブのもつ「橋渡し」と「結合」は、経済的取引にさえも有効に機能する場合がある。小説的な世界では、銀座のクラブでの知り合い関係が、銀行融資への道を開くというような記述をみることも可能である。

団体参加は、パットナムによる橋渡し機能と結合機能を有すると一般化させることができる。橋渡し(bridging)タイプのグループ内においての関係も、結合(bonding)グループ関係でも、ともに効果はある。

その先には個人が置かれたどのような条件が、どちらをより有効な機能とするかという問題がある。すなわち個人にとっては有益な効果があり、共同体にとってまたは家族や親友との(非生産的な)コンタクトにとってはマイナスである効果を、どのように両立させるかという問題である。

ソーシャル・キャピタル理論の有効性を認める際に障害となるこの問題は、解釈の仕方で多次元的とみるならば、ひとまず棚上げせざるをえない。ソーシャル・キャピタルの有効性尺度は複数なので、問題意識に沿って選択された指標次第では、その効果の存在を明らかにすることもできる。

(二〇一二年書き下ろし)

第Ⅱ部　高齢社会の隘路

提言2009　少子高齢化

「地域家族」の創出を

金《かね》子《こ》　勇《いさむ》氏
＝北大大学院文学研究科教授

福岡県生まれ。九州大大学院文学研究科博士課程単位取得退学。第1回日本計画行政学会賞、第14回日本都市学会賞。文学博士。専門は社会学。著書に「少子化する高齢社会」（NHKブックス）「社会分析」（ミネルヴァ書房）など。60歳。

北海道は東京都に次いで合計特殊出生率が低く、少子化が進んでいる。第一の理由には、1人暮らし世帯が多く、平均世帯人員が少ないことが挙げられる。第二に、2人暮らしの快適さを求める夫婦が多い。必然的に第三として、3世代同居世帯が少ない。第四に、持ち家率が低く賃貸住宅が多いため住宅が狭く、子育て空間が不足しがちである。第五に、地縁のなかでの子育ての支えが乏しい。第六に、子育てをためらうような貧困世帯が増えた。

これらは相互に関連しており、他の都府県に比べると「家族力」が弱い北海道という特徴が引き出せる。

高齢化関連の課題の一つに「1人当たり老人医療費」の高さがある。2006年度の北海道では100万円を超えており、第1位の福岡県に次ぎ、最下位の長野県とは約30万円（約1・5倍）の格差がある。この原因は高齢者に病人が多いからではなく、入院期間の長さによる。平均世帯人員が少なく、家族が縮小し「家族力」に劣る北海道では、在宅での療養が不十分であり、長期入院になりやすい。

各校区に拠点

したがって、北海道における少子高齢化対策の筆頭には、全道で弱まっている「家族力」を補える「地域家族」をつくりだす支援を重視したい。従来の道の「子育て支援ポータルサイト事業」や市町村に組織された「せわずき・せわやき隊」の活動支援などでは、道内の合計特殊出生率の反転は不可能である。「道民育児の日」や「道民家庭の日」を制定したイベント参加の推奨でも、「地域家族」は見えない。

例えば全国知事会で優良事例とされた、佐賀県の積極的な「地域共生ステーション」推進事業などが望まれる。これは小学校区単位で民家などを改修して拠点整備し、子供から高齢者まで年齢や障害の有無にかかわらず、誰もが自然に集い、住み慣れた地域の中で安心して生活していくことができるよう、地域住民や市民社会組織、ボランティアなどが協働し、さまざまな福祉サービスを行うものだ。

専門家を配置

一方、09年3月の北海道教育委員会の資料によれば、道内の公立小中学校のうち、この10年間の統廃合は合計で356校に達する。削減された教員と事務職員は1校平均で20人とすれば、合計7千人を超える。

この枠のうちから、現存中学校の約700校で1人ずつを復活させて、弱い「家族力」の補完のために、「コミュニティー・ソーシャルワーカー」の配置を心がけてほしい。専門家による中学校区単位での見守りが、虐待問題を予防し、その発見を促進するからである。

少子化のなかで誕生した命が、実の親に虐待されるという悲劇を防止するために、そして高齢生活が安心できるように、家族支援と「地域家族」や「コミュニティー・ソーシャルワーカー」の創出という課題を追求したい。

日本の針路を先取りする北海道での「少子化する高齢社会」への対応の基本には、家族支援と地域共生があり、その延長線上に「虐待の防止」と「晩年の安心」という果実が待っている。

『北海道新聞』2009年12月6日

13　社会変動と高齢化

人口変動の時代

この数年私は、高度成長期を出発点とする社会変動の実証研究を試みているが、高度成長期が技術革新を主軸とする経済主導型の産業化によって変動した時代であるとすれば、都市型社会の成立を経て、近未来に確実に予想される高齢化社会は、人口自体を変動因とする時代ではないかと考えるようになった。いわば変動因の「変動」である。例えば「脱工業化社会論」（ベル）や「第三の波」（トフラー）は、基本的には高度産業化理論の枠組で構成されていて、高齢化という変動が軽視されているという問題がある。

「第三史観」の復権

では、高齢化社会分析に有力な理論は何か。それは六〇年前に提唱された高田保馬の「第三史観」であろう。人口の密度と成員の異質性からつくりあげられる社会の量質的組み立てが社会関係を決定し、政治・法律制度、経済構造、観念を変動させる。高齢化とは六五歳以上の人口の増加であるから、この部分が人口構成のなかで肥大すれば、社会の量質的組み立てが大きく変わる。(1) これを基盤として、家族関係、地域関係は変容し、すでに年金、福祉サービス、医療制度などが見直され始め、企業でも定年制が再検討の時期に入っている。

「役割」理論

「第三史観」に加えて、高齢化対策研究に不可欠なものとして「役割」理論があげられる。私は高齢化への「処方箋」を考えるため、健康、経済、役割、生きがいの四項目からなる調査を福岡県瀬高町で実施したことがある。そこでの結論は、同居老人でも独居老人でも、ともかく多くの役割を果たすことこそが、生きがいにも健康にも直結するというものであった。そのためには、高度成長の恩恵である自動車、電話の活用が望ましい。ただ高齢者の役割は、家族や地域の寛容と援助に支えられて、うまく機能する。その意味で、コミュニティは高齢化社会のなかでも依然として社会目標となるであろう。

「診断」に社会変動論、「処方」に社会計画論をもつ現代社会論の内容は、したがって、【高度成長の時代↓都市型社会の成立↓高齢化の進展】という構成を示すものである(2)。

（『朝日新聞』一九八四年一月二八日）

注

(1)「第三史観」は「人口史観」の別名である。金子勇編『高田保馬リカバリー』ミネルヴァ書房、二〇〇三年、第九章に詳しく解説した。

(2) ここから「都市高齢社会」という類型が成立した（金子勇『都市高齢社会と地域福祉』ミネルヴァ書房、一九九三年）。

14　高齢化の新しい考え方

六五歳以上の人口比率が一〇％に達しようとする時代では、社会像も福祉観もそれにふさわしいものが求められる。(1)

産業化から高齢化へ

産業革命期後の歴史から、私たちは社会を変えていく最大の原動力が技術にあり、経済が果たす役割の大きさを知っている。その過程は産業化とよばれ、日本の高度成長期をはじめとして、産業化による社会変動の実証研究がなされてきた。技術に注目するならば、今日言われる情報化も、高度産業化の一段階と見てよい。

しかし、産業化と違って高齢化は、人口構成の変化（特定年齢層の肥大）による社会変動である。その高齢化を考えるために、私は四つの基礎的視点――健康、経済、役割、生きがい――を提起している。このうち健康と経済は、『昭和五九年版　厚生白書』が強調するように、個人の自立・自助と自治体や政府からの公助との組み合わせが中心となるであろう。けれども、役割と生きがいは、その両者に加えて互助という関係が必要とされる。

互　助

互助とは文字通り「互いに助け合う」姿勢を意味するから、互助は地域の生活空間でひとまず想定することができる。ところが、一人の職業人だけをとりあげた場合でも分かるように、まず定年制によって職場が失われ、次いで子どもの独立、高齢者のみの核家族化の進行、配偶者の死亡による一人暮らし高齢者の増加などで、家庭内の互助基盤は長期的に見ると弱まることが予想される。

そうすれば、残された互助組織は地域を基盤にすることになる。隣近所との交流を核とする地域関係こそが、高齢化社会で大きな働きをするのである。

ただし、高齢化社会でも産業化による転勤に代表される地域移動の激しさは変わらないから、地域内の社会関係はそのままでは希薄になる。そこで人為的にそれを食い止める政策展開が求められ、そのシンボルとして「コミュニティ」が位置づけられてきた。

以上の意味で、コミュニティ（共同社会化）は高齢化社会においても社会目標になりうる。ただ、福祉の観点からすれば、高齢者の位置づけも変わる。ここでの高齢者は単なる福祉客体を越え、福祉サービスの提供を行うことも要求される。

この変身が高齢者には重要だ。それは多様な役割を持つことを意味する。元来高齢者は、それまで保持していた家庭や職場での役割を縮小していく過程にあると理解されるから、高齢者福祉の基本的視点はその役割縮小を止め、逆に生活の場において役割回復や創出を試みることにある[2]。マチづくり、ムラづくりなどの地域への積極的関わりはもちろん、職業人であったことに由来する専門能力や知識を地域生活のなかで生かしていく。それは「半専門性」の発揮といってよい。例えば、特定分野でのボランティア活動もこの半専門性になじむものである。

今後のボランティア活動は無償の奉仕活動だけに限定せず、サービス受給者側からの交通費や実費負担も考えられてよい。特に、サービス提供側が高度な専門能力を持つ場合、一部有償化も一つの選択肢となるであろう。

役割を通した生きがい

高齢者が福祉サービスを「受ける」客体的存在から「与える」主体的存在へ変身することは、役割を通して生きがいに直結し、健康と経済的側面にもプラスに作用する。筆者が行ったいくつかの調査を最近『高齢化の社会設計』（アカデミア出版会、一九八四年）

としてまとめたが、そこでもこれは裏づけられている。すなわち、日常生活を営むことのできる健康に恵まれている人は、できるだけスポーツを仲間とともに行うこと、それは個人のみの楽しみや生きがいに結びつくのみならず、その集団的訓練が主として地域内での役員活動、奉仕活動に繋がりやすいこと、さらに近隣をはじめとした社会関係のネットワークが豊かになること、結局、スポーツという個人レベルの生きがいが社会参加をもたらしやすいこと、等が分かっている。

高齢社会は社会関係の質を問われる時代でもある。さしあたり、地域を基盤にした社会関係を少しずつ作り出していくことが、健康、経済、役割、生きがいにもプラスに作用する。まずは何かを行うことである。その行動が新しい社会関係の基盤になり、孤立化を食い止める最も有効な機能を果たすと思われる。

注

（1）二〇一三年九月、日本の高齢化率は二五・〇％を超えた。六五歳～七四歳の比率は一二・七％、七五歳のそれは一二・三％になった。

（2）高齢者役割縮小と回復については、金子勇『高齢社会・何がどう変わるか』講談社、一九九五年、第四章で包括的に述べた。

（『北海道新聞』一九八四年一二月三日）

15 「豊齢社会」への提言――「自分のため」を原点に

夕陽は沈まない

日本のグループサウンズ、ザ・スパイダーズが歌い、ヒットした「夕陽が泣いている」という曲をご存知だろうか。これが発表された一九六六年（昭和四一年）の高齢化率（総人口に占める六五歳以上の人口割合）は六・四％だった。一方、河北新報大型連載企画「夕陽は沈まない――豊齢社会の構築」が連載され各方面に大きな反響を呼んでいる今年、一九九五年（平成七年）の高齢化率は一四・四％に達している。

三〇年前の日本では「夕陽が泣いている」側面だけが、「老人問題」や「日本老残」として、行政、マスコミその他で困惑気味に語られていた。また、「市民及び高齢者」と言う表現に象徴されるように、高齢者は「別枠」の存在でもあった。

主役にもなる高齢者

しかし、今日の「高齢社会」では、高齢者は主役にも脇役にも観客にもなり得る自由な市民として登場する。現実の高齢者とのズレを引きずったままの、これまでの高齢社会像の転換を意図した連載企画は、高齢者の多彩なライフスタイルを、説得力ある形で紹介してきた。

企画は共感の声を広げ、市民の高齢社会に対するイメージを大きく変えたばかりか、高齢市民層の持つ潜在的な行動エネルギーを呼び起こし、自治体の福祉行政をも刷新しようとしている。新聞が新たな社会づくり運動の起爆剤となり、「豊齢社会」に向けて「夕陽」を「輝かせる」ための工夫が始まった。

画期的なことと言わざるを得ない。

長年、高齢社会を研究している立場から、「豊齢社会」づくりに向け、三点を指摘しておきたい。

第一点は「老いること」の積極的側面をもっと重視することだ。連載でもはっきりと示されたが、人間は年をとると消極的で受身の存在になると言う見方は、近・現代社会の迷信に過ぎない。もともと「老」は「考」と同義であり、判断力・調整力・指導力などは高齢期にはむしろ高まる。身体機能の低下、定年や子どもの独立、配偶者との別れなど、気力を損なわせる要因も少なくはないが、加齢が総体として他者への依存を必然化するわけではないことに留意すべきだ。

第二点は高齢者の「役割」の創造だ。定年や子どもの巣立ちに見られるように、高齢期にはこれまで担い続けてきた「役割」が縮小、喪失し始める。が、社会全体で役割の創造に取組まなければならないし、高齢者自らの心掛けによっても「役割」を維持し続け、新たに作り出すことが可能だ(1)。役割の創造は、居住する地域社会の中に仲間と「一緒に経験する」ための機会を作り出し、参加することから始まる。仕事でも趣味でもいい、見返りを求めない「義捐活動」や社会参加活動でもかまわない。とにかく、「玄関」から一歩外に出ることだ。

人の為と自分のため

第三点は生きがいに結びつく「自分のため」の活動を展開することだ。在宅の一人暮らし高齢者の話し相手になることは、地域福祉を進める立場で言えば、もちろん「協力」したほうがいいが、実際には「協力しない」住民が多い。

「人の為（ため）」を強調しすぎることは、「偽」になりがちな側面を含んでいる。むしろ大切なのは、「自分のため」を貫くことである。そのような社会の合意が成立して初めて、地域の福祉が見えてくるのではないか。

二一世紀に向けた「豊齢社会」づくりが、地域計画の大きな焦点になってきた。「自分のため」にする活動が、結果的に「人のため」になるような運動体として、設立される「シニア市民ネットワーク仙台」(仮称)は、新たな社会づくりの大きな力となるはずだ。

（『河北新報』一九九五年七月二一日）

注

(1) 高齢者役割論については、金子勇『高齢社会とあなた』日本放送出版協会、一九九八年、第七章で細かく取り上げた。

16　二一世紀の福祉資源

健康は資源

　宗谷新聞社の創立五〇周年記念事業の一環として、貴重な機会をいただき感謝していま す。私は二一世紀の福祉資源という演題で与えられた時間お話したいと思います。

　普通我々が資源と申しますと、石油、石炭、そして水資源などが挙げられますが、もっと広い意味で考えますと、時間、あるいは人との信頼関係、いわゆる信用といったことも資源に含まれます。さらに健康は最も大切な資源です。健康は、これからの時代、他人が支えてくれるものではなく、自分の力で守っていかなくてはならないものです。

　『老人力』（赤瀬川原平　筑摩書房）という本が良く売れています。年をとると人はみんな物忘れが激しくなる。とくに他人の名前などとっさに思い出せないことが多い。しかし健康でいきいきとした社会生活を送るには自助努力にも限界があり、互いに協力してゆかなければいけない。加えて、行政の力は重要であり、国が介護保険を立ち上げました。やがてこれに民間企業が加わると思います。二一世紀では個人の力、家族、行政、民間が互いに協力して支えあってゆく時代になるはずです。

　ＷＨＯ（世界保健機構）のレポート五〇の事実から、高齢者の健康について言えば、ガンと心臓病は他の年代より七〇歳から七五歳の年代にずっと関連が深い、循環器病による死亡の八〇％以上が六五歳以上の人に発生する、世界的に見て循環器病は六五歳以上の人々における死亡と生涯の筆頭要因である、進行する痴呆の危険性は六〇歳以上の人々に於いて急速に高まる、などが挙げられます。

長寿国日本

日本は世界の中で三年前に長寿国になって、女性では沖縄県、男性では長野県が一番長生きしている[1]。以下は私が実際に調査した結果であるが、沖縄県では白砂糖や塩など白いものはあまり食べない。砂糖は黒砂糖が代表的なものである。また、女性は世代を超えて蛋白源として豚肉をたくさん食べる。決して野菜だけの食生活ではない。そして沖縄では家庭の中でも、年長者に権威があることも長寿と関係が深いように思われる。長野県男性の長寿の原因については、蜂の子佃煮などを食べることにより、結果的にミネラルをたくさん摂ってきた生活史が指摘されることも多い。

また、運動について考えると、一日三〇分間は歩くようにしたい。はじめは一〇分間くらいしか歩けないような人でも、鍛えることによって、やがては三〇分間連続して歩くことが苦痛ではなくなってくる。「健康と病気」は、融合し始めている。この直接的な契機は高齢者の増加に伴う生活習慣病の社会全体での蔓延にある。糖尿病や高血圧の薬を飲み続けていても、日常生活レベルで他者の援助・支援・介助・介護を不要として自立できれば、それもまた半健康と見る。また、精神的には「人気《ひとけ》」を考える。これは、人の気、日常生活で周りに人の気配を常時保つことであり、自分は一人ぼっちではない、自分はみんなと福祉を支えあってゆくということを常に頭に入れて暮らすことが、二一世紀の高齢社会の課題である。

元気な高齢者

日本の六五歳以上の高齢人口率は、一六・五％、約二四〇〇万人に当たるが、毎年約〇・五％ずつ増えてゆくので、行政はこれにきちんと対応しなければならない。最近は六五歳以上でなく、七五歳以上を高齢者とする意見もあり、いわゆる前期高齢者はまだ元気であることも事実である。

先年、千歳市で高齢者福祉の調査を実施した。これは六〇～八〇歳を対象にしたものだが、六〇代の人のうちの半分は高齢者と思っていなかった。一般的に中高年は元気で、日本全国では八五％に当たる二〇〇〇万人が在宅で暮らしている。これは世界的に見ても同じ傾向で、他人の援助を必要とする人は一五％程度ということになり、八〇年代、九〇年代とあまり変わっていない。したがって、今後は高齢者対策を二本立てにしたい。元気な八五％向けとそうでない一五％向けを同時進行させたいと願っている。

きょう会場の皆さんはもちろん八五％に入っている人たちばかりであるが、今後は四〇歳以上の人がみんなで一五％の人を支えようという考えで、すばらしい福祉制度が作られる。現在七〇歳代の人は三六年間も医療保険がなかったが、介護保険によりおそらく二一世紀の福祉は根本的に変わっていく。

介護保険が始まる

介護保険に対する国民の信頼性も、どの程度の介護水準になるかではっきりしてくる。現段階の要介護認定は六段階とされるようだが、細かい点はこれから決められる。ただ二年間のモデル事業でも介護サービスを受ける人は七〜一〇％で、総合的な認定に洩れる人が出ている。認定洩れも問題であるが、ヘルパーさんの話によると、家政婦とヘルパーの区別が付かないような寝たきりの元気な高齢者もあり、家族の食事や玄関の掃除といったことまで、平気で頼む場合もあるようで、こちらも解決しておきたい。それらは決してヘルパーさんの仕事ではなくあくまで家政婦の仕事であり、この区別ができないと良い人材を確保することは大変難しい。(2)

寝たきりでヘルパーの世話を必要とする高齢者は、どうしても自分本位に考えることが多くなる。福祉をビジネスとみなし、行政の分野に企業も参入するようになってきた。ビジネスとしての福祉の受入れは前向きに進めてほしい。よく介護保険に対して、元がとれないのではないかといった発言をする人がいるが、保険で元をとると言うことは死ななければならないということになる。海外旅行の際に保険をかけ元をとるとしたら、事故で怪我をするか、盗難に遭うか、あるいは下手すると一つしかない生命を失うかである。交通事故の場合の保険も同じこと、介護保険を掛けて自分が健康でいられることを感謝する気持ちがなければならない。

何よりも一五％の要介護状態にある高齢者を支えてゆくことがもっとも大切なことである。この点、新聞やテレビなどで介護保険料が高いなどと批判しているのはおかしいと考える。大事なことは皆で身銭を切ることである。三〇年前は高齢者人口が七％であったのが毎年〇・五％ずつ増えている現状をしっかり認識しておきたい。

みんなで支えあう

日本の歴史が始まって以来の高齢社会を迎え、今までと異なった社会システムを創り上げる時代である。六五歳以上人口二四〇〇万人のうち一七〇〇万人は、介護が不要である。むしろこれらの層は福祉資源として社会の力となり上手に活かす時代である。みんなで支えあう〝互助〟を確立することは急務である。

スウェーデンで一五年前から緊急通報システムを導入して以来、日本でもこれを見習って寝たきり高齢者、一人暮らし高齢者宅などを消防署の回線で連結しているが、少しずつ民間企業に肩代わりするようにしたい。一人暮らしのお年寄りが一日中誰とも言葉を交わさずに終わる。九時過ぎごろにテレビの水戸黄門などが終わると、この緊急通報で消防に電話が入るが、緊急対応の消防では、せいぜい数分の相手しか出来ず、異常がなければ切ってしまう。お年寄りはさびしいから誰とでも話をするために電話したが、その気持ちを吸い上げるまでにはなっていない。そうなると緊急通報に対する信頼度も薄れてしまって、肝心なときに役に立たないことにもなる。行政としても規則どおりの対応をしているのでなんとも出来ない現実があり、民間に変わっていく必要が感じられる(3)。

集まりが生きがいをつくる

高齢者が自分達で生きがいを見つけながら楽しく毎日を送る例は全国で見られるが、石狩市の「ゆうゆうの会」では日曜日の幼稚園を使って託老所を開設して高齢者が集まり楽しい時間を共有している。また余市町では「一品持ち寄りの昼食を共にする会」（豊楽会）など、自分の家の味自慢を持ち寄って昼食をとりながら仲良く過ごしており、この会に出席するために、それぞれ工夫した食べ物を作る楽しみも広がってきている。やはり人との交流が大きな支えになっている。(4)

最後に、これまでに明らかになった生きがい要因として、(1)社会参加 (2)趣味娯楽 (3)友人交際 (4)家族交流を挙げておこう。中学時代は受験勉強に追われ、音楽・美術・書道・保健体育・技術家庭などの学習が後回しになり、高齢者にとっての趣味の大半を与えてくれるこれらを勉強しておけばよかった後悔する声がある。義務教育の見直しはこのような観点からも重要であろう。

注

（1）二〇一〇年の「都道府県生命表」（厚生労働省）によれば、長野県が男女ともに日本一の長寿県になった。ちなみに男性の平均寿命は八〇・八八歳、女性のそれは八七・一八歳であった。

（2）これは二〇一三年になっても同じような事情にあり、福祉や介護の労働条件は改善していない。

（3）緊急通報システムについては、金子勇『地域福祉社会学』（前掲）第六章でまとめて論じた。

（4）これらの事例は、金子勇『高齢社会とあなた』（前掲）第四章で詳述した。

（『宗谷新聞』一九九九年七月三日）

17　二一世紀の超高齢社会

六五歳以上が一七・一％　本年四月に、六五歳以上の高齢者人口が二一二六万人を超え、史上空前の一七・一％に達した。その一方で、一五歳未満の年少人口が一八五八万人に落ち込み、一四・七％になった。高齢社会のあり方と高齢者の生き方をどう考えればよいだろうか。

高齢化率はこの三〇年間、毎年日本新記録を更新中であり、合計特殊出生率（一人の女性が一生涯に平均で何人の子どもを産むかの数値）もまた七四年の二・一四をピークに基本的な趨勢は低下の方向にあり、九九年には史上最低の一・三四になった。

この少子化を内包する急速な高齢化という動向のなかで、高齢者の一五％に属する要介護者向けの介護保険は四月から立ち上がり、曲がりなりにも国民全体が支えあう形で共有され始めた。支えあいは四〇歳以上の既婚未婚を問わず若い世代と年長世代および男女間で行われている。以下、この支えあいの軸になる年長世代としての高齢者が、健康を維持し長寿を全うするために必要なライフスタイルを、いくつかの調査結果から考えてみよう。

この数年、私は女性長寿日本一の沖縄県と男性長寿日本一の長野県、そして一人当たり老人医療費日本一の北海道で、長寿のためのライフスタイルを研究してきた。まず、沖縄発の情報として、豆腐と豚肉という蛋白質の摂取、塩と砂糖の制限、昆布とニガウリの多食など長寿食の文化が理解できる。

加えて、清明祭などの伝統行事に象徴される高齢者を大事にして、社会から引退させない高齢者文化がある。さらに三年越しの沖縄調査の結果、「生きる喜び」としての生きがい要因を複合させている多数の高齢者の存在が分かった。

すなわち、高齢者の生きがいは、(1)有給の職業を通しての社会参加か有償無償を問わないボランティア活動による社会参加、(2)家族団らん、(3)友人交際、(4)趣味娯楽、に分類できるが、沖縄高齢者ではこれらがタコツボ的に並立しておらず、融合が顕著であった。[1]

家族団らんに友人交際が入ってくるし、学校の同級生や元の同僚友人が一緒になった趣味娯楽の仲間が模合（もあい）を作り、親睦を強める作用を持っていた。このような多面的なコミュニケーション関係を沖縄の高齢者は大切にして暮らしていた。

北海道の高齢者の特徴は生きがいがタコツボ的に並立していて、対面的なコミュニケーション関係も徐々に弱まっているところにある。これは高齢者間の支え合いを弱くする。

長野県の老人大学

長野県では老人大学在学生と卒業生を調査したが、定年後に新しく関わった老人大学の果たす役割が大きかった。そこでの学習内容もさることながら、研究から引き出された結果は、この人為的な出会いの機会が対面的なコミュニケーション関係を増幅させるという発見にあった。

具体的には定年後の年賀状の枚数を調査したら、沖縄でも北海道でも一貫して減少させる人が多いのに、長野の老人大学在学生や卒業生では六〇代後半や七〇代に再度枚数を増やす関係を持つ人が多かった。長野県が日本一低い「一人当たり老人医療費」を記録し続けていることと合わせて、私は健康長寿のためには「高齢者が年賀状を一枚でも増やすような生き方をする」ことの重要さを主張する。この対面接触への意欲は予防を兼ねた各種の健康診断への受診に結び付いているからである。[2] 健康診断もまた、医師、看護師、保健師などの専門家が高齢者を個別に支えるという文脈にある。

「自立志向」と生きがい　北海道に比べて沖縄での高齢者ライフスタイルの特徴は、「人間関係」への強い意欲にあった。「若い人とのふれあい」、「すてきな人との出会い」、「友達の多さ」、「人生を社会に役立てたい」というライフスタイル項目に支持が集まった。

加えて、沖縄では「いくつになっても働きたい」、「同情されたくない」、「人や器具の世話になりたくない」、「お金を持つことが安心」から構成される「自立志向」も目立った。

「自立志向」を持ちつつ、「人間関係」を求める生き方は、二一世紀の超高齢社会に生きる在宅健康高齢者のモデルといえるであろう。

いくつかの問題点はあるにせよ、介護保険が一五％の要介護高齢者を支えることは間違いない。残りの八五％の高齢者も最後の二〇年間を充実させるために積極的な健康づくり、生きがいづくりに取り組む方がいい。

そして、健康づくりこそが生きがいづくりの要因であり、逆もまた正しいことを指摘しておこう。老（ふ）けないためにも「生きる喜び」としての生きがいにほれることが、豊かな高齢者人生を約束するのである。

注

（1）沖縄県では宜野湾市の高齢者五〇〇人を選び出し、訪問面接調査をした。結果は、金子勇『社会調査から見た少子高齢社会』（前掲）第六章でデータを提示しながら分析している。

（2）長野県では、諏訪市と佐久市で長野県長寿社会開発センター支部員をそれぞれ五〇〇人ずつ調査した。結果は（1）の文献で詳細にまとめている。

（『聖教新聞』二〇〇〇年八月二四日）

18　無料デパートが消えた格差不安社会

無料デパートとしての福祉国家

終生、社会学にこだわり続けた昭和最高の知識人の一人である清水幾太郎は、七〇歳直前の一九七五年に次のような感想を記している。「かつて美しい夢であった福祉国家は、それが少し実現しかけてみると、どうやら、政府が一種の無料デパートになるということのように思われる。（中略）実は何一つ資源を持たない政府が、国民に対する無料奉仕の義務だけを負わされているような有様である」（『清水幾太郎著作集一八』講談社、一九九三年　三五六頁）。しかし、高度成長の終焉直後に発表されたこの「福祉＝無料デパート」論は、長い間黙殺されてきた。

むしろ逆に、保育所保育料の徴収基準に象徴されるように、政令指定都市や県庁所在都市は国を超えた基準の福祉サービスを競って拡充してきた。例えば、平成一八年度予算レベルでいえば、政令指定都市では国の徴収基準よりも三割程度低い「軽減率」を適用している（表1）。ここにも歴然とした格差がある。

具体的にいえば、国の基準からの「軽減率」が最高の四〇・一％である名古屋市が一番低い保育料になっていて、札幌市で三七・〇％、福岡市でも三〇・八％も国より低く設定されている。北九州市は政令指定都市では「軽減率」が一番低く、一九・七％に止まっている。この格差はそれぞれの自治体の事情によるが、三歳未満児の国の月額保育料の最高が八万円であるのに対して、札幌市では五万九五〇〇円になっている。[1]

表1　保育料の政令指定都市別軽減率比較（平成18年度予算）

都市名	軽減率	都市名	軽減率	都市名	軽減率
名古屋市	① 40.1%	川崎市	⑥ 33.6%	仙台市	⑪ 30.3%
広島市	② 37.3%	さいたま市	⑦ 33.5%	京都市	⑫ 29.5%
札幌市	③ 37.0%	大阪市	⑧ 32.7%	千葉市	⑬ 28.1%
静岡市	④ 36.6%	堺市	⑨ 31.0%	神戸市	⑭ 22.1%
横浜市	⑤ 34.9%	福岡市	⑩ 30.8%	北九州市	⑮ 19.7%

（資料）　札幌市社会福祉審議会『札幌市における子育て家庭に対する新たな支援や保育所等の利用者負担の在り方について』2007年5月。
（備考）　丸の中の数字は，軽減率の高い方から数えた順番。

住民サービスは縮小

しかし、このようなサービスに関しても「少子化する高齢社会」が現実化するにつれて、全国市長会が行った調査結果に示されたように、「住民サービス三二六市が縮小・廃止」という方向性が全体としては鮮明になりつつある。この調査は二〇〇六年一一月から二〇〇七年一月までの期間に、全国市長会が七七九市すべてに自治体名を非公開にするという条件で行ったものであり、五四五市（六九・九％）が回答した。

総括すれば、保育料に典型的なように、小泉内閣「三位一体改革」の影響は政令指定都市ではほとんどないが、自治体の規模が小さくなるほど地方交付税削減の影響が強い。その結果、縮小・廃止された事業は、老人医療費助成、介護者見舞金など高齢者福祉関連の分野が多かった。

とりわけ人口数三万五〇〇〇人未満の最小自治体では、「地方交付税削減が大きく影響した」が三二％、「これ以上の歳出削減は困難」が五〇％に達している。北海道ではこの基準に該当する市は多いし、九州各県や山口県でも「困難な歳出削減」をますます行わざるを得ない自治体が増える見込みである。国民の所得面における周知の格差だけではなく、どこに住むかで、その自治体サービス面でも大きな格差が生まれ始めた。

このような状況では、政府の「無料デパート」化はもはや復活し得ない。団塊世代の最後である一九五〇年生まれ全員が六五歳を超えて超高齢社会が到来する二〇一五年までに、規模の相違を超え自治体は、独自の社会資源をいかに活用できるか。

私はこの数年、北海道富良野市と伊達市と白老町それぞれに鹿児島市における「少子化する高齢社会」の比較研究で、伊達市民の「自由意識」の強さを見出してきた。市民はすべてが同質なのではなく、それぞれに個性があり、それは格差にも結びつく反面、逆に自由意識が強い市民は有力な福祉のまちづくりの武器にもなる(2)。

伊達市の成果

人口三万七〇〇〇人の伊達市では、「団塊世代の移住」を新しいまちづくりの戦略として、合計で一〇〇〇人を超える移住者が来るという成果を挙げてきた。また、全国で「心の伊達市民」を募集して、四月現在で九八五人にまで増えている。その他、高齢者向けのマンションに「安心ハウス」という独自の認定制度を実施していて、これらはいずれも自由意識が強い伊達市民に支持されている。

自治体ではそれぞれの市民の資質を科学的な社会調査によって最大限に把握して、市民特性を考慮した積極的な政策展開を目指してほしい。今後は、政府の「無料デパート」に寄り添うような消極的自治体政策による格差よりも、積極的な政策展開の結果生じた自治体間の格差ならば、逆にそれをバネにして改革への政治意識が高揚し、市民の参加意欲が高まるのではないか。

四月の統一地方選挙で誕生した市町村長や議員諸氏は、ウェーバーの「職業としての政治(3)」に立ち返り、情熱、見識、責任感の三点セットを四年間持ち続けて、職務に邁進してほしい。

注

（1）二〇一三年の月額保育料最高は一〇万五〇〇〇円である。

（2）この比較研究は、金子勇『格差不安時代のコミュニティ社会学』（前掲）第二章、第四章で具体的なデータを使って論じた。

（3）数種類の翻訳があるが、清水幾太郎・礼子訳を私は愛読してきた。これは『世界思想教養全集18　ウェーバーの思想』河出書房新社、一九六二年に所収されている。

（『西日本新聞』二〇〇七年五月に九日）

19　高齢化一気に進む「二〇一五年問題」

急速な高齢化

「二〇一五年問題」とは、一九四七年生まれから五〇年生まれの総称である「団塊世代」一〇三九万人のうち、生存見込みの八〇〇万人が六五歳を越えることで生じる全体的社会問題を意味する。二〇一五年以降は一気に高齢化率が高まるから、稼ぐ人は激減して、病気になる人は増えて、身体が不自由な人の割合も徐々に上がる。

一九六一年に国民皆年金制度と国民皆医療保険制度が始まったが、前年の高齢化率は五・七％であった。高齢化率が一〇・三％になった一九八五年に、高齢社会に備えるという名目で、公的年金の法改正が行われた。しかし、二〇〇九年のそれは二二・五％にまで上昇しており、定着した少子化による年少人口数の減少が総人口を減らし続けるために、二〇一五年には二七％の高齢化率が予想されるに至った。はたして年金と医療保険や介護保険が現状のままで維持できるかという不安感は、高齢者だけではなく、中年や若年にも蔓延している。にもかかわらず、政治や行政による両者への抜本的な対応は皆無であり、決定の先送りばかりが続いている。

少子化の原因

加えて、少子化傾向が強い。この「原因」は「男性未婚率の上昇」と「女性未婚率の上昇」、そして「既婚者の産み控え」であることは二〇年前から解明されている。ところが政府は、「既婚者の産み控え」に原因をしぼり、産み育てる保育環境が整備されれば、少子化対策になるという「待機児童ゼロ作戦」と「仕事と家庭の両立ライフ」促進策しか採用しなかった。ここに該当するゼロ歳児から五歳児までの保育園児の比率は、五歳までの児童全体の二〇％にすぎない。この事実を無視して、あたかも勤労母親のために、保育所を増設すれば、少子化対策は成功するといった偏見が政策のなかに強く認められる半面で、全体の五〇％を超える児童を育てる専業主婦への支援はまったく行われてこなかった[1]。

すぐにでもこの一面的な対応を止めて、まずは「少子化対策とは何をどうすることか」を国民全体で合意することだ。具体的には、未婚既婚はもちろん国民の自由な選択としたうえで、次世代育成は全員の義務と位置づけ、国民全員の負担水準と子育て家族への支援にふさわしい支援サービス水準の決定から新しく出発したい。

社会的不公平性の解消

同時並行策には、子育て世代内における負担と受益の社会的不公平性の解消が挙げられる。子育てする親だけに教育費と養育費が課せられ、総計すると一人当たり三〇〇〇万円の費用がかかり、それを回避すれば子育て費用がゼロであるという現状は、産み育てる側だけに負担が重たすぎる。それを無視して、子育てした高齢者とそうでない高齢者を一緒にして、「おひとりさまの老後」を描き出すことは非現実的である。

二〇〇九年五月のデータで言えば、子どもの有無に関わらず三〇歳から六四歳までの国民六〇〇〇万人と、六五歳からの年金受給者二九〇〇万人は、それぞれ次世代育成のため「子育て基金」に応分の拠出をして、そこから子どもが中学校を卒業するまで「子育ち資金」を、一七〇〇万の家族に毎月支給するシステムが待たれる。

今回の選挙に臨む政党や候補者は、社会的公平性の原則から、「二〇一五年問題」に対応できる、包括的で現実的な「総合的な増子化対策」の再構築を期待する国民が多いことを、肝に銘じて活動してほしい。

すでに認められる「少子化対策事業は栄えるが、子どもは産まれにくい」という事態を避けるためには、その種の事業を減らし、浮いた予算は「子育て基金」に組み込み、家族への直接支援に回したい。公平な国民負担と家族への直接支援が少子化対策の大原則である。

三点集中突破対策

対策事業面では、少子化対策とは無縁な「食育」などは後回しにして、「三点集中突破対策」としての周産期医療、小児医療、保育優先につきる。

次世代が縮小すると、高齢社会に不可欠な公共財である年金、医療保険、介護保険等が危うくなる。それらの公共財を国民が公平な負担でしっかり支えあう「少子化する高齢社会」への軟着陸こそ、「二〇一五年問題」の切り札であろう[2]。

（『西日本新聞』二〇〇九年七月二七日）

注

（1）少子化対応が必要条件面ばかりに特化して、十分条件を見失ってきたことについては、金子勇『都市の少子社会』（前掲）以来、繰り返し指摘してきた。

（2）この問題については、金子勇『少子化する高齢社会』日本放送出版協会、二〇〇六年、第六章に詳しい。

20　提言二〇〇九　少子高齢化

家族力が弱い北海道

北海道は東京都に次いで合計特殊出生率が低く、少子化が進んでいる。この第一の理由には、一人暮らし世帯が多く、平均世帯人員が少ないことが挙げられる。第二に、二人暮らしの快適さを求める夫婦が多い。必然的に第三として、三世代同居世帯が少ない。第四に、持ち家率が低く賃貸住宅が多いため住宅が狭く、子育て空間が不足しがちである。第五に、地縁のなかでの子育ての支えが乏しい。第六に、子育てをためらうような貧困世帯が増えた。これらは相互に関連しており、他の都道府県に比べると「家族力」が弱い北海道という特徴が引き出せる。

高齢化関連の課題の一つに「一人当たり老人医療費」の高さがある。二〇〇六年度の北海道では一〇〇万円を超えており、第一位の福岡県に次ぎ、最下位の長野県とは約三〇万円（約一・五倍）の格差がある[1]。この原因は高齢者に病人が多いからではなく、入院期間の長さによる。良し悪しを超えて、平均世帯人員が少なく、家族が縮小し、「家族力」に劣る北海道では、在宅での療養が不十分であり、長期入院になりやすい。

したがって、北海道における少子高齢化対策の筆頭には、全道で弱まっている「家族力」を補える「地域家族」を作り出す支援を重視したい。従来の「子育て支援ポータルサイト事業」や市町村に組織された「せわずき・せわやき隊」の活動支援等では、道内の合計特殊出生率の反転は不可能である。「道民育児の日」や「道民家庭の日」を制定したイベント参加の推奨でも、「地域家族」は見えない。

佐賀県の地域共生ステーション　例えば全国知事会で優良事例とされた、佐賀県の積極的な「地域共生ステーション」推進事業などが望まれる。これは子どもから高齢者まで年齢を問わず、また、障害の有無に関わらず、誰もが自然に集い、住み慣れた地域の中で安心して生活していくことができるよう、様々な福祉サービスを、地域住民や市民社会組織、ボランティア等が協働し、支援していく小学校区単位での拠点整備を意味する。

スクール・ソーシャルワーカーを　一方、〇九年三月の北海道教育委員会の資料によれば、道内の公立小中学校のうち、この一〇年間の統廃合は合計で三五六校に達する。削減された教員と事務職員は一校平均で二〇人とすれば、合計七〇〇〇人を超える。この枠のうちから、現存中学校の約七〇〇校で一名を復活させて、弱い「家族力」の補完のために、「スクール・ソーシャルワーカー」の配置を心がけてほしい。専門家による中学校区単位での見守りが、虐待問題を予防し、その発見を促進するからである。

少子化のなかで誕生した命が、実の親に虐待されるという悲劇を防止するために、そして高齢生活が安心できるように、家族支援と「地域家族」や「スクール・ソーシャルワーカー」の創出という課題を追求したい。日本の進路を先取りする北海道での「少子化する高齢社会」への対応の基本には家族支援と地域共生があり、その延長線上に「虐待の防止」と「晩年の安心」という果実が待っている。

注

（1）「「後期高齢者一人当たり医療費」でも同じ傾向にある。金子勇『「時代診断」の社会学』（前掲）第五章で詳しくまとめた。

（『北海道新聞』二〇〇九年一二月六日）

21 提言二〇一〇 高齢社会

過疎化が進む

北海道には過疎と高齢化の波が押し寄せており、二〇〇九年の過疎市町村割合が都道府県中第四位（七八％）に達した。過疎は総人口の減少と高齢化率の上昇を含み、その延長線上には存続の危ぶまれる限界集落が待っている。加えて「提言二〇〇九」で指摘した北海道特有の「家族力」の欠如が、独り暮らし高齢者を増やす。高齢化により医療費や介護費は増加し、結局は社会全体の負担増をもたらす。

並行して、二〇〇七年の北海道「生活保護者率」（一〇〇〇人当たりの保護人員‰）は、大阪府に次いで全国第二位（二四・七‰）となり、依然として増加傾向にある。それに伴い、歴史的には賞讃されてきた「進取の気風」とは逆行する「働いたら負け」という敗北主義が、道民の中には芽生えてきた。

これらをしっかり受け止めて、まずは高齢化に正面から向き合い、いつまでにどの分野で誰が何をどうするか、と論じよう。第二に、新しい動きを模索するなかで、実際には喪われた「進取の気風」を回復しよう。

優良事例を学ぶ

行政政策面での「進取」復活には、全国知事会主催の「先進政策創造会議」で優良事例を学ぶことが有効である。「先進政策バンク」に都道府県が登録した政策の中から、毎年「優秀政策」の選定と表彰を全国知事会が行うもので、参加すれば確実に政策面でのヒントが得られる。しかし二〇〇九年八月の会議へ参加したのは四二の都府県職員九五人であり、北海道からの参加者はゼロであった。この現状は他県の先端的な高齢化政策を直接に学ぶ意欲に欠け、「進取の気風」の喪失を物語っている。

もちろん道内にも優秀事例はある。本州のスギ花粉症患者を対象にした四泊五日の「スギ花粉避難ツアー」は二〇〇五年三月に上士幌町が実験的に開始して、いまでは洞爺湖温泉地区や夕張市等でも実施されている。ツアーの食事では、腸内環境を整える豆類をはじめ、地元で収穫された野菜や魚貝類をふんだんに使い、医師の総合診断も付加されている。北海道と本州との気候風土の差を活用したこのような観光開発には、中高年の関心が高まる。

全国でトップクラスの北海道「一人当たり老人医療費」の克服には、二〇年間その最下位を維持してきた長野県の保健補導員制度や推進員方式を謙虚に学びたい。保健師などの専門家ではなく、専業主婦が自宅周辺五〇世帯ほどの健康管理に責任をもつ方式が四〇年以上続いてきた。草の根効果としての「日本一長寿」の達成、そして「ピンピンコロリ」という生き方の発祥は、この普通の県民による創意と工夫の産物である。

北海道の「進取の気風」の復活は各方面でイノベーションをもたらし、高齢社会日本に忍び寄る敗北主義による衰退を食い止める作用を果たす。まさに地方から中央への転回の空間として、「少子化する高齢社会」の北海道は位置づけられる。

（『北海道新聞』二〇一〇年三月二一日）

22 高齢者の生きがいと人間関係――高齢者の生活実態に関する調査から

生きがい調査

「生きがい」を「生きる喜び」と定義した高齢者の調査は相変わらず続けられています。例えば内閣府による「高齢者の住宅と生活環境に関する意識調査」（平成二二年一一月四日〜一四日実施）では、全国六〇歳以上の男女三〇〇〇人を対象として調査が行われ、有効回収率六八％の結果が得られました。

この高齢者調査全体の生データは入手できませんが、公表されたデータの二次分析を行うと、統計学的にもいくつかの特徴が読み取れます。まず、女性が男性よりも生きがいを強く感じているようです。男性の大半は仕事が生きがいであり、女性の多くは家族との交流を生きがいとすることは周知の通りです。男性では六五〜六九歳でもその四六％が再雇用などで仕事を持っていますが、同時に責任ある地位からは遠ざかるために、生きがいが薄れがちです。反対に女性では、同居別居を問わずもともと家族との交流に生きがいを強く感じるために、男女間の生きがい感の差異が生じます。

しかし、高齢者の家族類型ではかなりの違いが得られました（図1）。生きがいが強いのは「夫婦二人」（九〇・一％）と「三世代同居」（八八・九％）であり、「核家族」でも八五％の生きがいが示されましたが、相対的に「単身高齢者」の生きがいは七七・一％と低く出ました。すなわち「生きがい」を感じない「単身」高齢者が二三％もいたのです。元来高齢者の男女比率では、高齢期になるほど女性比率が高まります。女性は家族との交流に強い生きがいを感じますから、「単身」では子どもや孫とのつき

図1　家族類型別生きがい

$\chi^2 = 31.58$　df = 4　$p < 0.001$

（注）「感じる」は「十分に感じる」「多少感じる」の合計。「感じない」は「あまり感じない」「まったく感じていない」の合計。

あいも乏しくなり、単身の男性も含めて家族との交流が乏しいだけ、生きがいを喪失しがちなのでしょう。

近所づきあいにも差異

これは「近所づきあい」にも反映されているようです。高齢者全般としては同じ地域に長く住むので、個々の「近所づきあい」はより親しい関係になります。内閣府の調査結果からも「夫婦二人」も「核家族」も「三世代同居」の高齢者でも、「親しい」と「あいさつ程度」を合わせれば九〇%に達することが分かります。ただ、例外はここでも「単身」の高齢者です。これは「単身だから」近所づきあいに熱心になる高齢者と、「単身だから」それが消極的になる高齢者に二分されるようです。

では、どのような規模の都市で「近所づきあい」が親しくなされているのでしょうか。図3から小都市と町村でその比率が高いことが分かります。「あいさつ程度」は大都市と中都市に多く、「なし」は中都市に多いようです。また既述したように、女性が男性よりも「近所づきあい」は豊かですし、八〇代、七〇代、六〇代後半、六〇代前半の順で親しさが乏しくなる傾向にありました。ただし、「つきあいなし」も八〇代と七〇代に多く、「生きがい」同様の二極分解が認められます。

この内閣府の調査では、大都市、中都市、小都市、町村とい

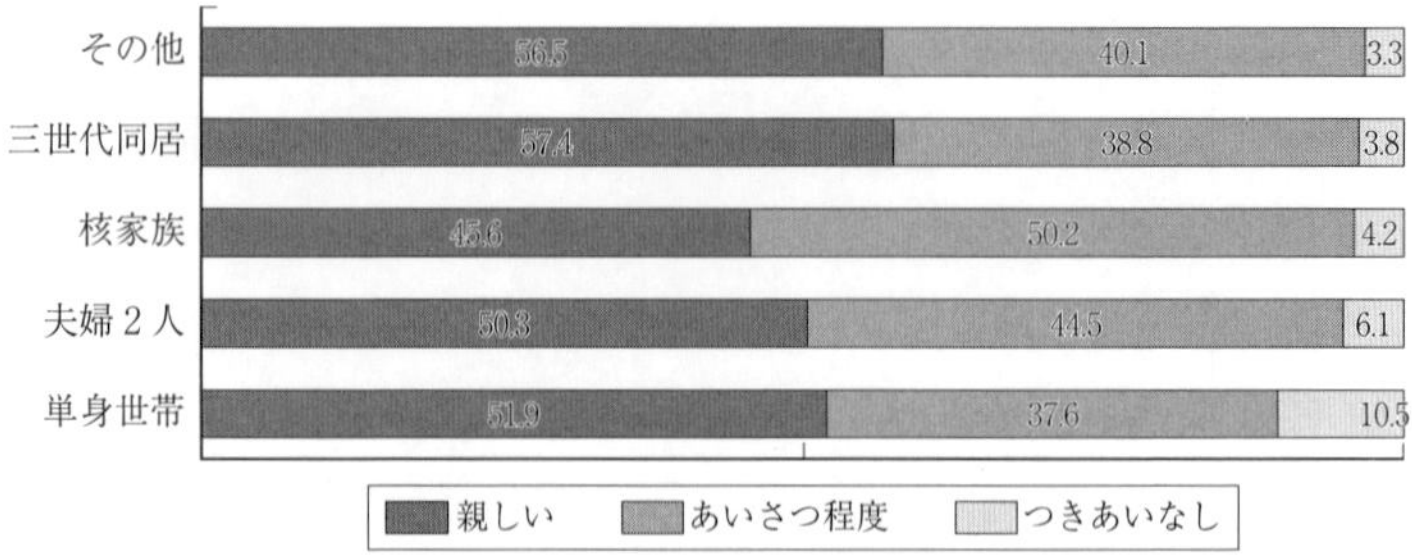

図２　家族形態別近所づきあい

$\chi^2 = 36.2$　df＝8　$p < 0.001$

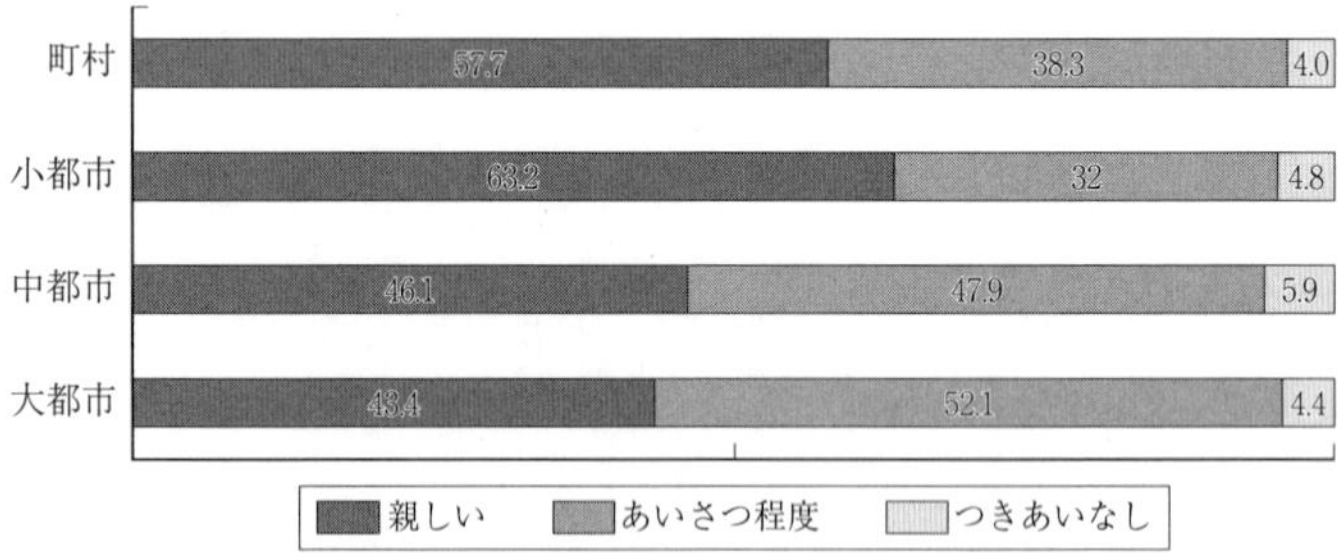

図３　都市規模別近所づきあい

$\chi^2 = 57.47$　df＝6　$p < 0.001$

う都市規模別でも、六〇代前半、六〇代後半、七〇代、八〇代の四世代間比較でも、生きがい感の違いはなく、平均して八五％くらいの生きがい感が示されました。都市規模ごとの近所づきあいの差異はあるのですが、それが生きがいの相違には反映されなかったようです。

高齢者の「親しい友人・仲間」　最後に高齢者の「親しい友人・仲間」の現状をみておきましょう。「親しい友人・仲間」が多いのは小都市と大都市であり、少ないのは中都市で、町村では「普通」が多いことが分かります（図４）。また、男女間には差異がありませんが、世代間の相違は顕著に認められました。「親しい友人・仲間」は七〇代が一番多くて、

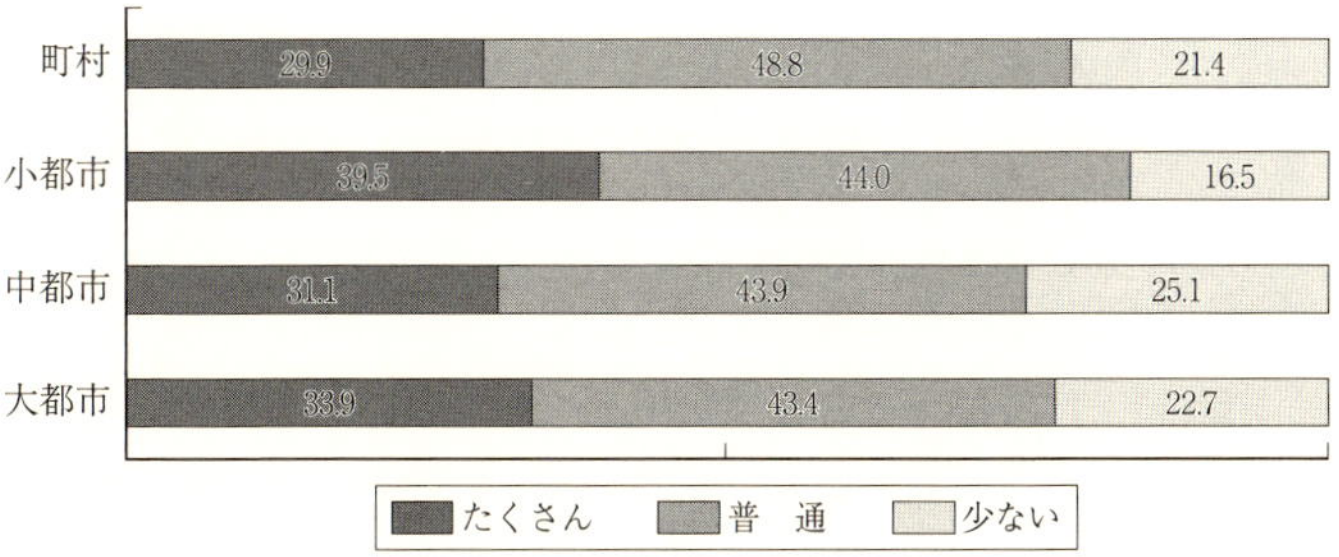

図 4　都市規模別親しい友人・仲間

$\chi^2 = 19.91$　$df = 6$　$p < 0.01$

（注）「少ない」は「少し持っている」と「持っていない」の合計。

少ないのは八〇代でした。六〇代前半よりも六〇代後半が多くなるようです。家族類型では親しい友人仲間についての統計学的な有意差は出ませんでした。

内閣府によるこの調査では、中都市で暮らす単身の八〇代男性が、生きがいや人間関係で一番厳しいという結果が出ました。二〇一三年九月に高齢化率二五%を超えた日本社会では、この「おひとりさま」の老後を軸にした今後の高齢者支援を進めるうえでも心に留めておきたい結果です。

（『国民生活』二〇一三年一二月号）

23 長寿県の健康づくり——長野県の事例から

日本一長寿県の研究

この二〇一〇年くらいアクティブエイジング研究の一環として、社会学の立場から日本一の長寿県にこだわってきました。最初は沖縄県と長野県の両方に出かけていましたが、沖縄県の男性の平均寿命が急速に低下したために、長野県に絞った調査を断続的に行ってきました。佐久市と諏訪市では五〇〇人規模の高齢者調査をしましたし、両市とともに中野市や長野市でも数名の高齢者にインタビュー調査も試みました。内容は生きがい健康づくりの秘訣を軸として、社会学のテーマであるソーシャル・キャピタルの実態や生活構造などです。(1)

最新の都道府県の平均寿命(二〇一〇年)の結果、長野県は男女ともに日本一の長寿県になりました(表1)。長寿の研究は栄養面、医療面、ライフスタイル面から盛んに行われていて、私はライフスタイルの面からそれを追究しています。

高齢者の生きがい健康五原則

それらを融合すると、高齢者の生きがい健康は次の五原則で整理できそうです。

(1)肉体と精神面では快眠と快食(動植物蛋白質、ミネラル、糖質のバランス、砂糖と塩分控え)
(2)社会との関わり面では役割(地域、集団、家族)を持つ
(3)ライフスタイル面では趣味(高校入試に出ない科目)と得意(仕事)を持つ

表1　都道府県の平均寿命（上位と下位）

順位	都道府県	男	都道府県	女
1	長 野 県	80.88	長 野 県	87.18
2	滋 賀 県	80.58	島 根 県	87.07
3	福 井 県	80.47	沖 縄 県	87.02
4	熊 本 県	80.29	熊 本 県	86.98
5	神奈川県	80.25	新 潟 県	86.96
6	京 都 府	80.21	広 島 県	86.94
42	高 知 県	78.91	埼 玉 県	85.88
43	長 崎 県	78.88	岩 手 県	85.86
44	福 島 県	78.84	茨 城 県	85.83
45	岩 手 県	78.53	和歌山県	85.69
46	秋 田 県	78.22	栃 木 県	85.66
47	青 森 県	77.28	青 森 県	85.34

（出典）　厚生労働省「都道府県生命表」(2013年発表)。

(4)ネットワーク面では親密な他者（一般の友人はもちろん）を持つ
(5)経済的にはある程度のお金（自力、他力）に支えられること

また、文化としての長寿のライフスタイルは、(1)血圧と血糖値が低い、(2)禁煙する、(3)肥満ではない、(4)適度な運動をする、(5)カロリーと塩分を控えた食生活、(6)予防に心がけるなどが、長野県高齢者調査から導き出せます。

では、なぜ長野県は長寿日本一になったのでしょうか。栄養面と医療面は専門ではないので、社会的要因に限定してその理由を探ってみると、いくつかの独特な制度と県民性が浮かんできます。

「食生活改善推進員」活動と「保健補導員」の活動の成果　長野県で始まった周知の「ピンピンコロリ」（PPK）とは、「げんき」がテーマであり、象徴的には「げ」（減塩）、「ん」（運動）、「き」（禁煙）を標榜する草の根の健康づくり活動です。これは、地域で食生活の改善を図る住民ボランティア「食生活改善推進員」活動と「保健

補導員」の活動の成果と見ることができます。なぜなら、これら両者の協働は四六都道府県にはなく、長野県特有の健康文化になっているからです。とりわけ後者は、試行錯誤のうえ一九六〇年代から、二年の限度内で一人の専業主婦を「保健補導員」（現在では保健指導員とも言う）に任命して、五〇世帯程度を受けもつように範囲を定め、この草の根の活動を四〇年以上継続してきました。そのために、塩分やカロリー面での食生活が見直され、長野県民の健康知識の普及が進んだと見られます。

その他、保健補導委員会としての事業は、⑴衛生思想の啓発普及、⑵生活習慣病予防、母子保健、栄養改善、⑶集団検診と健康相談の受診勧奨と保健管理の協力、⑷集団検診と健康相談の補助、⑸地域における健康増進、疾病予防及び生活の質の向上を図るための情報提供及び調査研究、に分類できます。加えて、健康に留意して、予防を心がける文化は、佐久総合病院の若月俊一はじめ先覚的な農村医療・予防医学の献身的活動実績が強調されます[2]。同時に、佐久市浅間総合病院の吉澤國雄らによる脳卒中予防運動や制度化への取り組みがこの健康のための予防文化の基礎になっているようです[3]。

「多動」や「多接」のライフスタイル　このような長野県のＰＰＫに象徴されるライフスタイルは、日本生活習慣病予防協会ホームページに掲載されている「生活習慣病予防」の三項目とも整合します。

⑴　一無　【無煙・禁煙の勧め】
⑵　二少　【少食・少酒の勧め】
⑶　三多　【多動・多休・多接の勧め】

地域社会の社会参加の文化には、「多動」や「多接」のライフスタイルが該当します。医学の側からも「自宅に閉じこもりがちで社会との交流が希薄な高齢者は認知症の発症率が高い……高齢者でも社会的つながりが多い場合には発症率が低かった」[4]という指摘があるので、社会学的には、高齢社会のライフスタイルとしては「多動」や「多接」がお勧めであり、長野県の健康文化の全国的共有が望まれるというのが私の結論です。

（『国民生活』二〇一四年二月号）

注

（1）金子勇『格差不安時代のコミュニティ社会学』ミネルヴァ書房、二〇〇七年。
（2）若月俊一『村で病気とたたかう』岩波書店、一九七一年。若月俊一監修『佐久病院史』勁草書房、一九九九年。
（3）吉澤國雄『業績集』浅間総合病院、二〇一一年。
（4）白澤卓二『長寿エリートの秘密』角川学芸出版、二〇一三年。

第Ⅲ部　地域福祉の可能性

私の視点

北海道大学教授（少子高齢社会論）　金子《かねこ》　勇《いさむ》

郵政民営化　地域の安心機能に打撃

　郵政民営化の基本方針が9月に閣議決定された。市場原理を活用し、「国民に大きな利益をもたらす」という。一方、10月の朝日新聞調査によると、郵政民営化反対・慎重の意見書を採択した自治体議会がすでに全国の半数を超えた。過疎化が進んでいる自治体ほど反対の度合いも強い。郵便局が歴史的に果たしてきた安心機能を考えれば当然の結果だが、その消滅が日本の社会構造に及ぼす影響は看過できない。

　地域が成り立つには、最小限六つの機能が必要だ。義務教育（小中学校）、交通（バス停、港湾、鉄道駅）、医療（内科・小児科・外科診療所）、商業（商店街）、治安（交番）、コミュニケーション（郵便局）の機能である。

　このうち郵便局は近代日本の１３０年間、郵便、貯金、保険に加えて、国内すべての地域で安心機能を担ってきた。安心機能とは、郵便および郵便局を媒介として確認できるコミュニケーション相手の存在が、個々人にもたらす心を安らかにする作用である。それは新潟県中越地震の被災者が全国からの温かい支援物資に感謝しつつ、郵便物およびそれを配達する郵便外務員を楽しみに待つ姿に象徴される。郵貯批判の常套《じょうとう》句である「見えない国民負担」ではなく、「見えにくい国民貢献」だ。

　郵便、貯金、保険業務に限れば、それらはそれぞれ宅配業、銀行、保険会社に担わせられる。しかし安心機能を肩代わりする機関は民間に求めにくい。しかも安心機能は過疎地ほど重要なのである。だが例えば過疎地で暮らす高齢者に日用品を届けたり、励ましたりする「ひまわりサービス」も民営化後は打ち切られるだろう。民営化が「国民に大きな利益」をもたらすとは言えないことになる。

　民営化は効率性を追求するので、過疎地では閉鎖に追い込まれる郵便局が増加する。少子高齢化が同時進行する過疎地のコミュニケーション機能が衰える中で地域の安心機能も弱まる。そうなれば、義務教育、商業、医療、交通、治安機能も順次消滅し、小泉内閣が掲げる「地方分権」も絵に描いた餅になる。

　郵便局が有する安心機能は、都市にも及んでいる。01年12月の郵政官署法の施行後、高齢者などの状況確認や廃棄物の不法投棄についての情報提供サービスを、郵便局と契約する自治体が急増中だ。

　郵便外務員が火災の第一発見者であることが多いことから防災協定を結ぶ自治体も増えた。子どもたちが健やかに育つことを目指す「子ども一一〇番」は子どもたちを不審者から守る役割も果たしてきた。相次ぐ地震や台風災害で過疎地が孤立し、そこでの安心機能がいかに重要かも改めて浮き彫りとなった。どれも現今の郵政民営化論議で顧みられない点である。

　本格的な「構造改革」とは、少子化で年少人口が減る半面、長寿に伴い高齢者人口が激増するという社会構造に、いかに適応してゆくかという問題である。

　たぶん、「構造改革」のような大きな仕掛けは、世界規模での構想によってのみ正当化される。しかもそうした大きな仕掛けは、コミュニティーレベルでの小さな支えが不可欠である。

　市場原理だけの郵政民営化を拙速に進めず、地方分権の礎をなす地方の文化と歴史を視野に入れることが必要なゆえんだ。今の構想の郵政民営化は不要不急と言わざるを得ない。

『朝日新聞』2004年12月２日

24　共生の社会システムに向けて

もはや家族だけでは

　くもりガラスを　手で拭いて　あなた明日が　見えますか（「さざんかの宿」）というヒット曲があるが、二一世紀目前の日本社会には手で拭いたくらいでは見通せないほどの構造疲労がある。国際化による外圧と高齢化による内圧は、対処を誤ると、社会全体の構造疲労を激化させ、日本社会を解体させる勢いを持っている(1)。

　この構造疲労回復を念頭に置きつつ、私はさらに活力のある高齢社会を描くために、「介護」を軸として老人問題ではなくこれからの高齢社会を幅広く考えてみたい。なぜなら、「介護」は家族を超えて、すでに国民全体の課題になったからである。

社会の転換期

　さて、『経済白書』の「もはや戦後ではない」が流行し、日本が高度成長に突入した昭和三一（一九五六）年の平均寿命は男で六三歳、女で六七歳程度であった。四〇年後の今日では、男が七七歳、女は八三歳まで伸びていて、これは世界一である。もう一つの世界一は、生後一歳未満の乳児死亡率の低さであり、出生一〇〇〇人あたり三九人が実に四人までに減少した(2)。高齢世代も新生児も「死なななくなった」ことが、現代日本人の平均寿命が急速に上昇した理由である。「死ななくなった」のは日本社会に経済力がつき、国民生活水準が衣・食・住・学・職・医薬面で向上し、豊かになったからである。

　ただ、豊かさは物的側面と制度面に象徴されるに留まり、各方面で人間関係の殺伐さと心の荒廃とが指摘されている。けれども、第一回の国勢調査（一九二〇年）の際の乳児死亡率は実に一六六‰であり、現在の四一倍の乳児が亡くなっていたのだ。乳児死亡率の激減という成果が、日本の産業化によるものと制度面の包括的豊かさから得られたことは高く評価して良い。

このように、日本を含む先進社会の平均寿命の伸びは近代化された豊かさの現れであり、これは巨大な経済力、多方面にまたがる社会制度、優れた産業技術、きめの細かい対人サービス網等の社会システム全体によって支えられてきた。

この結果、日本の高齢化率は本年五月五日で一五・四％に達し、年少人口率は一五・五％だったから、九月の敬老の日までには、年少人口と高齢人口との比率逆転があるだろう。これは空前のことであり、二一世紀に向けて日本が時代の転換期にさしかかっていることを表す貴重なデータである。(3)

確実に増える

高齢社会が到来して、一九七二年に有吉佐和子が発表した『恍惚の人』（新潮社）は確実にふえている。しかし、高齢者すべてが介護、支援を必要とするわけではない。例えば一九九五年の「国民生活基礎調査」（厚生省）では、在宅の高齢「要介護者」数を八六万一〇〇〇人と推計している。「要介護者」とは、洗面・歯磨き、着替え、食事、排泄、入浴、歩行のいずれか一つでも何らかの介助を必要とする人を指す。

一方、在宅の「寝たきり者」の総数は二八万四〇〇〇人である。だから在宅の支援を必要とする者は合計で約一一五万人となり、これは現代日本の在宅高齢者の六％を占める。

この在宅の「要介護者」と「寝たきり者」は、精神的、肉体的、金銭的側面からみて、家族だけではもはや支えきれない。家族だけが悩むより、社会全体で対応したほうが大きな福祉を実現できる。日本全体の四〇〇〇万世帯で、制度的介護と支援が用意された共生の社会システムを創り上げることは、二一世紀高齢社会日本の大きな課題の一つである。(4)

注

（1）外圧と内圧については、金子勇『社会学的想像力』（前掲）第二章で、具体的にまとめた。
（2）二〇〇四年に三・〇人を下回り、その後はずっと二人台が続いている（国立社会保障・人口問題研究所編『人口の動向　日本と世界』厚生労働統計協会、二〇一三年）。
（3）二〇一三年九月の年少人口率は一二・九％、高齢化率は二五・〇％であった。
（4）「レギュラーワーク・ケア・ライフ・コミュニティ・バランス」を、このためのキャッチコピーとしてきた。

（原題「健康と福祉——どうする介護保険(1)」／『西日本新聞』一九九七年五月二九日）

25 「身銭を切る」時代

現代日本では、一一五万人の在宅の「要介護者」と「寝たきり者」に加えて、六カ月以上の長期入院者が約七〇万人、特別養護老人ホームに約二二万人いるので、合計すると二〇七万人すなわち一二％が他者からの直接支援を必要としている。だから、残り八八％の在宅で支援を必要としない元気な高齢者一六〇〇万人、働く人七一〇〇万人、それに高校と大学で学ぶ一〇〇〇万人すなわち一億人が、現代日本における可能性に富む最大限の人的福祉資源だ。

「措置」には限界あり

その福祉資源を具体化させるきっかけの一つに、先に衆議院を通過した介護保険法案がある。これは、家族だけの介護の限界を強く意識して、二一世紀高齢社会の介護に国民全体で取組むために、要介護状態の人への保健医療福祉サービスの財源として、四〇歳以上の六二〇〇万人の国民が強制加入する介護保険を充てるという法案である。

税に不公平感

ただ、「国民は、共同連帯の理念に基づき、介護保険事業に要する費用を公平に負担する」と謳ってあるだけで、四〇歳以上に根拠があるわけではなく、国民全体で支えあうという理念からは、三〇歳以上の七七〇〇万人でも構わないと考えられる。

あくまでも福祉には税方式を、とこだわる人もいるが、介護の財源は保険料だけから得られるのではなく、一割の利用者負担を除けば、本人と勤務先が折半する介護保険料と同額の税金の投入が予定されている。本人負担額はＮＨＫの受信契約料程度である。企業はこの折半を渋っているが、介護保険の財源としてほぼ半分は税金だ。

税負担のみを主張する人々は、保険にすると保険料の未払い者が増加する恐れを挙げるが、現在の所得税の不公平感の象徴であるトーゴーサラリーマン（サラリーマンは一〇割、自営業者は五割、農業従事者は三割、政治家一割）をどうするのか。また、都道府県レベルで見た人口一人当たり住民税の格差を税負担論者はどうしたいのか。このような不公平感をそのままにした福祉への税負担論は説得的ではない。

もちろん、個人負担が公平になって、福祉や介護の社会資源が増大しても、利用する側がそれに追いつくとは限らない。「嫁が、娘がいるのに、ホームヘルパーに来てもらっている」という親戚や近所の陰口もまた依然として残っている。

人間の尊厳性

生活保護を拒否して餓死した例もあったが、なぜ福祉を拒否するのかについて、私はその一つに税金による「措置」のもつ限界を指摘してきた。「措置」は「とりはからって始末をつけること」（広辞苑）であり、福祉の心とは程遠く、人間の尊厳性を冒すことがある。税金に依存する福祉行政は対象者を「措置」せざるを得ない。

加えて、「措置」からは⑴利用者が自ら福祉サービスを選択できない、⑵行財政上の制約が強く、揺れ動く福祉ニーズに柔軟な対応が出来ない、⑶利用する人に向けて陰口が発生しやすく福祉を巡り差別が生まれやすい、のである。

他方、もちろん「措置」にも⑴行政責任を明確にし、⑵公平とはいえないが、公正であり、監査によるチェック機能がある。⑶利用者負担が経済的能力に応じていて、⑷民間の福祉施設の経営を安定させる、などの効果はあった。

病院や診療所に出かける際に、私達は近所の目を意識しなくて済むのに、ホームヘルパーやショートステイを頼む際に、周囲から世間体が悪いと言われることがある。結局、医療保険制度における医療ほどには、福祉が私達にとって身近ではないからだ。行政による「措置」だけに頼らず、身銭を切る公的介護保険制度によって、福祉のよそよそしさが解消されることが期待される。

（原題「健康と福祉──どうする介護保険(2)」／『西日本新聞』一九九七年六月五日）

26 「介護保険モデル事業」から

より精密な測定法を――試行錯誤続ける中から

総務庁の「高齢者の生活と意識に関する調査」（九六年）結果によれば、現代日本では「寝たきりや老人性痴呆症になり、介護が必要になると心配する」との回答が六六・三％に達している。実際の寝たきりと要介護者は一五％程度なのに、このような高率の不安感の存在が日本の際立った特徴であり、金銭面よりも家族の負担に対する配慮が見られる。

担うのは女性

九五年度の「国民生活基礎調査」によれば、在宅の六五歳以上の寝たきり者三三％を介護する八五％が家族の中の女性である。同居の場合では「子の配偶者」三四％、「配偶者」二七％、「子」二〇％の順になっている。主に介護を担う四〇％以上が六五歳以上なので、高齢者の「二階建て」現象はもはや珍しくない。小家族化による家庭内介護力の減退が顕著だ[1]。また、介護に伴う就業率の低下も中年女性に目立ってきた[2]。

介護に伴う主な負担は、食事と排泄と入浴にある。これらに要する時間で最も長いのは食事の七三分であり、排泄が四五分、入浴が四三分となっている。さらに「家を留守に出来ない」「ストレスや精神的負担が大きい」「十分な睡眠が取れない」という回答が厚生省の「保健福祉動向調査」から得られている。介護をする人の悲鳴が聞こえてくるようだ。

総体として八五％の高齢者は在宅で比較的健康であるが、一人の要介護者に張り付いた介護者の苦しみがそこから伝わってくる。気がかりなのは、この「苦しみ」が「憎しみ」に転化しかかっている現実にある。例えば、家族であっても要介護者に「憎しみを感じた事がある」が三五％に達した（『厚生白書』平成八年度版）。だから、介護は速やかに社会化される必要があるだろう。

六段階の区分

そのために国民は身銭を切るのだから、要介護認定の方法を洗練させ、社会的認定をより正確にすることが絶対条件になる。そこで、厚生省は全国で六〇の市町村を選び、一地区で在宅五〇人、施設入所五〇人を対象にして、この要介護認定のモデル事業を九六年に実施していた。これは科学的厳密さを求めて、二段階方式を採用している。要介護の区分は、低いほうから要支援、要介護Ⅰ、要介護Ⅱ、要介護Ⅲ、要介護Ⅳ、要介護Ⅴの六段階に設定されている。

まず一次判定を、保健師や看護師それに社会福祉主事などの専門家から構成される介護認定調査員によって、介護サービス申請者に面接調査した結果を量的に集計して行う。調査票から申請者個人を例えば要介護Ⅲと判定するわけだ。次にそれを医師、歯科医師、保健師、理学療法士、福祉研究者などの介護認定審査会が、かかりつけ医師の所見も合わせて質的な立場から個別に点検して二次判定を下す。この結果、その対象者は要介護Ⅱになったり、要介護Ⅳと認定されることも出てくる。

五月末に発表された全国集計では、一次判定と二次判定にこのようなずれが二八％出た。私が関係している札幌では四五％のずれとなり、もう一ヶ所の北海道奈井江町、浦臼町でも四〇％のずれとなった。

全体としては両方とも、(1)一次判定の介護度より二次判定の介護度が重い、(2)ずれが出た判定の九五％は一度のずれにとどまり、例えば一次判定が要介護Ⅱで、二次判定が要介護Ⅳなどの事例は五％程度にすぎなかった、(3)全介助より一部介助の方が介護度が重くなる、(4)在宅申請者よりも施設入所者の方が介護度が重く出やすい、などの結果が得られた。

この試みは介護保険制度を年頭にして開始されたばかりだから、今後より精密な要介護度の測定方法を開発する必要はあろう。ただ、これは税金による「措置」を前提にした現状からは生まれないし、何よりも福祉、医療、保健の専門家の力量を向上させる契機となる。高齢社会の進行の中で、温かく見守りたい試行錯誤の一つである。

注

(1) 「国民生活基礎調査」(二〇一〇年)によれば、主な介護者は同居の配偶者、子、子の配偶者で六割を占める。同居している主な介護者の七割が女性、そのうちの六割が六〇歳以上になっており、「老老介護」が普遍化している。

(2) 「総務省労働力調査」や「総務省就業構造基本調査」によれば、介護のための離職者は毎年一〇万人くらい生まれている。男性が二万人、女性が八万人程度の内訳である。また、有業者の約五%が介護をしている。男性有業者三六七四万人のうち一三〇万人(三・五%)、女性有業者二七六七万人のうち一六〇万人(五・八%)がそれに該当する。さらに、娘と息子という二つのカテゴリーでは二〇一〇年の場合同率の一五%になった。妻は一七%、夫は一三%という状態にある。詳しくは『エコノミスト』(二〇一三年一二月三日)参照。

(原題「健康と福祉——どうする介護保険(3)」/『西日本新聞』一九九七年六月一一日)

27　介護の社会化とビジネス

民間活力の導入など――福祉構造の再編が必要

札幌市に「札幌ぼけ老人を抱える家族の会」というボランティア団体があり、痴呆の初期症状を具体的に聞いたことがある。例えば、精魂込めた花壇のチューリップを自分でもぎ取ったり、年に数回の老齢福祉年金ばかり気にするようになる。会で活動する介護経験者は、異口同音に「おかしな言動は長続きせず、時々しか症状は出ない」と話してくれた。家族にとっては、ぼけの症状が出ないときの接し方の工夫が必要で、望ましい接し方としては「ぼけた老人を優しく騙すこと」に尽きる。

しかし、嫁の立場にある人は「しゅうとめによる昔の仕打ちを思い出すと、優しく出来ない」、一方、実の娘も「肉親には強く当たるが、隣の痴呆症の人には優しく出来る」と言う。さらに、「自分が実の親の介護をすることに惨めさを感じる」というつらい思いも多く吐露された。家族を越えた介護の社会化の緊急性がよく分かる。

大きな可能性

大きな可能性をはらんでいるのは、企業の福祉分野への参入だ。二〇〇〇年には、一〇兆円の市場が見込まれるとして、高齢者への深夜のヘルパー派遣、話し相手や本の朗読サービス、紙おむつ販売などを手始めに、食事宅配、福祉用具販売に乗り出す企業が増えている。

街中の調剤薬局を介護事業の拠点として、ヘルパーの待機所、要介護者向けの食事の宅配拠点とする事業所もある。介護する家族をこれまでは自治体と社会福祉協議会のみの活動で九割以上支援してきたが、介護保険の導入は一気にこのような民間福祉サービスの機会を広げる。

昨年、地方自治経営学会が、一二都県二八五市町村、高齢者福祉関連の民間企業一八六社の福祉サービスの現状を調査した結果、自治体直営の福祉サービスより民間委託の場合がかなり安かった。自治体直営では縦割りで、職員の業務が細分化されているのに対し、民間企業ではパートの活用と広域的な事業展開が可能になり、スケールメリットを活かせるからである。規制緩和は福祉の分野にも必要だ。なぜなら、福祉サービスは元来、人件費率が高いうえに、多品種少量の品揃えをしなければならず、利幅が薄いからである。

二四時間巡回型

二一世紀にかけて熱い期待が集まるものとして、九五年度から誕生し、九六年度は全国六五の自治体で展開された二四時間巡回介護サービスがある。

札幌でも一地区二〇世帯を対象にして、一日三回から五回、一回につき二〇分の介護がなされている。企業への委託料は四〇〇〇万円程度だが、四八〇〇万円は必要だという。午前七時から午後九時までの一時間当たり受給者利用料は最高で九二〇円、夜間は一回につき最高で七五〇円だ。残りは自治体が負担している。民間企業も今のところは赤字覚悟で福祉ノウハウを学ぶ段階にある。このような企業による市場開拓と競争の効果を生かしつつ、自治体や社協でも福祉サービスの柔軟性を増加させたい。例えば、ホームヘルパーの勤務時間は午前九時から午後五時までが一般的だが、介護・家事援助を特に要する時間帯は起床直後の午前七時から八時、昼前の一〇時半ごろ、夕食を挟む午後六時前後である。

これを考慮して、秋田県鷹栖町では、九三年から独自に二四時間ホームヘルパー派遣を行っている。町の世帯総数は七四〇〇戸であり、このうち一三世帯の高齢者寝たきり者に対して、二四人の常勤ヘルパーとパートの二七人、計五一人が介護に当たる。ヘルパーの委託料は年間九〇〇〇万円だ。一世帯当たり六〇〇〇万円を超える予算になっているが、福岡や札幌では類似の予算措置は不可能だろう。

税金による措置の限界、小家族化による介護力の弱体化、手厚い介護サービスへの強いニーズ、科学的な要介護認定法の開発、自治体や社協のみの硬直化した福祉サービスから、競争が働く民間福祉活力導入への展開などを総合化して、高齢社会における福祉構造は速やかに再編される必要がある。そうすれば、日本社会の構造疲労回復の処方箋は、福祉の観点から書き始められるだろう。

（原題「健康と福祉――どうする介護保険(4)」／『西日本新聞』一九九七年六月一九日）

28　介護保険――なお残る無理解

昨年一二月の国会で成立した二〇〇〇年四月から導入される介護保険法をスムーズに定着させるために、いくつかの問題点や課題を指摘したい。四〇歳以上の人々が強制加入となる是非はともかく、国民の福祉に対する関心を高め、様々な偏見をなくすきっかけにしたいからである。

介護保険の誕生

法案成立直後に、福島県郡山市で母子の餓死事件が発生した。生活保護を拒否しての餓死であり、この種の痛ましい事件は後を絶たない。それはなぜなのか。大きな理由は、これまでの福祉政策が「措置」であり、そのため「国や自治体に税金で面倒を見てもらっている」という、福祉に対するネガティブなイメージから生じる福祉サービス利用者に対する差別感が今日でも残っているからである。例えば、ホームヘルパーを利用しようとしても、隣近所から後ろ指をさされることを恐れ、二の足を踏む家族も少なくないのである。

他方、この数年私が調査した経験から、その裏返しの現象も目立つ。例えば、ホームヘルパーと家政婦との混同が甚だしいことが挙げられる。「ついでに家族全員の食事まで作って」「大掃除をしていってほしい」など、理不尽な要求をヘルパーに突きつけたり、「九二〇円払っているから、言うことを聞け」といった目に余る暴言をはく被介護者本人もいる。

マスコミは軽度、重度を問わず被介護者すべてを弱者扱いする傾向があるが、福祉や介護の専門家の人権を軽視したり、ないがしろにする人や家族もいるのだ。

正しい福祉への理解を

餓死事件も理不尽な要求も、国民に正しい福祉に関する理解が浸透していないためである。このような態度を一部の国民が持ち続ける限り、人的資源充足を中心にした福祉サービスの完全な目標達成など、絵に描いたモチになってしまう。

なぜなら、働く条件をよりよいものとし、その仕事を国民が正しく評価しなければ、どの分野であろうと人材は得られないからである。その意味で、国や地方自治体は、あらゆる機会を通じて介護保険の意義や仕組みを分かりやすく説明し、同時に、「保険料だけでなく、サービスを受ける際に一割の自己負担を払っているから何を要求してもいい」といった誤った権利意識を是正していくことが急務だろう。

次にやらなければならないことは、介護保険は国民全体で支えるという意識を徹底させ、保険料の未納者をできるだけなくすことである。せっかく保険を掛けたのに、いざというときに十分なサービスが受けられないのではないかという介護保険への不信感は根強い。基礎年金の保険料未納者は一割を超え、「国民皆年金」のほころびが問題になっているが、介護保険が同じような状況になれば、超高齢時代となる二一世紀は到底、乗り切れない。(1)

確かに、九九年度までにホームヘルパーや特別養護老人ホームなど在宅、施設サービス基盤の整備目標を掲げた新ゴールドプランの進捗状況を見ると、地域差が大きいのは事実である。実際、法案の審議過程では、この点がクローズアップされた。特に、財政基盤が弱い町村で体制づくりに関する不安が強いが、北海道奈井江町を中心に近隣の一市五町が施設を相互利用して対応しようという試みもある。こうした介護保険の「広域化」は新潟県などでも取り組みが始まっており、参考になるのではないか。

「掛け捨て」は当然

また、介護保険は医療保険や自動車の自賠責保険、海外旅行保険と同様に「掛け捨て」である。これについて、国民の一部には「元が取れない」という声があるが、非常に不思議な気がする。介護保険料は、制度導入時の二〇〇〇年で月額二五〇〇円程度、五年後には同二八〇〇円程度、一〇年後は同三五〇〇円程度と見込まれている。お年寄りにとっても、現役世代にとっても決して安くはない金額だが、国民にとって一番幸せなのは「保険の掛け捨て」の状態なのではないだろうか。保険とは「元を取る」ために掛けているのではなく、まさかのときにみんなで支えあうために掛けているものだ。こうした保険の意義を国民の間に定着させていくことも大きな課題になる。

介護保険反対派が指摘していた自治体ごとの介護水準に格差が生じることは当面、ある程度目をつぶるしかない。しかし、だからといって何もしないのでは二一世紀の福祉は前進しない。高齢者の八五％は健常者であっても、残りの一五％はいつ介護が必要になるか分からない。核家族化が定着し、少子化に歯止めがかからない中、家族の力だけでお年寄りを介護するのは限界がある。

公平さの確保

介護保険に留まらず、今後は医療や年金などの保険料の引き上げは避けられない。そこで、政府に強く要望したいのは、税制をめぐる公平さの確保である。サラリーマンは税金の捕捉率が一〇割なのに対し、自営業者は五割、農業者は三割程度しか捕捉されないことは、かねてから指摘されてきた。

こうした状況を放置したまま新たな負担を求めても、国民の協力は決して得られない事を最後に強調しておきたい。

注

（1）例えば、浜松市のホームページによれば、二〇一二年度の介護保険徴収収納率は八七・一四％であり、収納率向上のための「アクションプラン」では、目標の二〇一四年が八八・〇〇％になっている。

（『読売新聞』一九九八年三月五日）

29 地域家族的暮らし

声かけや買い物の手伝いなど、近隣で日常の支援を

二一世紀の日本の福祉は、家族（自助）や在宅福祉（公助）に加え、地域福祉（互助）とビジネス（商助）の形で提供される。そのため、全高齢者の一五％を占める介護・支援・援助を要する高齢者は、介護保険を軸としたこれら「四助」を利用した暮らし方に早く馴染むことが肝心だ。[1]一方、八五％の在宅健康高齢者には、玄関から一歩出て近隣との交流を心がけ、人気はいらないが「人の気」を絶えず感じるような「地域家族」的暮らし方を推奨したい。今後とも地域間の「四助」の内容は均等にならないから、双方の高齢者とも、できるだけ地域に合致した自分なりの暮らし方を身につけることが大切である。

余市町の「豊楽会」

そのような地域の事情に応じた事例として、北海道余市町豊浜地区の一人暮らし高齢女性一五人（平均年齢七二歳）がつくった、「豊楽会」を取り上げてみよう。

週に四～五日の一品持ち寄りの昼食会を主な活動とするこの会は、一人暮らし高齢者への「老老支援・連帯」のあり方を教えてくれる。会の最年少の四七歳女性が、七〇代や八〇代の女性をクルマに同乗させ、日曜日午前中のスーパー特売を目がけて、一緒に一週間分の食材を買い出しに行く。その食材で自慢の手作りの一品を作り、ほとんど毎日「ばか話」をしながらごちそうを味わう女性達は、要介護状態にならぬよう「人の気」を保つ事に意を尽くす。

このように、四七歳から八〇代までが全員でお互いを支えあい、まだ「もらい風呂」の精神さえ残っ

ている「豊楽会」からは、高齢者の「私的対応」の方法が学べる。

石狩市の「ゆうゆうの会」

もう一つは、地域の施設を利用した、軽度の要介護高齢者を支えあう仕組みを紹介する。札幌市に隣接する石狩市の私立花川北陽幼稚園では、日曜日ごとに四〇人の高齢者を、四〇歳から六七歳までの中高年男女一五人で一斑とするボランティアが支えるデイサービスとして、「ゆうゆうの会」と命名された託老活動が一〇年間続けられてきた。

年間四五回の日曜日には、午前九時半からの受け付け、一二時からの全員での昼食を挟み午後三時まで、予定された複数のプログラムをきちんとこなしていく。「ゆうゆうの会」が確保しているボランティア総数は六〇人に達する。大半が中年の主婦だが、一〇人ほどいる男性ボランティアは、全員が定年退職後の生きがいを求める六〇代である。市役所の補助は、デイサービス参加者一六人分のタクシー四台の往復送迎料金のみである。このような取り組みを通して、ボランティア、施設、行政による「共的対応」のあり方が分かる。

福祉基盤のすそ野

「私的対応」も「共的対応」も高齢者が作る「地域家族」を前提にしている。現代日本の一人暮らし高齢者と夫婦のみ高齢者の合計は、すでに全高齢者世帯の四割を超えている。若い世代や中高年が高齢者と関わりを求めなければ、「地域家族」も生まれない。その手始めは、地域で孤立しがちな高齢者に対する声かけ、買い物の手伝い、病院への送迎、留守番、地震や台風の際の受け入れなどであり、隣人として誰にも可能な支援形態である。

このような活動を微助人（ビスケット）活動と呼ぶ。しかも見返りを求めるわけではないから、義捐《ぎえん》金（義援金ではない）と同じ性質を持っている。これらを合わせて義捐・微助人活動とすると、これが本来のボランティア活動の意味になる。すなわち、高齢者の世代間支え合いは、地域における義捐・微助人活動から始まるのだ。トルコ地震や台湾地震で発揮した義捐精神を地域活動でも維持しつつ微助人活動に結びつけることが、二一世紀日本の福祉基盤のすそ野を広げる。
読者であるあなたも、少しの時間を使って義捐・微助人活動に踏み込まれたらどうだろうか。(2)

（『熊本日日新聞』一九九九年一一月一日）

注

（1）現在はこれらに「共助」を加えている。金子勇『社会分析』（前掲）第八章で、「五助」を体系的に論じた。

（2）義捐・微助人活動をボランティア活動の本義とする主張は、金子勇『地域福祉社会学』（前掲）から一貫して続けてきた。

30 高齢者「生きがい事業仕分け」――「おもちゃ病院」活動から

新政権の「事業仕分け」は福祉や学術面にも及んできた。「少子化する高齢社会」への対応にさえも「費用対効果」が適用される時代では、高齢期や向老期の生きがいづくりも他力本願ではなく、自力路線に転換した方がよさそうだ。

生きる喜び

これまでの複数の調査から、高齢者の「生きる喜び」としての「生きがい」は、家族の世話や預貯金増加を別にすると、カラオケや楽器などの音楽系、絵を描き鑑賞する美術系、ウォーキングなどの保健体育系、園芸や日曜大工に象徴される技術家庭系などの「趣味」に分けられる。加えて、定年までの職業の延長にある「得意」でも、中断せずに実践すれば、「生きがい」に直結し、健康づくりにも老化防止にもなる。

反面、「生きがい」に乏しく、健康を損ないやすい生き方としては、友人数が少なく、付き合いの範囲が狭く、親密な他者の不在などがあげられる。その他、周囲の人の話を聞かない、人に感謝しないといった個人的欠点も嫌われる。

「趣味」や「得意」を長続きさせる秘訣は、「生きる喜び」の源泉を限定して、それを共有してくれる他者の存在にある。ここではその典型例として、すでに一〇年の歴史をもつ「おもちゃ病院」活動を紹介しよう。

どの家庭にでも、壊れてはいるが、高い費用を払うような修理は不要というおもちゃがある。それは母親の思い出や祖父母からのプレゼントであり、子どもの心に大きな位置を占めている。

おもちゃドクター

おもちゃ病院を立ち上げ、継続してきた人びとの多くは会社勤務経験者であるが、定年後にそれぞれの都市で「おもちゃの無料修理」というボランティア活動を始め、紆余曲折を経てボランティア全国組織「日本おもちゃ病院協会」として一本化した。

北は札幌から南は福岡や太宰府それに鹿児島まで、全国各地の児童会館や大手のおもちゃ販売店の一角を借りて、月に一回のペースで、壊れたおもちゃをその朝に受け付けて、夕方には修理してお返しするという活動を、このグループは行っている。そこからは退職高齢者の生きがいづくりの要点が学べる。定年後のシニアによる社会参加活動として、理想的な内容を多く含んでいるからである。

活動の成果

グループのリーダーにインタビューをすると、次のような回答が返ってくる。(1)対象が子どもと母親であるから、三世代交流になる。(2)壊れたおもちゃの修理という成果を、目に見える形で実践できる。(3)修理できたという自分だけの達成感が味わえる。(4)無料で修理されたおもちゃに、子どもが喜び、母親が感謝するという二重の元気の素を直接味わえる。(5)自己資金の持ち出し覚悟の本格的ボランティア活動になっている。(6)廃棄寸前のラジカセなどを手に入れて、それを分解して、修理の小道具である各種のネジやニクロム線を用意するので、廃物利用という「エコ」になる。(7)これら小道具の調達をめぐり、シニア同士による情報交換コミュニケーションが増える。(8)おもちゃドクター希望者がまとまれば、無料の講習会を現地で開き、仲間を増やせる。

「得意」による いきがいの善循環

これらは「おもちゃの修理」という限定的「得意」分野で、目に見える成果が得られ、依頼者の子どもがその場で喜ぶために、自らの達成感が強まるという「生きがい」の「善循環」の典型である。「生きがい」増進にはこれまでのような「趣味」でもいいが、「少子化する高齢社会」では、長年の職業に付随してきた技能を活用する「得意」もまた、「生きがい事業仕分け」にきっちりと位置づけておきたい。[1]

（『西日本新聞』二〇〇九年一二月七日）

注

（1）他の生きがい事例も加えた分析を、金子勇編『高齢者の生活保障』（放送大学教育振興会、二〇一一年）第一二章で行っている。

31 郵政民営化——見えにくい国民貢献の重視を

郵政民営化の基本方針が九月に閣議決定された。市場原理を活用し、「国民に大きな利益をもたらす」という。一方、一〇月の朝日新聞調査によると、郵政民営化反対・慎重の意見書を採択した自治体議会がすでに全国の半数を超えた。過疎化が進んでいる自治体ほど反対の度合いも強い。郵便局が歴史的に果たしてきた安心機能を考えれば当然の結果だが、その消滅が日本の社会構造に及ぼす影響は看過できない。

地域社会の維持には六機能

地域が成り立つには、最小限六つの機能が必要だ。義務教育（小学校）、交通（バス停、港湾、鉄道駅）、医療（内科小児科外科診療所）、商業（商店街）、治安（交番）、コミュニケーション（郵便局）の機能である。

このうち郵便局は近代日本の一三〇年間、郵便、貯金、保険に加えて、国内のすべての地域で安心機能を担ってきた。安心機能とは、郵便および郵便局を媒介として確認できるコミュニケーション相手の存在が、個々人にもたらす心を安らかにする作用である。それは新潟中越地震の被災者が全国からの暖かい義捐《ぎえん》物資に感謝しつつ、郵便物およびそれを配達する郵便局員を楽しみに待つ姿に象徴される。この安心機能は、郵貯批判の常套句である「見えない国民負担」ではなく、「見えにくい国民貢献」だ。

郵便、貯金、保険業務に限れば、それらはそれぞれ宅配業、銀行、保険会社に担わせられる。しかし安心機能を肩代わりする機関は民間に求めにくい。しかも安心機能は過疎地ほど重要なのである。だが過疎地で暮らす高齢者に日用品を届けたり、励ましの声かけなどの「ひまわりサービス」が民営化後も維持されるとは思えない。過疎地の住民も当然に「国民」なので、民営化が「国民に大きな利益」をもたらすとは言えないことになる。

民営化は安心機能を弱める

民営化は「市場原理」を貫徹させ、効率を追求するので、過疎地域では不採算部門として切り捨てられる郵便局が増加する。少子高齢化が同時進行する過疎地域のコミュニケーション機能が衰えるなかで、地域の安心機能も弱まる。

そうなれば、義務教育、商業、医療、交通、治安機能も順次消滅し、小泉内閣が掲げる「地方分権」も画餅《がべい》と化す。全国の地方議会が民営化に反対もしくは慎重に、と決議したのも当然だ。

郵便局が有する安心機能は、実は大都市にも及んでいる。〇一年一二月に施行された郵政官署法の施行以後、お年寄りなどの状況確認や廃棄物の不法投棄について、外務職員を活用したサービスを契約する自治体が急増しているのである。

都市でも、郵便外務員が火災の第一発見者であることが非常に多いことから防災協定を結ぶ自治体もあれば、子どもたちが健やかに育つことを目指す「子ども一一〇番」が子どもを不審者から守る役割も果たしてきた。郵便局が業務の一環として提供してきた道路情報の提供、SOSネットワークや街づくり協議会なども都市生活を補完している。どれも郵政民営化論議でほとんど顧みられない点である[1]。

本格的な「構造改革」とは何か

本格的な「構造改革」とは、少子化で年少人口が減る半面、長寿に伴い高齢者人口が激増するという社会構造に、いかに適応してゆくかが最優先のはずだ。相次ぐ地震や台風災害で過疎地が孤立し、そこでの安心機能がいかに重要かも改めて浮き彫りとなった。

「構造改革」という大きな仕掛けは、世界規模での構想によってのみ正当化される。しかし大きな仕掛けは、コミュニティレベルでの小さな部分によってしか支えられない。市場原理だけの郵政民営化を拙速に進めず、地方分権を支える地方の文化と歴史を視野に入れることが必要であろう。その意味で、今の構想による郵政民営化は不要不急のテーマと言わざるを得ない。

（『朝日新聞』二〇〇四年一一月二一日）

注

（1）ひまわりサービスや郵便局と警察とのＰ＆Ｐセーフティネットの実態と有効性については、金子勇『少子化する高齢社会』（前掲）第七章で、具体例を交えて指摘した。

32 郵政民営化とビッグピクチャー

「見えにくい国民貢献」への着眼

『朝日新聞』（二〇〇四年一二月二日）に発表した「私の視点」（郵政民営化　地域の安心機能に打撃）の結論は「今の民営化路線は不要不急」という平凡なものだったが、予想外の反響を得た。従来の議論に欠如していた論点を追加するために、地域社会の維持と運営に不可欠な六機能を提示して、郵便局の機能を位置づけ直したからであろう。地域社会が成り立つには、義務教育（小学校）、交通（バス停、港湾、鉄道駅）、医療（内科、小児科、外科診療所）、商業（商店街）、治安（交番）、コミュニケーション（郵便局）という最低限六つの機能があるとして、そこから「郵政民営化」を考えたのである。

すなわち、郵便および郵便局を媒介として確認できるコミュニケーション相手の存在が、個々人の心を安らかにさせる「安心機能」をもつことに着目し、現今の「民営化」路線では、その貴重だが「見えにくい国民貢献」部分の「安心機能」が失われることへの危惧を表明した。

ここではその延長線上にもっと本質的な論点を加え、政界の一部にささやかれている「郵政花道論」などは論外であるという立場から、更なる議論の活性化を目指したい。

ビッグピクチャーの中で位置づける

第一に、進められようとしている「郵政民営化」は、未曾有の少子高齢社会を迎え撃つ「大型画面構想」（ビッグピクチャー）のなかでの位置づけが今でも不明であり、この点の目配りは推進派反対派を問わず、また与野党、官民、政財界、マスコミなどの論調でも

表1　現代日本の地域社会における結節機関までの平均距離

郵便局	小学校	公民館	警察署・交番	消防署	市町村役場
1.1km	1.1km	1.3km	1.4km	2.3km	2.9km
国公立病院	保健所	裁判所	税務署	社会保険事務所	
4.1km	7.1km	7.4km	7.6km	9.9km	

（注）　各機関までの平均距離は，各機関の圏内［日本の国土面積÷当該機関の設置数］を円と仮定し，その半径の1/2とした。

（資料）　小学校、公民館数：『平成13年度文部科学白書』。消防署数：『平成13年度消防白書』。国公立病院数：『平成12年度医療施設調査』（厚生労働省）。

（出典）　総務省郵政企画管理局編『日本の郵便　2002』2002：3。

鮮明ではない。この議論に関わっている論者は立場を超えて、自らの「大型画面構想」を意識しつつ、以下の諸点についても思索の対象にしてほしい。

例えば表1は小学校と同じく郵便局の現代日本における配置であるが、平均距離一・一キロ、徒歩一五分圏内が維持されている。担当大臣の竹中氏は一二月五日以降に繰り返し「最低限一市町村に一カ所」の郵便局設置を義務付けると語り始めたが、合併前の市町村は三三〇〇であり、郵便局は二万五〇〇〇あるから、今のレベルでの「ユニバーサルサービス」はできないと言っているに等しい。自治体の合併が進んで、仮に一五〇〇程度の市町村になったら、「最低限一市町村に一カ所」はどのようになるのか。ちなみに小泉内閣メールマガジン（一二月二三日第一六九号）で、竹中氏は「過疎地を含む全ての国民がアクセスをできるよう、利用者の視点に立って、しっかりとした民営化の制度を作り上げていこう」と述べているが、上記の本質的な疑問点には答えておらず、情報的価値はない。少子高齢社会を迎え撃つ「大型画面構想」には、日本の地域社会の優良資産である郵便局、小学校、公民館、交番の四者ネットワーク化による地域福祉システムが描かれることが望ましい。いずれも「民」では代替不可能な機能を発揮している機関である。これらをＩＴ利用で「地域福祉安心システム」として再編するのである。(1)

民でも官でも限界がある

第二に小泉内閣メールマガジン（一一月一一日第一六三号）で有識者会議メンバーである宇田左近氏は「そんなに官のままがよいのはなぜ？」を発表しているが、以下の事例を検証すれば、宇田氏ほどには「民がそれほど素晴らしい」とは誰も思わないであろう。例えば三井物産のデータ捏造、ＵＦＪ銀行の資料隠しと調査妨害、三菱自動車の欠陥車隠し、コクドの虚偽記載問題などが二〇〇四年一二月末の時点で指摘できる。これらはすべて民への不信を強める。

またＮＨＫ民放問わずテレビディレクターの不正は時折発生するし、社会保険庁の杜撰さも依然として目立つ。つまり、官でも民でもきちんとした正常業務を行っていれば、その支援に徹することが社会全体のニーズに合うし、他の緊急で重要な問題に取り組める人材と時間と資金が回せる。今の段階の郵政公社業務すべてを終了させ、「素晴らしい民」へと移すべき必然性には乏しいのではないか。民の不祥事を無視し、取って付けたような「民が素晴らしい」言説には不信感が強まるだけである。

「民業圧迫」への疑問

同時に「民業圧迫」という批判を、私立保育園が公立保育園に、私立高校が公立高校に、民間病院も国公立病院に対して使用しないことを考えると、これはやや不思議な印象を受ける。私立大学と旧国立で独立法人化された大学間も同じである。加えて、例えば治安を維持する警察機能は絶対に警備保障会社には譲れないし、戸籍管理業務をカード会社には任せないことと同じで、官民の特徴をそれぞれに発揮できる業務がある。郵政業務と競合する宅配業や銀行だけで、「民が素晴らしい」や「民業圧迫」という言説が生まれるのはなぜか。

新聞各紙の繰り返しの調査で明らかなように、未曾有の人口変動時代における国民の最大公約数の不安が年金をはじめとした福祉問題にあることは正しいし、これへの対処こそが本格的な「構造改革」である。「構造改革」は流行語としてではなく、正確な定義をし直して、速やかに「社会全体」で再開することだ。道路公団問題などがこれに該当するとは思われない。

『朝日新聞』(二〇〇四年一二月五日)で報じられたように、日本の主要各社の経営者でさえも、「社会保障制度改革」を筆頭にあげる時代である。このように、最大の構造変動は少子化が急進する高齢社会の到来にある以上、人材と時間と資金の配分はここに優先的に集中させたい。国民は何より確実に予想される人口変動時代に安心感を求めているからである。そして、郵便局がもつ現在の機能の一部には、「見えにくい国民貢献」としての「安心機能」が確実に存在する。

安心機能を生み出すのは何か

この「安心機能」が「民営化」路線でも無視できないことが、何と小泉内閣メールマガジン「第二回政策アンケートの結果」にも如実に出た。一二月一六日号では、アンケートに寄せられた「郵政民営化具体的なアイディア」として、六八〇〇件のアイディアから一〇〇件を編集部が選び紹介している。そこでは「お年寄りや障害者の訪問、介護サービス」、「保育事業」、「住民票戸籍の発行と配達」、「災害時の連絡サービス」、「地域の伝言版」などがトップに置かれている。これらは九月に閣議決定された「市場原理」に立脚した「郵政民営化」路線では到底成り立ち得ないサービスメニューである。

これらは過疎地における「ひまわりサービス」と同じレベルの非市場化されたサービスであり、民営化された会社に法律で義務付けるのはいささか不自然と言わざるをえない。もし民営化にとってこれらのサービスを重要であると推進派が判断するのであれば、現在の公社レベルでこれらに関連するサービスの強化を求めたほうがまだ自然ではないか。

すなわち、今の段階でも国民全般のニーズと市場原理で「郵政改革」を推進するグループとは整合していない。推進派によって選択され、メールマガジンでわざわざ紹介された「郵政民営化の具体的なアイディア」は、そのまま現在の郵便局機能への期待感を反映しており、これらこそが地域住民の安心感を増幅する。推進派は市場原理の中でこれらのアイディアをどのように具体化するのかを緊急に語る義務があり、この点の説明責任は重い。

愛の訪問活動

もしどうしても民営化したうえで、「お年寄りや障害者の訪問、介護サービス」、「保育事業」、「住民票戸籍の発行と配達」、「災害時の連絡サービス」、「地域の伝言版」などを行うのであれば、ヤクルトが一九七二年から実施している「愛の訪問活動」が参考になる。これはヤクルトレディが商品を届ける際に、独り暮らしのお年寄りの安否を確認したり、話し相手になるという活動であるが、もちろん無償ではなく、社会福祉協議会や自治体が商品を一括買い上げたうえでの活動である。ホームページでは現在、全国二八八の自治体より要請を受け、約六一〇〇人のヤクルトレディが、約七万八〇〇〇人のお年寄りのお宅を訪問しているとあるが、基本は有償による「訪問サービス」[2]であるから、郵便局が実施してきた無償の「ひまわりサービス」とは異質であることを知っておきたい。

社会福祉協議会や自治体が税金から支出してまでも、民営化された会社にこれらのサービスをしてもらう根拠があるのかどうか。それは正確な意味での市場原理とは衝突するから、期待が寄せられた「お年寄りや障害者の訪問、介護サービス」と民営化とを接合させる具体策を推進派が説明しなければ、国民は納得しないであろう。これが第三の論点である。

「イコールフッティング」はどこにもない

第四に、「イコールフッティング」のまやかしにも目を覚ましたい。いくつかの簡単な補助線を引いてみよう。マスコミは介護保険の保険料に関して地域格差をやや大げさに報道する傾向があるが、地域には福祉だけではなく、教育、医療、経済活動、財政力そして多分に政治家の力量にも格差がある。すなわちイコールフッテングはどこにもないのだ。水道の水質さえ異なる。大阪の水道水と札幌の水道水を比較すれば、結果は誰にでも分かる。下水道や都市ガス施設そして小学校のプールの有無にも鮮明な地域間の差異がある。

これらの日本における「観察された事実」を基盤にして「イコールフッティング」を再考すれば、格差がむしろ前提のなかで、ほとんどの組織も個人も競争してきたことに気がつく。厳密な意味での「イコール」などはありえない。介護保険の地域格差に驚嘆するマスコミは単なる無知を表わしているに過ぎない。

小泉首相は厚生大臣のときに、ホームヘルプサービス、デイサービス、ショートステイという表現を止めて、訪問介護、通所介護、短期入所生活介護に変えようと発案された功労者であるが、郵政民営化の「ユニバーサルサービス」と「イコールフッティング」という表現も速やかに漢字混じりの日本語に修正されると、国民にもっと分かりやすくなるはずである。竹中氏が述べるように「今後とも、しっかり説明責任を果たしていきたい」（メールマガジン一六九号）のであれば、このカタカナ表記の修正を急いで行ったほうが国民の理解も進むであろう。

第五に、公務員として行う郵政業務全般に税金がまったく使われていないことはあまり触れられないし、郵便局の「見えない国民負担」が批判される割には、銀行救済にはすでに一〇兆円もの「見える国民負担」がなされたことへの「負担」批判は声高にならない。この点の議論もまだ残っている。

「安心機能」は「見えにくい国民貢献」を内包する

「見えにくい国民貢献」までも取り入れた少子化が進む高齢社会に向けた「大型画面構想」づくりの原則は、「社会全体」における社会的公正と安心にある。そこでの「改革」への努力は伝統との断絶を意味しない。その評価基準は思想の明晰さ、言説の論理性、観察された事実の正確さと斬新さにあり、評価に有効な軸は公と民、全体と部分、長期と短期、外と内、中央と地方、正機能と逆機能などである[3]。

民でなくても社会的機能が十分に果たせていれば官でも構わないし、官であってもその運営が杜撰であれば解体して、分割民営化したり、統合再編するしかない。目に見える有効な働きとしての顕在的正機能である郵便、貯金、保険業務を、郵便局は一三〇年間こなしてきた。その過程で、目には見えにくいが確実に存在する潜在的正機能に分類される地域社会における「安心機能」も郵便局は果たしてきた。「安心機能」は少子化が進む高齢社会では不可欠なものであり、「民」では到底肩代わりができない機能である。

全体は部分を包摂するし、中央が地方を切り捨てることは国民の利益に反するから、少子化と高齢化と深刻な過疎化が数値として記録されている「人口統計」を愛読して、これらへの総合的配慮から短期と長期の両方で「大型画面構想」を緊急に描き出す時期に日本は至っている。要するに、一つの時代がそれまでの時代に取って代わり、楽譜が変わり、指揮台の人物も変わらざるをえない時期が到来したのである。

注

（1）詳しくは金子勇『地域福祉社会学』ミネルヴァ書房、一九九七年、第5章、第6章、第7章を参照してほしい。

（2）二〇一二年五月の『経済広報』によれば、その段階で実施している自治体は一四八、三六五〇人のヤクルトレディが四万六〇〇〇人の高齢者の訪問をしていた。

（3）これらは「社会分析」の軸として有益である。金子勇『社会分析』（前掲）、第二章に詳しい。

（通信『耀』二〇〇五年二月号三月号）

33 佐賀県の「先進政策大賞」を祝う

全国知事会の「先進政策創造会議」　全国知事会では、本格的な地方分権を目指して、都道府県職員の政策立案能力の強化のために、五年前から「先進政策創造会議」を始めた。都道府県により独自に行われた政策はまず全国知事会「先進政策バンク」に登録され、委嘱された専門家による審査を経て当該年度「優秀政策」が選ばれる。そして再度専門家が厳選した政策が秋に開催の「先進政策創造会議」で公開され、全員投票によって「先進政策大賞」（以下、「大賞」）が決定するという手順である。

先進政策バンクに登録される分野は、都道府県が主に管轄する「行財政・地方分権」、「行財政・住民参加」、「防災・危機管理」、「環境」、「保健福祉・少子高齢化」、「農林水産」、「商工・労働」、「教育・文化」、「地域振興」に分かれている。この九分野それぞれに三名から五名程度の専門家が、「全国知事会地方自治先進政策センター頭脳センター専門委員」として委嘱され、合計三八名が審査と評価に関わる。

九月六日に東京で行われた「第五回先進政策創造会議」では、約一〇〇名の都道府県職員と全国知事会長（京都府知事）が参加した。事前の専門家による審査で、バンクに登録の政策から二四件の「優秀事例」と、なかでも特別な八件の「優秀政策」が九分野から選ばれ、内容が口頭発表された。それに対して、八人の専門委員による個別の講評がなされた。「保健福祉・少子高齢化」分野の委員である私は、「佐賀県の「全国初！救急現場の『見える化』で医療崩壊を防げ！」の論評を行った。

全ての発表が終わり、会場の約一〇〇名の都道府県職員と出席した専門委員による投票の結果、本年度「大賞」に佐賀県のこの政策が選ばれた。「救急搬送のたらい回し」を回避するために、タブレット型端末を佐賀県内のすべての救急車に配備し、救急現場にインターネット環境を構築することで、リアルタイムに救急現場の情報を医療機関と消防機関が共有し、連携を強化する取組み行った成果が高く評価されたのである。

有効性への高い評価

運用からわずか一年だが、「救急車から受入先が検索でき、使い勝手が良い」、「受入可否情報の更新が速やかで、その信ぴょう性が高い」という救急現場からの評価がすでに定着している。より具体的に言えば、救急搬送時間が前年より約一分短縮した。これは大きい。さらに、救命救急センターへの搬送割合も三二・七％から二九・六％へ低下して、特定の医療機関への搬送集中が分散化した。また、救急情報システム全体では、前年度よりも年間運用コスト削減が進み、約四〇〇〇万円の減少となった。

これらは現場主義に徹した自治の具現化である。また徹底した県民指向の「見える化」政策は救急搬送事業への認知を進め、救急隊員のモラルを高める。情報化ツールが救急搬送に活用され、導入コストや運用コストが削減されたことで、全国から視察希望も急増した。佐賀県のこの政策は、「ＭＣＰＣアワード２０１２」ですでに「グランプリ・総務大臣賞」を受賞しており、今回の全国知事会「先進政策大賞」により評価がさらに高まり、各方面への波及効果が予想される。

国政とは違って、分権を支える創発特性に富む政策が地方からも創造できることが証明された。審査委員という立場を超えて、佐賀県の受賞を心から喜んでいる。

（『佐賀新聞』二〇一二年一〇月七日）

第Ⅳ部　少子社会の克服

潮流

少子化対策の組み替えを

産み育てる社会環境づくり

金子　勇（北海道大学大学院文学研究科教授＝社会学）

総務省推計をもとに、こどもの日に「年少人口」（十五歳未満総数）が新聞各紙に一斉に発表された。四月一日現在で千七百二十五万人となり、一九八二年から二十七年連続の減少である。総人口に占める割合を示す年少人口率も、三十四年連続の減少で13・5％に落ち込んだ。

数年前から日本の年少人口率は、人口三千万人以上の世界三十一カ国のうち最下位である。それは次世代からの活力の枯渇を意味し、急増する年金世代を支える基幹の倒壊を予兆させる。団塊世代八百万人が六十五歳をすぎて年金世代となる二〇一五年に、年金や医療保険それに介護保険という世界的な優良資産が風前のともしびになる。しかし、政界や官庁の不祥事と同じく、国民やマスコミではこの結果への驚きもなく、将来への危機感にも乏しかった。

産み育てる社会環境づくりによる少子化克服が超高齢社会と国民を救う唯一の方法なのに、政府の少子化対策では、子育てに伴う経済的負担の軽減や、地域での子育て支援システムづくり、女性の社会進出に伴う機会費用への対処などの「産み損、育て損」の社会的不公平性の緩和にとどまってきた。今後は増子化のため、これらとともに、産み育てる医療と保育を軸とする社会環境づくりを筆頭の国策としたい。

〇七年八月、奈良県で妊婦救急搬送中の死産が発生した。同様のたらい回し現象は全国的にもあることから、早急に医療現場の整備を進める必要性がみえてきた。

だが、医師総数は着実に増加する一方、産前産後の母子医療を支える産婦人科や小児科の医師は減少傾向にある。

さらに、産科をやめて婦人科に特化する医療機関も増えている。産める医療環境の選択肢が狭まった結果、夜間急病センターとしての内科小児科の一次診療体制にも及ばない状態が産婦人科では出始めており、二次救急と三次救急で精いっぱいの実態がある。

さらに、リスクが高いといわれる「未受診妊婦」の飛び込み診療がある。「妊婦健康診査」は分娩《べん》まで一人につき十四回程度が望ましいが、経済的条件や地域的理由でそれを受けない妊婦も増加気味である。体調が急変した未受診妊婦は、救急医療機関に搬送されても、医師による容体の把握が難しいため、リスクが高まる。

なかには、分娩後に費用を払わない妊婦もいる。また、国保などの医療保険未加入の場合も増えてきた。これには医療機関というよりも行政の責任で対処するしかない。

産科医師の絶対数が不足であれば、最も近い内容の仕事ができる助産師に産める医療環境づくりに再度参入してもらえないか。また、産科医師の負担を軽減するような医療環境改善が可能か。たとえば産科とは別に、相談機能をもつ院内助産所や助産師外来設置はどうか。同時に産科医師の不足と労働過重で大都市の夜間一次診療体制が不備ならば、周辺都市の産婦人科開業医師による協力体制づくりができないか。

社会制度としては、医療事故時に、医療従事者の過失の有無にかかわらず、患者や家族に金銭補償する「無過失補償制度」のような社会的配慮の必要性も高まっている。

これらは市町村医師会の努力だけでも、市役所、町村役場単独の公費負担だけでも解決しないから、県や国レベルでの緊急な決断と国民の支持こそが肝要になる。効果不明な五十年先の温暖化防止策に毎年一兆円を拠出したり、十年間の道路予算を五十九兆円も確保したりするよりも、産み育てやすい社会環境づくりで増子化をめざし、社会全体の負担で安心安全を保障する高齢者医療と介護の体制づくりを優先課題としたい。

高齢化する日本で、世代を超えて国民全体が願う豊かさとは、医療・福祉・介護を軸とするものである。

『西日本新聞』2008年6月2日

34　選挙制度の改革

一票の格差

一九九八年三月の住民基本台帳をもとにした『朝日新聞』の再集計によると、全国三〇〇の小選挙区間の人口格差は最大で二・三一に拡大し、選挙区間の人口格差で二倍を超えるところが五二区になると推定され、「ひずみ」が大きくなったと指摘されている。しかし、当初からこの問題に関心を持ってきた私には、そもそも「二倍の基準」自体もあまり根拠があるとは思えない。ましてや、地区間の人口移動は宿命なのだから、小数点以下のポイントの増減で、「一票の格差」についての正確な論議が可能だろうか。政界やマスコミを含めて、小選挙区制問題の取り扱いについて私には大きな不満がある。

結論からいえば、この小選挙区制でも、国民が期待する政治改革はほとんど実現されていない。なぜなら、出馬した政治家の質が変わらないからである。せっかく科学的な「計画行政」研究を行っても、政治と政治家の質がそのままではやり切れなさが残るのだ。

なぜ地区代表者だけか

私の根本的な疑問は、なぜ政治家は地区代表者として選出されなければならないのだろうかという一点にある。地区代表者であれば、人情として、地元に新幹線、大型公共施設、港湾整備計画などを誘致したい気持ちになっても仕方がない。国内だけに限定すれば、北海道新幹線と九州新幹線との誘致合戦はもちろん無意味ではない。しかし、二一世紀に向けて、国政に携わる政治家にますます求められる資質は優先順位の決定能力と国際的視点なのである。今の地区代表としての政治家の大半は、選挙区地盤廻りや地元からの陳情攻勢などで、このような優先順位の決定能力を身に付けたり、国際的な重要課題をまともに勉強する時間がないのではないか。

世代代表も加える選挙

そこで私の抜本的政治改革案は、本格的な選挙制度改革として、問題が多い比例代表制を廃止し、代わりに世代代表制を取り入れ、地区代表制と組み合わせるものである。なぜなら、社会は、ヨコの組立てとしての地域社会、タテの組立てとしての社会階層によって、重ね合わせて構成されているからである。したがって、真に革新的といえる選挙制度改革とは、地区社会代表と社会階層代表が同時に同じ権限を持つ存在として、国民に選ばれる制度を志向するものとなる。[1]

その結果はどうなるか。人口データはやや古いが、一九九〇年の国勢調査結果を利用すると、被選挙権がある二五歳以上の国民割合は約六六%である。この内訳は、二九歳までが七%、三〇代が一四%、四〇代が一六%、五〇代が一三%、そして六〇代以上が一八%になる。とりあえず、ここに比例代表の二〇〇人を割り当てるのである。そうすると、二九歳までの国会議員が一九人、以下三〇代が四一人、四〇代が四八人、五〇代が三九人、六〇代以上が五三人となる。

全国区のなかで、例えば二〇歳の有権者は二五~二九歳の候補者に、四八歳の有権者は四〇代の候補者に、七五歳ならば六〇代の候補者に世代の心情を託してそれぞれ投票する。もちろん政治家の定年制を導入し、立候補時点で七〇歳未満とすれば、「老害」の心配もない。

世代代表と地区代表の論戦

この世代代表の二〇〇人が、地区代表としての政治家三〇〇人と、衆議院のなかで政策の優先順位を巡って国際的視点のなかで論戦するシーンには夢がある。そして、一〇年ごとの大規模国勢調査で小選挙区の区割りと世代代表の定員も見直し、ともに二五〇人ずつの完全なタテヨコ対等の代表選挙にして、参議院もまた同様な試みを行えば、二一世紀初頭には、国民の声が届きにくい政治の世界も大幅に変化するのではないだろうか。

そして最終的には、衆参両議院を改革して、衆議院を地区代表議院、参議院を世代代表議院にすることが根底的な政治改革になると考えるが、いかがであろうか。

注

（1）このアイディアは、金子勇『少子化する高齢社会』（前掲）第五章に詳しく論じた。（日本計画行政学会北海道支部『Ｎｅｗｓ Ｌｅｔｔｅｒ』№８、一九九七年三月）

35　連結思考のすすめ

少子化と高齢化を結びつける

二〇〇三年九月現在の高齢化率が一九・〇％、〇歳から一五歳未満の年少人口率が一四・一％になって、いよいよ高齢社会が顕著になってきた。高齢化率が高齢者総数を全人口で割った数値であることは自明であるが、いまでも「少子高齢社会」と呼ぶ人が多いことに疑問をもつ。なぜなら、高齢社会は少子化と長寿化によって構成されるからである。高齢者がいくら増加しても、それ以上に全人口が増大すれば、高齢化率は上昇しない。

アメリカを除く先進国すべてが高齢社会の様相を顕著に示しているのは、なかなか子どもが産まれない少子化のためである。「少子高齢社会」とは因数分解すれば「少子化＋少子化＋長寿化」となる。この認識では、少子化と高齢社会とが別々の印象を与えるために、政策の連結ないしは統合がうまくいかない。高齢化対策と少子化対策は無関係なままに、異なる部局が異なる方針でいつまでも担当することになり、政策効果が十分得られない。

「老若男女」の視点から

私は高齢社会を少子化と長寿化で総合的に理解することを長年主張してきた。それは男女という枠ではなく、老若男女という視点から得られる。すなわち、ジェネレーションとジェンダーとが高齢社会の理解と政策では重要なのである(1)。

例えば、高齢者の年金を支えるのは若い人々や中高年齢層であるから、世代間協力の発想は受け入れやすいが、この世代という発想の重要性は年金だけに限定されるのではない。具体的には「六五歳までの雇用の確保」という方針は『平成十五年版　高齢社会白書』でも踏襲されているが、少子化対策と組み合わせなければ、実効を伴わない。なぜなら、少子化によって子ども向け商品やサービスの消費は確実に減少しており、それに特化した企業の業績は低下し、市場が縮小を開始しているからである。子育て者もそうでない人も全員が関わって「社会全体」による少子化対策が打ち出されないと、高齢者の雇用環境はむしろ悪化する。少子化対策は長寿化対策でもある。

連結思考の重要性は家族政策とコミュニティ政策にも該当する。少子化が進行する人口減少社会は、世帯を細分化し、とりわけ一人暮らし高齢者を日本全国のすべての地域社会で激増させる。

「支えあい」は「近くの他人」から

現在、ジェンダー論に依拠した家族社会学者は「家族の個人化」を社会目標として高唱しているが、これはベクトルが逆転した主張である。社会的現象としての「家族の個人化」を受けて、私はそれを支えるための「近隣家族」を提起している。暮らす住居には一人でも、玄関を一歩出れば、「遠くの親戚より近くの他人」が親しく交流できるコミュニティ作りがある。高齢者福祉の住宅分野ではこの発想は「グループホーム」として試行され始めている。それはもとより貴重な試みであるが、一戸建ての地域でも親密な他者による「支え愛」が可能なコミュニティをどう形成するか。それは家族と地域を連結させた理解から始まる。政府レベルでは内閣府と国土交通省の連結発想であり、社会学では家族研究とコミュニティ研究の融合になる。

注

（1）ジェネレーションとジェンダー（G&G）を組み合わせた視点の重要性は、金子勇『都市の少子社会』（前掲）、第七章から一貫して主張してきた。

（『年金時代』二〇〇三年一二月号）

36　少子化対策の必要十分条件

人口史観の復権

二一世紀初頭の日本において、人口分野では毎年日本新記録が誕生している。例えば少子化の筆頭指標である「合計特殊出生率」が二〇〇二年で一・三二、〇歳から一五歳未満の人口比率である「年少人口率」が二〇〇三年四月で一四・一%となり、最低が更新されている。同じ時期の六五歳以上の「高齢化率」が一八・九%になり、こちらは最高記録が毎年出ている。第一回の国勢調査が行われた一九二〇年を基準とすれば、三指標のいずれでも日本新記録が続いている。

これらの日本新記録は「社会全体」に強い影響を及ぼし、いわば日本社会への内圧を高くする。内圧は社会システムの緊張を高め、社会統合や社会的凝集性を弱め、社会解体への序章となり、個人の原子化を促進し、犯罪を多発させる原因にもなるために、「社会全体」での適切な対応が不可欠になる。

まず長寿化に伴う高齢社会進行への社会全体における対応は、二〇〇〇年四月に始まった介護保険のより一層の充実と整備を基本とする。この制度は問題を抱えつつも試行錯誤ではあるが三年間試みられてきて、国民の評価も関心も高い。長寿化対応には、社会の側からの介護保険を含む福祉システムの整備拡充と、中高年個人の側からの「自立と健康」への努力が大原則である。

しかし、少子化への社会的対応は長寿化ほどすっきりしていない。なぜなら今日でも、少子化対策は不要だという「少子化メリット論」が残っているからである。私はむしろ逆に「少子化デメリット論」に立ち、政府の少子化対策の点検とそれに影響するフェミニズムを積極的に検討して、独自の「子育て共同参画社会論」を経由した「老若男女共生社会」づくりを提唱してきた。年間総予算で言えば合計一兆円も少子化対策として投入されているにもかかわらず、「合計特殊出生率」の低下が進み、少子化の勢いは止まらず、その影響が社会システムの全領域に及び始めたからである。八〇年前に提起された人口が社会全体を変動させるという高田保馬の人口史観が、少子化と長寿化を契機として現代日本では全面的に復活するという理論的立場に立脚してきた。(1)

この二〇年間「少子化と長寿化」の両方から「高齢社会のあり方」を研究しつつ、同時に少子化が進む高齢社会の中における「個人の生き方」を考えてきた。そこでの力点は、高齢社会もまた一つの全体社会（total society）であり、象徴的には「クレヨンしんちゃんからキンさんギンさん」までが全部入って、世代論的には四世代が共生する社会システムづくりにある。

このような姿勢から、政府のいわゆる少子化対策を点検してみよう。具体的には一〇年間で六種類の対応策が出された。一九九四年の「エンゼルプラン」から九九年の「新エンゼルプラン」と「男女共同参画社会基本法」、そして二〇〇二年九月の「少子化対策プラスワン」と二〇〇三年七月の「次世代育成支援対策推進法」と「少子化社会対策基本法」までがこれらに該当する。

ただし「少子化社会対策基本法」は議員立法であるので、ニュアンスがやや異なる。残りの五種類は発表年度も名称も違うが、そこには二つの共通点がある。一つは対策の主軸が「保育育児」に局限されてきたことである。第二にはそれらの背景に強力なイデオロギーとしてのフェミニズムが存在する点が指摘できる。政府系の各種審議会や委員会においてリーダーシップを発揮してきた「学識経験者」の大半が、営業上はフェミニストという奇妙な図式も鮮明である。

少子化の原因と対策

政府の懸命な努力にもかかわらず、この一〇年間でも少子化傾向に歯止めがかからなかったことから、一〇年前からの原因の特定化とそれに基づく処方箋が十分ではなかったと私は総括している。子どもが産まれないのは子どもを産まない人々が増大したからであるが、日本ではその指標として「未婚率の増大」と「既婚者の出生力の低下」が挙げられる。周知の北欧諸国では毎年五〇％を超える「婚外子」が産まれているので、「未婚率の増大」は少子化の主な理由とはなりえないが、日本の「婚外子」は二〇〇〇年でもわずか一・六％しかいないので、「未婚率の増大」は少子化の大きな原因と言ってよい。文化には色々な特性があり、出生にまつわる文化も多様な側面があるので、「婚外子」の有無や増減についても価値判断ができないことは当然である。

二〇〇〇年の国勢調査では、政令指定都市で少子化の最先端を行く札幌市の二五歳から二九歳までの女性の未婚率は五八％であり、日本全国でも五四％になった。もちろん同年齢の札幌の男性も六八％が未婚であった。日本では結婚後に子どもを産むので、したがって未婚率が高くなることは自動的に出生数の減少を引き起こす。しかし日本の少子化対策では、この「未婚率の増大」を原因としては直視してこなかった。例えば「少子化対策プラスワン」が典型である。

代わりに驚くほど熱心だったのが「既婚者の出生力低下」への対策であり、「待機児童ゼロ作戦」に象徴される「保育育児」支援である。なぜなら、「未婚率の増大」に関連させようとすれば、結婚の自由や出産の自由という個人の自由や「人権」問題に遭遇するからである。この判断を一〇年間先送りして、既婚者が産み育てやすいような環境を整える政策として、保育と育児に局限して子育て支援が全力で行なわれてきた。この点検評価はまだなされていない。

二〇〇二年の「少子化対策プラスワン」と二〇〇三年の「次世代育成支援対策推進法」でも、同じスタンスである。後者では企業活動に国が全面的に介入する。労働者の仕事と家庭の両立策、地域における子育て支援、教育環境の整備、子育て家庭に適した居住環境の確保、母性並びに子どもの健康を守るという五項目が主眼である。特筆すべきは筆頭に「労働者の仕事と家庭の両立策」があり、短時間勤務や隔日勤務が事例として出されている。このような企業活動への介入には日本経団連や日本商工会議所からは異論が出されている。国際的競争の中、短時間勤務や隔日勤務が官庁やマスコミで可能ならば、企業の多くや従業員はこの方針を支持しようが、それは現実的には困難なので、私は対策のコンセプトを抜本的に変更するしかないと考えている。

その手がかりは、「男女共同参画社会基本法」は少子化対策法ではないという正確な認識から得られる。現代日本でのM字型労働曲線否定派は少数派であり、一貫した「両立ライフ」希求者も少ないことを踏まえて、多様なライフスタイルを高唱しながら専業主婦を貶める言動を止めることが少子化対策の再出発点である。要するに、的確な少子化対応を阻害する「男女共同参画社会基本法」を「老若男女共生社会法」へ組み換えることが基本的方針となる。

老若男女共生社会への組み換え指針

なぜなら、男女共同参画社会基本法は「社会全体」に関連するのに、条文からはこの法律が二〇歳から六〇歳までしか想定していないことが窺えるからである。

(1)二〇歳から六〇歳までしか想定していない男女共同参画社会基本法

具体的にその第一〇条は、「国民は、職域、学校、地域、家庭その他の社会のあらゆる分野において、基本理念にのっとり、男女共同参画社会の形成に寄与するように努めなければならない」と書かれている。これは「家庭」や「地域」ではなく「職域」が最初に置かれたことで、法律にいう「男女」が二〇歳から六〇歳までの「働く人」しか想定されていないと判断できる。この法律は「社会法」ではなく、「労働法」的な色彩を濃厚に持っている。

しかし今後とも高齢社会では、職場から徐々に離れて、地域と家庭に戻る人が増える。したがって、「職域」が筆頭にくる条文は、二〇二〇年頃に必ず来る未曾有の高齢社会への認識に乏しい。この賛同者によっては憲法二七条まで援用して「すべて国民は、勤労の権利を有し、義務を負う」のだから、

「働く」のは当然だという。それはもちろん不可能であろう。二〇〇三年四月現在の日本社会の高齢化率が一八・九%であり、毎年〇・六%ずつ高齢化率が上がっているから、二〇年後には高齢化率が約三〇%近くになる。そういう日本において、最初に「職域」が来るこの法律は、いかにも高齢社会の実態からかけ離れている。

(2) 社会構成員は男女ではなく老若男女

いつの時代でもどの国でも、社会構成員は男女ではなく、老若男女である。すなわち三、四世代が共生するのが社会の通常の姿である。働きたい人が働ける職場環境や社会環境を整備していくことはもちろん重要であるし、各界からの支援は当然であるけれども、しかし、国民は家庭と仕事との「両立ライフ」しかありえないという趣旨の法律は国民にとっては大きなお世話である。ついでに「家庭・地域」という表現も正確ではないと付言しておこう。

なぜなら、都市で暮らす私たちの生活場面には世帯、職域、学校に加えて、第四に「生活拡充集団」として趣味や得意なことを仲間と行う余暇集団への参加やサークル活動、そして第五には自然災害や犯罪に対して協力して立ち向かう近隣や町内会やPTAなどの地域集団活動があり、仕事と家庭の「両立」はその一面に過ぎないからである。高齢社会では、「五立」から「一立」までの多様性が保障されるところによさがある。したがってこの法律では、地域集団活動を加えた「三立」さえ不可能になる。[2]

この法律の九〇%は正しいといえるが、残りの一〇%は国民生活と離反している。

(3)「中立」判断の恣意性

さて、「女性を委員会等へ積極的に登用する」「女性に対する暴力を根絶する」「健康や人権を守る」は当然であり、誰でもが賛成する。しかし、この法律を作った人たちの真の狙いは「中立」文言の挿入にあったと私は考える。具体的に言うと、第四条「男女共同参画社会の形成に当たっては、社会における制度又は慣行が、性別による固定的な役割分担等を反映して、男女の社会における活動の選択に対して中立でない影響を及ぼすことにより、男女共同参画社会の形成を阻害する要因となるおそれがあることにかんがみ、社会における制度又は慣行が男女の社会における活動の選択に対して及ぼす影響をできる限り中立なものとするように配慮されなければならない」がそれである。

ここでは「中立」の判断基準が明示されず、一部の恣意的な解釈に任される危険性がすでに現実のものになった。例えば、「専業主婦は中立ではない」と判断され、子育てしたりボランティア活動、さらに町内会やＰＴＡ活動、それに消費者運動や住民参加の主力でもあった専業主婦に与えられていたいくつかの権利が剝奪されることが決まった。

手段としての「共同参画」を超えて目的としての「共生社会」へ　現今の「男女共同参画社会基本法」は、手段として共同参画だけを声高に強調する反面、共同参画した後を不明なままに残している。共同参画を手段とすることは理解できても、各世代の男女が一緒に参画することで何をするのかが曖昧である。私は手段としての共同参画だけでは、いずれこの法律は機能不全になると考えてきた。仮に女性委員が半分になって、文字通り男女の共同参画ができた時に、その委員会や審議会では何をするのか。この賛同者は共同参画が達成されたあとで、何を狙いとするのかをもう少し具体的に語る義務がある。

私はそれを「老若男女共生社会」づくりと見て、ジェンダー（男女）とともにジェネレーション（世代）が一致協力して前世代としての高齢者への福祉支援活動を行う一方、次世代育成を「社会全体」で取り組む姿を展望している[3]。ちなみに「社会全体」とは、少子化対策での通説である産んだ親、企業、自治体、国の四者ではなく、子育て支援には「除外」されがちなパラサイトシングルやディンクスまでも含んでいる。社会全体が企業だけではなく個人にも介入する。

私が提起してきた少子化対策の理念は、子育て負担の「社会全体」における共有の具体化にある。

「保育育児」は必要条件だが、十分ではない。十分条件の探求は介護保険の理念と同じく、「社会全体」を正確に定義するところから始まる。親の生死とは無関係に四〇歳以上の日本国民は全員が介護保険料を支払っているので、介護保険では現世代が「社会全体」で前世代を支えていると解釈できる。

その理念を「子育て共同参画社会」でも応用する時期ではないか。それが「社会全体」を鮮明にする方向であり、「子育て基金」を提唱してきた所以である。産まない選択も育てない選択も自由であるが、次世代を現世代が「社会全体」で支え合うことの合意が抜本的な少子化対策の出発点になる。個人の自由と社会の存続との接点に少子化対策は位置づけられる。

要は、世代論を重視して、現世代が前世代と次世代を「社会全体」で支えることが福祉社会の柱と見る。少子化にも長寿化にも対応できる福祉社会づくりには、政策の必要十分条件という発想が対応の根幹になる。その意味でジェンダーとともにジェネレーションが一致協力した対策の具体化こそが急務である。三〇〇〇年の日本人総数は八三人を論外とする認識から、「老若男女共生社会」を「社会全体」で追求する姿勢こそが、哲学的「共生」議論を現実化する道であろう。

注

（1）高田保馬の理論社会学は、少なくとも人口史観、結合定量の法則、勢力論の観点から貧血気味の現代社会学にも有益であるという観点から見直しが必要である。金子勇編『高田保馬リカバリー』ミネルヴァ書房、二〇〇三年を参照。

（2）五立ライフの必然性は、金子勇『少子化する高齢社会』（前掲）全体で詳述した。

（3）金子勇『都市の少子社会――世代共生をめざして』東京大学出版会、二〇〇三年。（『UP』三七二号、二〇〇三年）

37 「子育て基金」を創設しよう

合計特殊出生率の持続的低下と年少人口率の減少で表される少子化の原因は、未婚率の持続的増大と既婚者の出生力の漸次的低下である。婚外子率が五〇％を超える北欧とは異なり、二％に届かない日本では、出生数が落ち込んだ理由には、未婚者の増大と既婚者の生み控えしかない。

社会学の文脈では、少子化は個人の自由を聖域化する社会的遠心力の肥大化であり、世代継承性を弱め、社会システムの維持存続という社会的求心力の衰退をもたらすと整理できる。従来の少子化擁護論に、私は過剰な自由がもつ公共的コストの極大と反社会性を見てきた。少子化対策に反対する理由として頻用される「自分の目標や自分らしさを大切にする」、「大人の二人暮らしは楽」、「子育てに向いている人が産めばよい」などの「産まない」理由のすべてにそれを感じる。このような発言者たちは、社会的人間であることを忘れ、年金制度や医療保険制度それに介護保険制度のよりよい変革への議論を放棄してきた。

少子化の原因

少子化対策から少子化克服そしてその延長線上にある増子化社会への展望を、「次世代育成支援対策推進法」が終了する二〇一四年度までに具体化し得なければ、五〇年で人口が半減するという社会法則から日本は逃れられなくなる。大正時代の五〇〇〇万人のうち高齢化率は五％、年少人口率は三五％であったが、二一〇〇年の五〇〇〇万人では高齢化率が三五％、年少人口率は一〇％というような完全逆転が予想されるのに、人口数だけでの釣り合いをよしとする議論もある。

根本的な原因を直視しない

私はこのような意見には与しない。社会全体による少子化二大原因の緩和の追求と社会全体における負担と受益との均衡点の探求の速やかな開始を主張する。両者の観点からみれば、従来の厚生労働省の「新旧エンゼルプラン」や七省庁合同の「次世代育成支援対策推進法」は不十分であった。なぜなら年々増大してきた未婚率への配慮がますます乏しくなってきたからである。おそらく人権の一部に結婚の自由や出生の自由があるために、この問題には関わりたくないという判断が、厚生労働省をはじめ追随するマスコミや自治体にも濃厚であったからであろう。

『厚生労働白書』では「近年の少子化の主な原因としては、晩婚化の進行等による未婚率の上昇がある」という指摘が、『平成十二年版　厚生白書』には二〇七頁、『平成十三年版　厚生労働白書』でも二四九頁に書かれ、『平成十四年版　厚生労働白書』の二〇七頁にも同様な趣旨が明記されていた。しかしそれは二〇〇二年の「少子化対策プラスワン提案」では、「少子化の主たる要因であった晩婚化」という表現に変えられてしまう。これは厚生労働省による少子化原因の不正確な認識であるとともに、組織全体での事実認識の不整合を表す。

並行して『厚生労働白書』でも修正がなされ、『平成十五年版　厚生労働白書』では表現が「結婚を先送りにする者・結婚しない者の増加により、そもそも出生行動の主体となる夫婦が少なくなることによるもの」（同右：八九頁）へと後退した。これを白書では「結婚行動に起因する要因」と命名した。

未婚率の増大を少子化の原因として特定化せずに、「結婚行動に起因する要因」に変えた厚生労働省はどのような少子化対策を打ち出せるのか。結局、子育て支援の環境の整備を筆頭に、多様な働き方の一部として男性が早く帰宅できるような労働時間の短縮に象徴されるような発想しか出てこない。それは過去一〇年間不本意に終った少子化対策を超えるものではない。

「社会全体」の正確な定義をしよう

加えて、「社会全体」ですら依然として無定義のままである。「社会全体で子育て支援を進めていくことが求められよう。このような次世代育成支援対策を国、地方公共団体、事業主等が一体となって進める」(同右:一三八―一三九頁)という文脈からは、依然として「社会全体」から未婚者もディンクスも排除されている。これは非論理的ですらある。

このような「新旧エンゼルプラン」をはじめとした政府の少子化対策の特徴は、一貫して未婚率の増大については触れない反面、驚くほどの熱心さで有職既婚女性の出生力支援を、特に育児・保育という側面に集中して行ってきた歴史を持つ。半面で専業主婦を貶め、その子育て支援をしなかったことへの根本的な反省を行わなければ、「新新エンゼルプラン」を作成しても少子化対策はもちろん少子化克服は不可能であろう。

私は、「社会全体」とは未婚既婚を問わず、子育て者も子育てしない人も区別せず、文字通りすべての社会構成員と見て、構成員すべてが次世代育成へ何らかの自己責任をもっと主張してきた。日本の未来係数を大きくするためにも、長寿化シフトの介護保険を一層整備して、同時に少子化克服の「子育て共同参画社会」を志向し、その出発点に「子育て基金」を創設したい。

「子育て基金」には三つの特徴がある。一つは、未婚既婚の別なく、子どもの有無を問わず、三〇歳以上の国民は例外なく、子育てのためにこの「基金」に一定の金額を払い込む。これは、親の生死とは無関係な介護保険の理念と同質である。もう一つは二〇歳までの子育てを行う国民の事情に応じて、「基金」からの資金配分を行う。第三には「子育て基金」からの援助は、子育て中の国民が感じる経済的、時間的、身体的、精神的な諸負担軽減のためにのみ用いられる。

その理念からは「子どもは自分では産まず(つくらず)、他人に産んで育ててもらう。そして年をとったら他人が産んで育てた子ども等に面倒をみてもらう」子育てフリーライダーは認められないという立場が生まれる。一方で一人の子育てに三〇〇〇万円を費やす男女がいて、他方では直接的な子育て費用がゼロの子育てフリーライダーが増殖してきたことで、社会保障全般への不公平感が強まってきた。この不公平感の除去が少子化克服の原点であり、「子育て基金」提唱の理由であり、「子育て共同参画社会」の基本を構成する。

子育てフリーライダーも社会全体に取り込もう

もちろん、現代社会システムはある程度のフリーライダーを許容できる機能を持っている。国民年金の未納、国民健康保険の未払い、国連分担金の未払いなど各種のフリーライダーで明確なように、ある水準まではそれは許容できる。しかしその水準を超えた瞬間にその制度や社会システムは全面的に崩壊する。日本の少子化動向から、私はその水準突破の勢いを感じる。

政治的課題として、社会解体を引き起こす少子化動向を改善するためには、子育てフリーライダーも加わった社会全体で「子育て基金」（表1）を設立し、一九九九年のフランスないしは二〇〇一年の沖縄県の合計特殊出生率一・八〇程度を目標とした増子化を展望する。そして一・八〇への反転を増子化と位置づけることは、「産めよ増やせよ」批判とは無縁であると理解しておく。なぜなら「産めよ増やせよ」が該当するのは、合計特殊出生率二・〇八を超える社会目標からなのであるから。この目標値を社会的に共有し、子育て支援を社会全体で実行する。これらは弱まった社会的求心力の回復にも繋がるはずである。

前進するための議論の素材

私が提示する少子化克服のための議論素材は以下の九点である。(1)子どもは消費財ではなく公共財であるという認識を社会全体で共有し、社会全体で子育て支援を開始する。(2)子育ては最重要の価値ある仕事であると認識し、社会全体で子育て支援を行う。(3)少子化は個人の短期的な利益志向が社会全体の長期的不利益をもたらし、個人も不利益にさせると認識する。(4)待機

表1 「子育て基金」の概要

1. 2050年からの「人口半減法則」の作動を阻止する目的で，社会全体で取り組む理念を制度として具体化したものであり，金子『高齢社会とあなた』（日本放送出版協会，1998年）で初めて提起した「子育て共同参画社会」の集約的理念として使用してきた。
2. それを受けた金子『社会学的創造力』（ミネルヴァ書房，2000年）では「子育て負担金」と命名して金子編『高齢化と少子社会』（ミネルヴァ書房，2002年）を経て，金子『都市の少子社会』（東京大学出版会，2003年）で本格的に提起した概念である。
3. その内容は未婚既婚の別なく，子どもの有無を問わず，30歳以上の国民は例外なく，子育てのためにこの「基金」に一定の金額を払い込むものであり，介護保険の理念と同質である。
4. 「子育て基金」から，20歳までの子育てを行う国民の事情に応じて，等しく資金を貸与もしくは配分を行う。理想の子ども数にならない理由の1位は，子育てや教育にお金がかかる（60%）「国立社会保障・人口問題研究所「出生動向調査」から，これを緩和する目的がある。
5. 「子育て基金」からの援助は，子育て中の国民が感じる経済的，時間的，身体的，精神的な諸負担軽減のためにのみ用いられる。
6. 現行の保育制度が抜本的に変わるまで，在宅を基本にした子育て家族に優先的に配分される。
7. 20歳までの子育て家族にも「子育て基金」への払い込みは行ってもらい，負担の社会的公平性を堅持する。
8. 「子育て基金」による政策は合計特殊出生率1.29を下げ止まりと仮定し，数年前のフランスの1.80を取りあえずの増子化反転目標とする。
9. したがって，「周知の生めよ殖やせよ」批判は当たらないものとする。この種の批判は人口再生産基準である2.08を超えた時点から考慮する。なぜなら，1.80に反転しても，総人口は確実に減少していくのだから。
10. 「人口半減法則」の作動を現代日本で食い止めることは，まだ見ぬ次次世代への現世代の責任であり，同時に一定水準での国際貢献への基盤にもなりうると考える。

児童ゼロ作戦に集約される保育育児中心主義を超える。(5)「社会全体」で、男女間、世代間、世代内間、都市農村間、中央地方間における「共生」のあり方を「子育て共同参画社会」として追求する。(6)三〇歳以上の「社会全体」で二〇歳未満の子ども育成のために「子育て基金」を立ち上げる。(7)国民の受益だけではなく、国民の負担のあり方も論じなおす。(8)少子化対策を超えた合計特殊出生率一・八〇程度の増子化社会を展望する。(9)「子育て共同参画社会」を経由して、最終的な「老若男女共生社会」を目指す政治のために、若者の意見がもっと反映されるような抜本的な選挙制度改革を始める。この順序は不動であるが、残された時間はあまりない。

筆者が推薦する基本図書

金子勇『都市の少子社会』東京大学出版会、二〇〇三年。
ポール・スピッカー（阿部實ほか訳）『福祉国家の一般理論』勁草書房、二〇〇四年。
竹崎孜『スウェーデンはなぜ少子国家にならなかったのか』あけび書房、二〇〇二年。

（『日本の論点二〇〇五年』文藝春秋、二〇〇四年）

38　少子化対策に潜む「不公平」を正す

資源の適正配分

マクロ社会学から見た従来の「少子化対策」は、社会資源の適正配分問題へと具体化し、二者択一の配分問題とみなすと、分かりやすくなる。この「資源の適正配分論」は、少子化克服に不可欠な、複数の課題を自動的に呼び起こす。

筆頭の課題は、まず(1)専業主婦・仕事と家庭の両立ライフ実践女性間、(2)子育て者・子育てフリーライダー間、(3)保育要件に欠ける保護者・欠けない保護者間などの国民各層間において、政府予算に見られる社会的不公平性を解消する努力がなされているかどうかに集約される。

第二が、政策項目上の優先順位の発想は、政界、官界、財界、学界などで共有されたか。第三が、官庁間の利害調整や面子が優先され、少子化克服という根本課題が立ち消えていないか。第四が、少子化対策のための短期的事業は、長期的な社会全体の少子化克服にどこまで効果があると見るか。第五が、少子化対策の長期的事業は目標年次に合計特殊出生率をどう想定しているか。

これらの五点の課題に対し、行政ではなく与野党を問わず政治システムは見識ある判断機能を持っているだろうか。少なくとも現在までの「少子化対策」では、選挙対策など状況的な政治力学に資源配分の優先順位が左右されるために、政治による合理的制御の可能性を持ちえていない。

今後の「少子化克服」には、社会的不公平性により生じた格差を解消することが根本であり、前述したような両者の立場に配慮しないと、問題解決の指針が得られない。この数年私は、問題解決の指針を得るために、四本の〝補助線〟を引いて検証してきた。

一つは、必要十分条件という発想からの、「社会全体」による少子化対策の具体化である。

一本目の補助線

少子化の二大原因は、未婚率の高さと既婚者の出生力の低下である。現職の少子化担当大臣が強調する男女共同参画社会論に基づく「仕事と家庭の両立ライフ」を支援する施策は、後者のみに配慮している。しかし、〇五年末から急増した小学生の下校時における犯罪被害などを考慮すると、「地域と家庭の両立ライフ」実践者であり、「地域ぐるみ」の見守りなどの主力となる専業主婦の存在も、コミュニティで重要な機能を担っていることは明白である。

このような現状を踏まえると、これまでの政府主導の少子化対策は、「保育充実」や「両立ライフ支援」を中心とした必要条件にすぎなかったとみなせる。しかし、本気で少子化克服を目指すならば、速やかに未婚者も含め「社会全体」で取り組む「十分条件」を考えた方がいい。

なぜなら少子化に関連する法律には「社会全体で子育てに取り組む」とわざわざ明記してあるのに、肝心の「社会全体」が定義されていないからだ。私は、既婚未婚の区別もなく、子育てをしていてもしていなくても、三〇歳以上の「社会全体」構成員は次世代育成に一定の義務があるとみてきた。国民に子育ての辛さを尋ねると、経済的な負担の重さが最も多い回答として寄せられる。この負担を社会全体で共有する制度をつくることが「社会全体」からの取り組みの「十分条件」の事例になる。

そこで私は、少子化克服のための十分条件として「子育ち資金」制度を提唱してきた。月額五〇〇〇円程度の子ども手当てではどうにもならないので、二三〇〇万人に上る一八歳未満の子どもがいる家庭に毎月四万円を支援するのである。一人当たり年四八万円、全員に支給したら約一一兆円だ。毎月四万円の援助を保育や教育に回すのか、生活費で使うのかは各家庭が判断する。

表1　子育ち資金内訳

年金から1割（65歳以上2500万人による負担）	4.6兆円
子育て基金（30〜64歳6000万人による年収の1％負担）	3兆円
消費税（国民全員，2％上げると4.6兆円）	4.6兆円

この制度のための財源は、三つ想定できる。一つは、高齢者による支援の財源として現在四六兆円の年金の一割を想定し、六五歳以上二五〇〇万人から四・六兆円を次世代育成に充てる。[1]二つ目が、介護保険と同じ論理の「子育て基金」制度をつくり、三〇～六四歳の国民の総計約六〇〇〇万人から平均年収五〇〇万円の一％（平均約五万円）を拠出してもらい、三兆円を生み出す。そしてもう一つが、一％の上昇で二・三兆円の財源を生み出す消費税を、二％引き上げる。これで四・六兆円になり、合計した「子育ち資金」一二兆円を捻出することができる。

もちろん、子どもを生む、生まないは個人の自由である。しかし、次世代を育てる義務は誰にでもある。子育ての環境を向上させなければ、高額医療制度を含む医療保険制度や年金制度などの「公共財」が壊れて、「社会全体」が困るからだ。

この主張が荒唐無稽であると絶えず批判が繰り返されてきたことは、私も承知している。しかし、いくら「フランスやスウェーデンでは補助金や税制によって潤沢な子育て支援を行っている」と紹介しても、その原資である一般消費税などの国民負担率がまったく異なるのであれば、日本では現実的な力をもち得ない。両国の子育て支援の成功要因は、職場復帰の容易さと手厚い子育て支援に尽きるが、それとともに一般消費税の高さ（フランスは一九・六％、スウェーデンは二五％）に伴う国民負担率の高さにも触れることが公平な議論ではないだろうか。

二本目の補助線

国民の各レベルの世論調査を見ると、少子化問題の筆頭は経済的側面における子育て負担の重さである。この負担についてどのような支援策を考えるかが、二本目の補助線である。

経済的負担感は、子育てをしている夫婦は軽く、子どもがいない世帯に重く感じるという逆説的な特徴がある。この原因は、マスコミによる過剰なまでの「子育て負担」の報道に求められる。その意味で、マスコミによる少子化報道もまた「構造改革」の時期にある。

内閣府の調査によれば、五歳までの児童のうち、保育園児の比率は全体の二二％にすぎない（『平成十七年版　少子化社会白書』）。ゼロ歳児の入所率は三・九％、一歳児が一六・九％、二歳児が二四・五％である。(2) このグループに限っていえば、残りの八五％に達する子どもが在宅で育児されているのに、待機児童ゼロ作戦の遂行者たちはこの一五％の少数派のみの支援だけを強調してきた。これは子どもの福祉や人権の面からも、「待機児童ゼロ作戦」の持つ不公平性といってよい。ただし、今国会で法案が提出された「認定こども園」構想が実現すれば、保護者の就労の有無が問われない子ども施設ができる。幼稚園と保育園の両者の機能を備えた認定こども園の増加は、少子化克服の柱の一つになることが期待される。

札幌市の例

おそらくこれからの少子化する高齢社会における世代共生に不可欠な論点は、社会的不公平性の緩和である。「待機児童ゼロ作戦」に固執する政府には、その作戦が大がかりな社会的不平等を引き起こすことへの配慮が欠けていたし、現在もそうである。

前述の『少子化社会白書』は、保育をめぐる負担と受益を具体的に明らかにしていないので、札幌市の実例でその不公平性を証明しよう（以下は、札幌市の〇六年度予算）。

〇五年五月現在、札幌市におけるゼロ歳児の入所率は七・六％、一歳児が一六・〇％、二歳児が一九・〇％であった。就学前五歳児までの居場所は表2の通りである。五歳までの全体で概算すると、保育所に入所している比率は一八・五％だ。三歳から五歳までの児童は三〇・三％が幼稚園にいて、五歳児まで家庭を居場所とする児童比率は五一・二％と過半数を占める。

就学前のこうした実態を受けて、札幌市の「子ども未来局」（少子化対策など子どもに関する施策を行う）が管轄する保育関連予算の総額は、二〇二億三五〇〇万円であった。保育関連予算とは、公立保育所と民間保育所の人件費、給食費、保育材料費、光熱水費、その他管理費、事業費に充当される。

在宅子ども支援用と公立・民間の両保育所支援の配分状況は、保育関連予算のうち、実に九八・三％が保育所支援に向けられている（表3）。これは、札幌だけの例外ではなく、全国の市町村の実情に近い。

在家庭と保育所入所児童の人数と比率を計算すると、幼稚園の管轄は教育委員会でその支援費目が子ども未来局にはないので、幼稚園児の数を削除する。そうすると、在家庭・保育所入所児童の総数は六二八六〇人になる。内訳は、保育所入所率が二六・六％、在家庭率が七三・四％だ。

つまり、札幌市では約二七％の保育所児童のために保育関連全予算の約九八％が投入され、七三％の在家庭児童への支援は二％未満だけである。しかも、この二％の予算は、八項目にわたる子育て支援サービス全体の合計である（表4）。

もう一つの驚くべき不公平性がある。それは「保育要件を満たした」ためわが子を保育所に入所させることができた親は、その支払う保育料と対価となる保育サービスの膨大な差額を享受して

表2　札幌市における就学前五歳児までの居場所

（％）

	在家庭	保育所	幼稚園
ゼロ歳児	92.4	7.6	0
1歳児	84.0	16.0	0
2歳児	81.0	19.0	0
3歳児	41.0	22.1	36.9
4歳児	6.8	22.6	70.6
5歳児	4.7	22.7	72.6

（出典）　札幌市子ども未来局配付資料。

表3　保育関連予算の配分状況

	金　額	比　率
在宅子ども支援	3億5300万円	1.7%
保育所支援	198億8200万円	98.3%

（出典）　札幌市平成18年度予算書。

表4　在宅の子育て支援サービス項目メニュー

サービス項目	予算額（百万円）
子育て支援総合センター	13
区保育・子育て支援センター	130
地域子育て子育て支援センター	16
児童会館の子育てサロン	76
地域主体の子育てサロン	4
さっぽろ子育てサポートセンター	11
一時保育	80
子育て支援短期利用事業	23

（出典）　札幌市平成18年度予算書。

表5　一人当りの保育所運営費と保育料（月額）

	保育料（円）	運営費（円）
ゼロ歳児	19,588	197,495
1・2歳児	19,588	126,452
3　歳　児	14,919	73,468
4・5歳児	13,909	66,255
平　　均	16,371	89,064

（出典）　札幌市平成18年度予算書。

いるという事実である。

表5は「一人当たりの保育所運営費と保育料」（月額）である。これは年齢別入所児童一人当たりに使用される、税金による運営費合計と、保護者が毎月支払う保育料を対比させた資料である。

表から鮮明なように、例えばゼロ歳児保育には一人当たり毎月の運営費が約二〇万円かかっているのに対して、その保護者が払う保育料平均は二万円にすぎず、一割に満たない額しか払っていない。

念のために、国の基準と札幌市の基準を紹介しておこう。国の場合、三歳未満の児童の保育料の最高額は八万円を限度とする。これに対し、多くの政令指定都市では国の基準のほぼ七割から八割が最高額として設定されており、札幌市では五万九五〇〇円を最高額とする。すなわち、ゼロ歳児保育であれば、国の基準額で所得に応じて月額最高八万円を払う義務があり、札幌市では約六万円を上限に支払うことになる。しかし、現実には平均二万円で済むのである。なぜなら、保育料の基準は全年度の市町村民税や所得税の多寡により、国は七区分、札幌市は一一区分の設定がなされているからである。生活保護世帯が該当する区分の保育料は三歳以上でも未満でもゼロであり、市町村民税や所得税の額に応じて段階を経るにしたがって徐々に高くなる。

つまり、ゼロ歳児保育の保護者が月額平均二万円しか払っていないということは、低所得階層の児童が多いことを窺わせる。これにはもちろん十分な社会的配慮が必要であるが、それにしてもゼロ歳児保育における運営費と保育料との差額が一八万円であるという事実や、平均でも運営費が八九〇〇〇円、保育料が一六〇〇〇円という五倍もの受益に、保育要件に欠けると判断された専業主婦はどのような感想を持つだろうか。これを格差といわずに、何というのだろうか。

三本目の補助線

さて、全国の自治体では、たくさんの少子化対策関連事業が予算化されている。北海道庁は一一七、札幌市は二〇二の事業がある。ほとんどが政府枠内の事業であるが、独自対策とされるものもある。例えば、北海道庁の「世話ずき・世話やき隊」(すきやき隊)は、地域の子育て支援ボランティアの組織化を目指すが、ここには日本の少子化対策の欠陥が象徴されているように思われる。

まず、肝心の少子化対策とは何かが明示されていない。この三本目の補助線にしたがって確認すれば、「すきやき隊」は子ども育成支援事業ではあるが、少子化対策になるのかどうか、明らかではない。つまり、〇六年度予算で七八三万円の事業によって、全道での合計特殊出生率の反転が可能かどうかへの目配りは、皆無に近いのである。

確かに「少子化対策とは、目的の達成に向けての全ての取組」(「北海道子どもの未来づくりのための少子化対策推進条例」定義第二条)と明記はしている。しかし、つまるところそれが合計特殊出生率で表示される数値の低下を食い止めることなのか、現状維持を狙うことなのか、または積極的な反転を志向するのかといった点がまったく具体的に明らかになっていないのである。

したがって、予算を振り向けられた少子化関連事業は栄えるが、合計特殊出生率の低下は進むという

表6　理想のライフスタイル

（％）

両立型	39.9
再就職型	27.9
専業主婦型	21.7
その他	10.5

（出典）北海道「少子化に関する道民意識・ニーズ調査」（平成15年度）。

危惧が、常に隠れている。そしてこれは、北海道庁の事例というよりも、厚生労働省や内閣府が主導する少子化対策事業も同じであることを強調したい。

四本目の補助線

最後に、男女共同参画社会基本法の理念の浸透を示す北海道の事例を提供しておこう。〇五年一二月、北海道庁は少子化対策パンフを「小学校四～六年生向け」「中学生向け」「高校生向け」の三種類作成し、学校経由で該当する児童・生徒全員に配布した。そのなかの高校生向けパンフレット「考えてみよう、北海道の少子化問題」に掲載されているデータ解釈に、はっきりした誤りがある。

「理想のライフスタイル」を問いかけた「少子化に関する道民意識・ニーズ調査」（〇三年度）では、結婚して子どもを持ち、夫婦で協力して働きながら育てたいという「両立型」（三九・九％）と、結婚して子どもを持ち、どちらかが仕事を辞めるが子どもが大きくなったらまた働きたいとする「再就職型」（二七・九％）を合計し、「育児と仕事の両立」を希望するが六七・八％とされたのだ（表6）。

これは、男女共同参画社会基本法の理念にすり寄ったあからさまな解釈である。まったく異なるカテゴリーを無理やり合計して「仕事と育児の両立を希望しています」と高校生向けのパンフに記載する根拠は何か。

担当者が調査データ処理に無知でなければ、結婚して子どもを持ち、妻が仕事を辞めて子どもを育てたいとする「専業主婦型」（二一・七％）を低いと印象付けるための意図的な操作であるといってよい。むしろ、「両立型」と「非両立型」として後者が六〇・一％であるという読み方が正解に近い。

このような非学問的レベルのデータ処理では、緊縮予算のなかで数百万円をかけた道民世論調査は生かされないだろう。いずれにしても税金で高校生に配布するパンフレットとしてはふさわしくない。裏表紙の知事の署名が泣いている。

これが少子化対策見直しのための四本目の補助線で、現在の少子化対策と男女共同参画社会づくりの理念の接点に位置する大きな問題を構成している。四本の補助線いずれも多方面から取り組みたい課題である。

注

(1)　二〇一一年の年金給付総額は五三兆六二三億円であった。内訳は、国立社会保障・人口問題研究所『二〇一三年度社会保障費用統計』二〇一三年一二月、に詳しい。

(2)　厚生労働省が二〇一三年一〇月四日に報道発表した資料によれば、四月一日時点でのゼロ歳児の保育所利用は九・八%、一・二歳児合計で三一・〇%、全体では三三・一%であった。

(『エコノミスト』二〇〇六年四月二五日)

39　少子化対応の新しい制度の創造

少子化対策とは何かを明記する

日本の少子化克服には、定番の待機児童ゼロ作戦や仕事と家庭の両立ライフの推進だけではなく、国民全体にわたる社会的不公平性の解消方法まで目配りしたい。男女、世代、都市と過疎地域、既婚者と未婚者、両立ライフ実践者と専業主婦などの両方の立場に配慮しないと、問題解決の指針すら得られない。

緊急かつ重要な論点を三つに絞る。まず少子化対策とは何か。一・二九まで落ちてきた合計特殊出生率（一人の女性が生涯平均何人子どもを産むかの推計）の低下速度の緩和か、その低下の阻止か、反転させて五年後に一・四〇を目標とするのかを政府は鮮明にする責任がある。また、少子化対策を打ち出した時限立法である「次世代育成支援対策推進法」の期限が切れる二〇一五年を最終目標として、少子化対策の具体的数値目標を掲げたい。目標が無いままだと、数多くの少子化対策関連事業は栄えるが、合計特殊出生率の低下が進むという危惧を強く持たざるを得ない。政府や自治体を問わず、すでにこの兆しが見え始めている。

第二点は、各方面から必要十分条件の発想による網羅的な少子化対策がほしいということだ。従来、少子化の原因には未婚率の高さと既婚者の出生力の低下が指摘されてきた。過去一〇年間の、保育を最優先した「新旧エンゼルプラン」も仕事と家庭の「両立ライフ」支援も後者への対策であった。しかもこれは少子化対策の「必要条件」に過ぎない。原因が二つあるのだから、両者に対応するのが自然である。そしてその試みは社会全体で取組む「十分条件」への配慮へと繋がる。

九州地方知事会による提言

これには先例がある。二〇〇四年五月に九州地方知事会は「育児費用の社会的支援等に関する中間報告」を発表して、私が十分条件とみなす「社会全体での育児費用負担」方法を提言した(1)。

国民に子育ての辛さを尋ねると、一番多いのが「経済的な負担の重さ」という回答になる。同じ認識で私は、介護保険と同様な論理の「子育ち資金」制度を八年前から独自に構想してきた。発表当時大きな話題にはならなかったが、九州地方知事会の「中間報告」も社会全体で経済的負担を共有しようという発想を基盤に持つもので、少子化対策の手詰まり感が強い今日では、再検討の意義が十分にあると考える。

ただし、私の財源論は知事会の「中間発表」とは異なる。

社会全体で取組む

すなわち第三点として、六五歳以上からその年金総額四六兆円のうち四兆六〇〇〇億円を次世代育成に回してもらい、三〇歳から六四歳までの日本人合計六〇〇〇万人が年間五万円の拠出でつくる三兆円との合計七兆六〇〇〇億円を、「子育ち資金」財源とする制度を主張する。これだとゼロ歳から一二歳までの一四〇〇万人に年間四八万円（月額四万円）の「子育ち資金」六兆七〇〇〇億円が出せる。子育ての経済的負担を世代共生の観点で共有するのだ。

複数の少子化対策関連法には「社会全体で少子化に取組む」とあるのに、肝心の「社会全体」の定義がなかった。私はそれを、既婚未婚の区別もなく、子育てしてもいなくても、三〇歳以上の「社会全体」を構成員とし、構成員には次世代育成に一定の義務があるとみる。高齢者が一割の年金を我慢し、三〇歳以上が年収の一％である五万円を次世代育成に回すことが、「社会全体」で取組む少子化克服の特効薬になる。

この考え方を素材にした世代共生論こそ「子育ち資金」制度の根幹にあり、その是非を巡って新しい少子化克服論が誕生することを期待したい。

注

(1) 全国知事会は二〇一三年に「少子化危機突破基金」を提言して、各方面にその実施を働きかけている。あわせて、政府の「少子化危機突破タスクフォース」も同じ「基金」の創設を求めるに至った。ただし、その内訳は税金を軸としたものである。

（『西日本新聞』二〇〇六年四月四日）

40　社会全体での子育て克服

「老人問題」を超えて

一九九〇年代の初めまで、日本では高齢社会の研究を「老人問題」と矮小化する伝統があった。同様に平成の世になってからの一五年間、少子化問題を保育一辺倒の議論で処理するというフェミニズム論に立脚した少子化対策が政府によって推進され、合計特殊出生率を指標とする少子化に歯止めがかからなかった。この一五年間の過ちは現職の厚生労働大臣が二〇〇五年二月の国会答弁で正式に認めたので、それ以降は保育も含みつつもっと対策の幅を広げる努力が行われるようになった。しかし、前内閣の「待機児童ゼロ作戦」に象徴される保育重視路線が、簡単に転換できるとは思われない。

なぜなら、少子化問題の解決には、単なるフェミニズム論だけではなく、何よりも社会全体における世代間の協力が必要だからである。加えて、社会各分野の格差是正と平等達成、国民負担と受益のバランス、フリーラーダー問題の解決、少子化対策の長期的構想と短期的視点、政策の決断と実行、動員可能な社会資源の現実等を直視し、しかも総合化する知力が求められるからである。

高齢社会が「老人問題」に収束しないのと同じく、少子社会は「待機児童ゼロ作戦」だけで解決するほど甘くない。いずれも「少子化する高齢社会」が到来することを前提として、二一世紀日本社会の本質的あり方と個人の真摯な生き方にまで踏み込んだ議論をしなければ、抜本的克服の見通しは得られない。

九月末の安倍首相の所信表明演説から窺える少子化関連施政方針は、「内閣の総力をあげて少子化対策に取り組み、『子育てフレンドリーな社会』を構築します」という文章に集約される。そのための大項目には、出産前後や乳幼児期における経済的負担の軽減、子育て家庭に対する総合的支援、子育てを応援する働き方の改革、子育ての素晴らしさや家族の価値を社会全体で共有できるような意識改革が挙げられた。

これらはすべて言葉だけとしても重要な内容を含んでいるから、政権の勢いがあるうちに少子化対策の具体的な定義、子育て支援現状の分析と支援達成目標年次の指標設定、目標達成のための資源配分基準の明示、責任部局の一本化等を速やかに行ってほしい。

最優先事項　とりあえずの最優先事項は、その少子化対策として、(1)合計特殊出生率低下のスピードを落とすことを狙っているのか、(2)低下そのものを食い止めるのか、(3)低下を食い止めて反転させるのかを首相が明言することである。私はこのうち反転を目指す立場であるが、政府はできるだけ来年度概算要求時期までに、この三点のうち何を少子化対策と見るのかを宣言することが望ましい。政治が少子化対策とは何かを定義しないから、中央政府でも地方行政でも少子化対策関連事業の予算の拡大が一番の対策だという雰囲気が定着してしまった。

例えば二〇〇六年度の北海道における少子化対策には、(1)中学生、高校生の少子化対策委員会を作る、(2)子育て支援の集団として「世話ずき・世話やき隊」を作る、(3)木製遊具と触れ親しむ機会を創出する、(4)道産水産物の利用促進を図る、(5)親しみやすい川や子どもたちの川づくりをする、(6)北海道の歴史を展示し、子ども講座を実施する、などといったことさえも少子化対策事業に含まれてしまった。これは首を傾げるような総花主義の典型であり、総事業数は実に一一七本を数える。国政レベルも同じである。しかし、それらの事業により、合計特殊出生率がますます低下するのか、下げ止まりか、または反転可能かへの目配りは皆無に近い。行政では、単年度事業を行った結果、何がどう変わるかという思考方法が無いのである。

少子化関連事業は栄える

私の危惧の筆頭は、北海道に典型的に見られるように、予算化された少子化関連事業は栄えるが、合計特殊出生率の低下は進むところにある。一九九四年からの「エンゼルプラン」、九九年からの「新エンゼルプラン」、そして二〇〇三年に成立した「次世代育成支援対策推進法」と「少子化社会対策基本法」、並びに二〇〇五年「子ども・子育て応援プラン」では、少子化克服のために保育支援を重点的にした政策展開が行われてきたが、その効果に乏しく、合計特殊出生率は着実に一・二五まで低下してきた。

もちろん広い意味での「少子化対策関連予算」が、二〇〇六年度の一兆五一六四億円から二〇〇七年の概算要求段階で一兆六七四五億円に増額したことは評価される。しかしそれは、社会全体の負担の増加による増額ではなく、関連一〇府省庁の要求額の合計にすぎない。新政権では、せっかくの貴重な予算を有効活用するために、実践的な少子化対策の定義をして、それに基づく優先順位を決定したい。私は専業主婦の子どもにも開放された保育と小児医療の充実こそが最優先課題と見る。

景気回復で出生数が増えた

そうしないと、上半期（一月から六月）の出生数累計が前年比で二・二％増え、景気回復に伴う結婚の増加による少子化の解決の見通しが本年の夏頃から意図的にマスコミに流され始めたことにより、少子社会という危機感が薄れてしまうからである。前少子化担当大臣だった猪口氏はこの種の発言を夏から秋にかけて盛んにされていたが、もし言われるように婚姻数が増えたから、出生数が増えたというのであれば、この一五年間毎年の合計で一兆円前後の膨大な予算を投入してきた政府の「少子化対策」は一体何であったのか。保育を軸とした細かな少子化対策事業は、景気の回復による婚姻の増加と出生数の増加に代替されてしまうものか。もはや「待機児童ゼロ作戦」

も「両立ライフ」支援も不要になったのか。そうではないであろう。

私は「景気の回復、婚姻の増加、出生増加、少子化怖くない」という関連が一人歩きすることを恐れる。「少子化する高齢社会」では、少子化を食い止め、世代間・世代内格差を是正し、子育てフリーライダーの弊害をなくし、負担と受益のバランスを図ることが本来の政策であろう。政治の力量を高めるためにも、社会全体からの少子化克服策を作り、全員参加での負担と受益のシステムを再編成するという試みこそが一番有効な方法ではないか。

仮定法論議をやめる

そのためには、人口動態面における少子化、高齢化、過疎化などが同時進行する日本社会においての仮定法論議をやめ、観察された事実に依拠した議論を各方面で開始することである。例えば、「人口減と地域経済・社会をうまく均衡させれば、住みよい地域を築けるはずだ」というような仮定法がまだ用いられている。しかし私たちが知りたい「うまく均衡させる方法」を、このような論者は決して語らない。このような仮定法は真面目に人口問題に取り組む姿勢とは無縁である。この種の言明よりも、真摯で建設的な発言が欲しい。それは負担と受益を一緒に議論する第三の道である。

私はその手掛かりになればと思い、二〇〇六年前半に『少子化する高齢社会』（日本放送出版協会）と『社会調査から見た少子高齢社会』（ミネルヴァ書房）を上梓して、社会全体による「子育て基金」の設立を訴えた。

子ども保険と育児保険

幸いなことに、私と同じ様な文脈で、同じ時期に、社会全体を実質的には国民全体とする具体案が相次いで出された。例えば野田聖子衆議院議員がそのホームページにおいて「子ども保険」を構想し、また佐賀県古川知事も独自に「育児保険」という表現で精細な内容を公表したのである。「子育て基金」、「子ども保険」、「育児保険」の表現はともかく、このような国民負担の問題まで踏み込まないと、「少子化克服」に社会全体で取り組むことにはならない。

しかし政府はこのような社会全体での取り組み試案をまだ黙殺している。マスコミの多くも、依然として一方では政府案における「児童手当」や「育児休業給付」などの財源が不透明であると非難しながらも、自前の「社説」では積極的な新案提示ができていない。加えて、相も変わらず「欧州各国では手当重視の方向だ」と紹介して、ある程度は「対策」がうまくいっている「欧州」を引き合いには出すものの、そこでの国民負担率が五五％から七五％、消費税率ですら一五％から二五％にも達する「高度負担国家」であることには決して触れないという伝統を堅持している。

しかし、例えばフランスの現在の消費税は一九・六％、国民負担率は六五％なのであり、日本の五％や三八％程度の負担とは根本的に異なる。国民が多く負担するから、フランスの「第二子」への家族手当支給額が日本の三倍の一五〇〇〇円になるし、また、「公立なら高校まで誰でも無料」も可能になる。この程度の情報はもちろん政府もマスコミ各社も持っているはずなのに、決して分かりやすく公開しないのはなぜだろうか。良い意味での情報公開が今こそ必要なのだ。

四つの課題

最後に、少子化を、どのように認識して、そこから政策に導き出すために、今後の「少子化対策」課題を箇条書きでまとめてみよう。

(1)　少子化は年少人口率が持続的に低下する人口変動であるから、その分析にも対策にもジェンダー論に立脚する「男女共同参画」だけでは限界があり、ジェネレーション論の応用としての「世代共生」の発想が不可避になる。これまでの男女共同参画イデオロギーのみでは、年金問題、医療保険制度への展望が生まれない。「老若男女共生社会」への視点が不可欠である。

(2)　世代の根幹は「家族」にある。国民は「家族のきずな」を志向しているのに、男女共同参画イデオロギーでは「家族の個人化」がテーマとされ、国民ニーズの実態とかけ離れている。

(3)　『平成一七年版　少子化社会白書』で初めて広く公開されたように、保育所児童はゼロ歳児が三・九％、一歳児が一六・九％、二歳児が二四・五％であり、残りの大半は在家庭で専業主婦である母親が軸になって子育てをしている。この現状を考慮しない「待機児童ゼロ作戦」は、子どもの権利擁護とは無縁なままに、日本全体では二二％、札幌市では一八・五％の保育所入所児童への支援とこの部分のみの拡大を狙ってきた性格を濃厚に持ち、結果的に社会的不公平性を強めるという逆機能を帯びてしまった。

(4)　在宅で子育てをする女性への支援は今でも皆無に近い。例えば札幌市での平成一八年度予算書では、保育関連予算総額が二〇二億円のうち、保育所関連が実に一九八・八二億円（九八・三％）あまりであり、在宅子ども支援は「子育て支援総合センター」、「子育てサロン」、「一時保育」などを合計してもわずかに三億五三〇〇万円（一・七％）であった。これを不公平性や格差と呼ばずして、なんと言うのだろうか。

団塊世代全員が残らず六五歳を超える二〇一五年に向けて、社会的不公平性を解消する努力がなされているか。政治は見識を持って優先順位を確定できるか。国民の自由なライフスタイルを認めあいつつ、社会全体で次世代育成を義務とする社会システムをいつまでに創造するか。新政権ならずとも、少子化克服にとって、これらこそが緊急な課題である。

（尾崎行雄記念財団編『世界と議会』第五〇七号、二〇〇六年一一月）

41　少子化対策でフランスに学びたいこと

この八年近く専門としてきた日本の少子社会研究の延長線上で、フランスにこだわっている。先進二二カ国のうちフランスだけが合計特殊出生率の一貫した反転に成功したからである。フランスの合計特殊出生率が最低の一・六五を示したのは一九九四年であったが、二〇〇五年には一・九四にまで戻した。同じ年に日本は一・二六であったという事実を念頭において、フランス人の子育て意識や家族関係に関心をもち、高い出生率を支える子育て家族支援制度を研究している。(1)

フランスの成功

二〇〇五年に日本の内閣府が実施した国際比較調査では、日本とフランスの間には多くの項目で相違が明らかになったが、「少子化の責任主体は誰か」への回答には違いが認められなかった。両国ともに「国民ひとりひとり」に少子化の責任があるとするのは約五割、「国」の責任が三割、「誰にもなし」一割がその内訳である。

日仏の国民性の相違

それ以外の「結婚したら子どもは持つべきか」という質問では、フランスよりも日本に「持つべき」が目立った。しかし「持つべき」とは裏腹に、実際には日本の合計特殊出生率は減少中である。逆に「持つべき」と「そうは思わない」が拮抗するフランスでは、出生率が伸びた。このように、両国の国民性にはかなりの違いがあり、両国間には子どもの産み方にも顕著な差が見られる。結婚関係以外の出産率（婚外子率）はフランスの四四％程度に比べて、日本では二%に届かない。

一般にフランスの出生率の底上げに寄与しているのは、離婚再婚を繰り返す「再構成家族」の出生率の高さ、三人目の子育てへの経済的支援の手厚さ、加えて全体で七%を超える北アフリカ系、ヨーロッパ系、旧インドシナ系移民の示す高い出生率などである。これらはすべてフランス的な個別事情だが、日本の少子化傾向を食い止め反転させる原動力のヒントとして、日本でも応用可能な三点を指摘しておきたい。

日本でも応用可能な支援策

一つには、フランスで制度化された「公認保育ママ」が持つ近い、安い、安心という保育機能である。子育て経験があり、一定の公的資格を持つ女性が自宅で他人の子どもを預かり、保育を行うこの制度は、日本の専業主婦の子どもにも幅広い保育の機会を提供することになるから、少子化克服策の一環として導入議論を開始したい(2)。

第二には、移民も含めたフランス人全体への政府の手厚い家族支援のうち、権利として勝ち取られてきた子育て関連休暇制度を積極的に検討したい。何しろ出産休暇だけでなく、出産時では父親休暇も保障され、養子縁組しても養子休暇がある。もちろん子どもの病気の際や学校などに親が付き添う際の休暇等もある。これらのうち、何をどうすれば、日本でも育児休暇制度が広げられるかを論点にしたい。

全国家族手当基金に学ぶ

第三には、フランス全体の手厚い家族給付を引き受ける「全国家族手当基金」(CNAF)の機能が大きいので、日本で長らく私が提唱してきた「子育て基金」(一億二七〇〇万人で一三兆円)の有効性を主張したい。なぜなら、企業六割、政府二割、その他寄付など二割の内訳をもつCNAFの財源は六二〇〇万人のフランスでは約七兆円になり、「子育て基金」と規模が類似していたからである。ただし消費税一九・六%に見るように、フランスの租税や社会保障費面での高負担が、国民が受け取る潤沢な家族給付の前提にあるのは当然である。

国民性や社会制度が非常に異なるので、単純なフランス模倣は不可能だが、差し当たりこれらの三点を軸にした現地での子育て支援や家族関係調査から、日本でも有効な少子化克服策を模索することには一定の意義があると考えている。

注

(1) 二〇〇八年には、二・〇〇を超え、その後もほぼ同じ水準を維持している。

(2) 「保育ママ」制度は日本でもすでに機能している。たとえば東京都葛飾区の「保育ママ」は「家庭福祉員」とよばれ、区内在住の生後三六日から三歳未満の子どもが対象になる。定員は三名から五名。保育時間は午前八時から午後四時までだが、時間延長も可能である。保育料月額は二万円、雑費が三千円、その他食費、おむつ代などの実費がかかる。詳しくは葛飾区ホームページ参照。

(『西日本新聞』二〇〇六年一二月一九日)

42　産み育てる社会環境づくりのために

日本新記録の子ども数

総務省推計をもとに、こどもの日に「年少人口」（一五歳未満総数）が新聞各紙で一斉に発表された。四月一日付で一七二五万人となり、一九八二年から二七年連続の減少である。総人口に占める割合を示す年少人口率も、三四年連続の減少で一三・五％に落ち込んだ。(1)

数年前から日本の年少人口率は、人口三〇〇〇万人以上の世界三一カ国のうち最下位である。(2) それは次世代からの活力の枯渇を意味し、急増する年金世代を支える基幹の倒壊を予兆させる。団塊世代八〇〇万人が六五歳を過ぎて年金世代となる二〇一五年に、年金や医療保険それに介護保険という世界的な優良資産が風前の灯になる。しかし、政界や官庁の不祥事と同じく、国民やマスコミでは最下位への驚きもなく、将来への危機感にも乏しかった。

産み育てる社会環境づくりによる少子化克服が超高齢社会と国民を救う方法である。そのため政府系の少子化対策でも、子育てに伴う経済的負担の軽減や「産み損、育て損」の社会的不公平性の緩和に留意しながら、地域での子育て支援システムづくりや、女性の社会進出に伴う機会費用への対処がなされてきた。これらとともに、今後は増子化のために、産み育てる医療と保育を軸とする社会環境づくりを筆頭の国策としたい。

減少する産婦人科医師と小児科医師

〇七年八月、奈良県で妊婦救急搬送中の死産が発生した。同様のたらい回し現象は全国的にもあることから、産み育てる医療現場の意義が少子化のなかで見直されている。医師総数は着実に増加する一方、産前産後の母子医療を支える産婦人科や小児科の医師は減少傾向にある。さらに、産科をやめて婦人科に特化する医療機関も増えている。産める医療環境の選択肢が狭まった結果、夜間急病センターとしての内科小児科の一次診療体制には及ばない状態が産婦人科では出始めており、二次救急と三次救急で精一杯の実態がある。

さらに、リスクが高いといわれる「未受診妊婦」の飛込み診療がある。「妊婦健康診査」は分娩まで一人につき一三回程度が望ましいが、経済的条件や地域的理由でそれを受けない妊婦も増加気味である。体調が急変した「未受信妊婦」は、救急医療機関に搬送されても、医師による容態の把握が難しいため、リスクが高まる。

なかには、分娩後に費用を払わない妊婦もいる。また、国保などの医療保険未加入の場合も増えてきた。これには医療機関というよりも行政の責任で対処するしかない。

優先度を高くしたい産み育て医療分野

産科医師の絶対数が不足であれば、一番近い内容の仕事ができる助産師に産める医療環境づくりに再度参入してもらえないか。また、産科医師の負担を軽減するような医療環境改善は可能か。例えば産科とは別に、相談機能をもつ院内助産所や助産師外来設置はどうか。同時に産科医師の不足と労働過重で大都市の夜間一次診察体制が不備ならば、周辺都市の産婦人科開業医師による協力体制づくりができないか。

社会制度としては、医療事故時に、医療従事者の過失の有無にかかわらず、患者や家族に金銭補償する「無過失補償制度」のような社会的配慮の必要性も高まっている。

これらは市町村医師会の努力だけでも市役所町村役場単独の公費負担だけでも解決しないから、県や国レベルでの緊急な決断と国民の支持こそが肝要になる。効果不明な五〇年先の温暖化防止策に毎年一兆円を拠出したり、一〇年間の道路予算を五九兆円も確保するよりも、産み育てやすい社会環境づくりで増子化をめざし、社会全体の負担で安心安全を保障する高齢者医療と介護の体制づくりを課題としたい。高齢化する日本で、世代を越えて国民全体が願う豊かさは医療・福祉・介護を軸とするものである。

（『西日本新聞』二〇〇八年六月二日）

注

（1）二〇一三年までこの傾向は続いているので、年少人口数は三二年連続で減少し、一六四八万人となった。また、年少人口率は三九年連続して低下し、一二・九％になった。

（2）現在は、人口四〇〇〇万人以上の二九カ国のなかで最下位である。

43 「職業としての政治家」の資質

松本清張の「速記録」

松本清張に「速記録」という短編がある（『失踪の果て』角川文庫所収、一九八七年）。これは委員会で質問の順番が回ってきた当選二回の代議士が、官庁役人に事前の質問も答弁も書いてもらい、本番でそれを棒読みしながら、馴れ合いの質問と答弁をするという物語である。その後その資料を某所に置き忘れ、これを手に入れた「政治刷新委員会」によって、恐喝まがいの「多額の寄付」を申し込まれるという清張独自の味付けがある。

この作品の初出は一九七九年であるから、三〇年後の今回の選挙には、与野党ともにこのような見識のない凡庸な候補者はもちろんいないであろう。

一般に政治の世界では、「過去・現在・未来」ではなく、「過去・未来・現実」が望ましい思考法である。なぜなら、政治は未来の創造に直結するために、想像される未来に向けて、現実を改変する行為だからである。この観点からすると、二大政党による将来設計図としてのマニフェストには、いくつかの疑問が湧いてくる。

誤った二重規範の解消

まず自民党の子育て支援策では、小泉内閣が重視した「待機児童ゼロ作戦」を相変わらず固守しており、「構造改革」との訣別になっていない。いわゆる専業主婦が在宅で子育てしている比率が五〇％を超える事実を無視して、保育所利用者が全児童のわずか二五％しかいないことを針小棒大に取り上げることの反省に乏しい。過去がそのまま未来に直進し、現実の改変に焦点化が置かれていないから、ユートピア色は皆無である。

また、「三歳から五歳までの幼児教育無償化」には保育も教育も含まれているが、「保育」を管轄する厚生労働省は、文部科学省の「幼児教育」に「保育」が取り込まれることを納得したのだろうか。また子育てする国民の筆頭ニーズである「教育費」増大の緩和は、幼児教育ではなく、むしろ高校や大学で実施するほうが喜ばれるだろう。

合わせて、低炭素社会を謳いながら、「エコ」ポイントを乱発してテレビやクルマなどまだ使える製品を廃棄することは、環境保全のユートピアへの近道にはなりえない。この官庁間における誤った「二重規範」の解消こそが、政治の本道である。

ユートピアより見識を

一方、民主党のマニフェストはユートピア色が濃厚である反面、財源問題への危惧が残る。子育て支援のための「子ども手当」自体は、私の「子育て基金」や佐賀県の「育児保険」と同様に家族への直接支援が現実化したものである。この理念は、待機児童ゼロ作戦という小泉内閣以来の重点策だった間接支援を変化させたことになり、意義は大きい。しかし、中学卒業まで一人月額二万六〇〇〇円は、現在の支出の見直しだけで継続できるものだろうか。政府支出における無駄の排除は当然だが、従来の議論で少子化対策の欠陥として指摘されてきた子育て費用の格差、すなわち一人の子育て総額が三〇〇〇万円であり、それをしなければゼロになるという問題は、「子ども手当」だけでは未解決のままになる。

また、目玉の一つである高速道路無料化には、混雑が伴うとともに通行量が飛躍的に増えるから、二酸化炭素の排出量も当然増大する。このレベルの環境論ではユートピアにはほど遠い。地球温暖化が高速道路無料化によって抑制されるとは思われない。

日本の現在は、歴史的社会的段階のどこに位置付けられるか。例えば、団塊世代全員が高齢者になる

「二〇一五年問題」は待ったなしである。どの政党がこの問題を正しく見据えているか。ヴェーバーがいうように、「職業としての政治」に邁進する資格は、情熱、責任感、見識の保持である。想像される社会全体の創造に関わる政治において、現実的発想ができないような議員候補や、松本清張の「速記録」のような失笑を誘う代議士は不要な時代である。

（二〇一一年書き下ろし）

第V部　環境問題のジレンマ

「ゴアの方舟」から離脱を

恣意的な温暖化論　優先すべき政策ほかに

北大大学院
文学研究科教授
金子　勇

七月上旬に開催された洞爺湖サミットでは、二〇五〇年までに人為的な化石燃料燃焼による二酸化炭素（CO_2）の半減を、「諸国と共に検討し、採択を求める」という議長総括で幕を閉じた。これは「何もしない」という業界用語なので、むしろ賢明な判断であった。なぜなら、地球温暖化は五十年後か百年後かの可能性の一つにすぎないからである。

経済活動の萎縮と同義

京都議定書に縛られないアメリカ、中国、インドの二〇〇五年CO_2排出量合計は、地球全体の45・5%を占める一方で、温暖化対策に熱心なEUと日本のそれは、地球全体の17・1%しかない。健全な常識からみれば、わずか4・7%の日本が毎年一兆円を拠出しても、地球全体のCO_2削減は不可能である。

とりわけ一九八七年以降の日本では、CO_2排出量と経済活動の指標であるGDPが完全な正比例関係に達したので、CO_2削減が総発電量を筆頭とする経済活動の萎縮と同義になった。だから本気でCO_2半減をするのなら、まずは総発電量の半減から始めることである。この順序逆転が日本で果たして可能か。

折しも「低炭素社会づくり行動計画」が閣議決定され、社会活動の停滞と経済活動の低迷に向けて、政府が音頭をとるらしい。そこには、「排出権」という一時的な利益に目を向けたCO_2地球温暖化論があり、「ゴアの方舟」という権威にすがる「異床同夢」が垣間見える。首相は「地球環境問題で、リーダーシップを発揮していかなければならない」と強調したとされるが、二〇五〇年を目指す政策の優先順位を間違ってはいないか。

ジェット機対象外の不思議

たとえば今日の政府主導の地球温暖化防止運動は、省エネ行為と発電所からのCO_2削減とが無関係なことさえ、国民に周知させていない。温暖化論者が主張するCO_2削減方針は恣意的であり、論理的に首尾一貫していないのである。国民的エコの代表はレジ袋使用控えだが、その一袋分の製造と販売を合計しても、CO_2排出はわずか六㌘でしかない。

一方、三百五十㍉㍑缶ビール一缶の製造・販売で百六十一㌘のCO_2を排出し、ジェット機が一分間の飛行で排出するCO_2は約六百㌔㌘である。この膨大なジェット機排出のCO_2を削減対象にせずに、排出総量が六㌘のレジ袋をやり玉にあげるのは不思議なことである。

このままでは、地球科学における「仮定」の推論が導く恣意的な政治的対策しか残らず、社会保障費の伸び二千二百億円までも圧縮して拠出する巨額の温暖化対策費は単なるばらまきに終わり、次世代への借金を増やすだけであろう。

重要課題無策からの逃避

しかし、峠を過ぎた日本は、五十年先の「仮定」の世界に遊ぶほどの余裕はない。二〇一〇年に期限切れの「過疎法」をどうするか。全国的な限界集落の増加に何をするのか。また、〇七年で高齢者が六割を占める「農業就業人口」で、国策としての「食料自給率」をどのように上げるのか。

そして、八百万人の団塊世代全員が六十五歳になる二〇一五年に向けて、年金と医療と介護を軸とする社会保障制度の根本的革新の可能性はあるのか。これまでの与野党による政治と行政は、これら国民不安の主因を解消してこなかった。むしろ「ゴアの方舟」が向かう地球温暖化論は、それら無為無策の逃避先に使われた印象がある。

空しさがつのる「仮定」の積み重ねによる二〇五〇年「低炭素社会」計画よりも、人口減への対処と食料増産を課題にした地域が確実に直面する二〇一〇年問題、および総人口構造が激変する「少子化する高齢社会」による二〇一五年問題に、正面から最優先して取り組むことを与野党による政治に期待したい。

かねこ・いさむ　1949年福岡県生まれ。九州大大学院博士課程単位取得退学。文学博士。専門は社会学。日本計画行政学会賞受賞、日本都市学会賞受賞。著書は「都市の少子社会」（東京大学出版会）、「少子化する高齢社会」（日本放送出版協会）、「格差不安時代のコミュニティ社会学」（ミネルヴァ書房）など。

『北海道新聞』2008年 8 月19日

44 「ゴアの方舟」からの速やかな離脱を

「何もしない」という結論

七月上旬に開催された洞爺湖サミットでは、二〇五〇年までに人為的な化石燃料燃焼によるCO2の半減を、「諸国と共に検討し、採択を求める」という議長総括で幕を閉じた。これは「何もしない」という業界用語なので、むしろ賢明な判断であった。なぜなら、地球温暖化は五〇年後か一〇〇年後かの可能性の一つにすぎないからである。

京都議定書に縛られないアメリカ、中国、インドの二〇〇五年CO2排出量合計は、地球全体の四五・五％を占める一方で、温暖化対策に熱心なEUと日本のそれは、地球全体の一七・一％しかない。健全な常識からみれば、わずか四・七％の日本が毎年一兆円を拠出しても、地球全体のCO2削減は不可能である。

とりわけ一九九三年以降の日本では、CO2排出量と経済活動の指標であるGDPが完全な正比例関係に達したので、CO2の削減が総発電量を筆頭とする経済活動の萎縮と同義になった。よって本気でCO2半減をするのなら、まずは総発電量の半減から始めることである。この順序逆転が日本で果たして可能か。

「異床同夢」

折しも「低炭素社会づくり行動計画」が閣議決定され、社会活動の停滞と経済活動の低迷に向けて、政府が音頭をとるらしい。そこには、「排出権」という一時的な利益に目を向けたCO2地球温暖化論があり、「ゴアの方舟」という権威にすがる「異床同夢」が垣間見える。

首相は「地球環境問題で、リーダーシップを発揮していかなければならない」と強調したとされるが、二〇五〇年を目指す政策の優先順位を間違ってはいないか。

例えば今日の政府主導の地球温暖化防止運動は、省エネ行為と発電所からのCO2削減とが無関係なことさえ、国民に周知させていない。温暖化論者が主張するCO2削減方針は恣意的であり、論理的に首尾一貫していないのである。国民的エコの代表はレジ袋使用控えだが、その一袋分の製造と販売を合計しても、CO2排出はわずか六グラムでしかない。

一方、三五〇ミリリットル缶ビール一缶の製造・販売で一六一グラムのCO2を排出し、ジェット機が一分間の飛行で排出するCO2は約六〇〇キログラムである。この膨大なジェット機排出のCO2を削減対象にせずに、排出総量が六グラムのレジ袋をやり玉にあげるのは不思議なことである。

恣意的な対策

このままでは、地球科学における「仮定」の推論が導く恣意的な政治的対策しか残らず、社会保障費の伸び分二二〇〇億円までも圧縮して捻出する巨額の温暖化対策費は単なるばら撒きに終わり、次世代への借金を増やすだけであろう。

しかし、盛りを過ぎた日本は、五〇年先の「仮定」の世界に遊ぶほどの余裕はない。二〇一〇年に期限切れの「過疎法」をどうするか。全国的な限界集落の増加に何をするのか。また、二〇〇七年で高齢者が六割を占める「農業就業人口」で、国策としての「食料自給率」をどのように上げるのか。

そして、八〇〇万人の団塊世代全員が六五歳になる二〇一五年に向けて、年金と医療と介護を軸とする社会保障制度の根本的革新の可能性はあるのか。これまでの与野党による政治と行政は、これら国民不安の主因を解消してこなかった。むしろ「ゴアの方舟」が向かう地球温暖化論は、それら無為無策の逃避先に使われた印象がある。

「無為無策」を超えて

空しさが募る「仮定」の積み重ねによる二〇五〇年「低炭素社会」計画よりも、人口減への対処と食料増産を課題にした地域が確実に直面する二〇一〇年問題、および総人口構造が激変する「少子化する高齢社会」による二〇一五年問題を最優先事項として、真正面から取り組むことを与野党による政治に期待したい。

(『北海道新聞』二〇〇八年八月一九日)

45　二重規範の解消をしよう

「環境」には3R

この数年の『環境白書』では3Rとして、Reduce（排出規制）, Reuse（再使用）、Recycle（再生利用）が強調されている。これらは環境政策としてはもちろん正しいが、第一番目の「排出規制」は、総務省がリードしてきた「地デジ」とは衝突する。この数年の総務省は、いわゆる「地デジ」キャンペーンを大々的に行ってきた。

環境省の「排出規制」は、「廃棄量の減少」と「製造必要量の減少」それに「埋め立て処分量の減少」を含む。「排出規制」が環境政策の基準の筆頭にあるのは、国策である温室効果ガスとしてのCO2の排出量抑制効果があるからという理由による。

平成二〇年版の『環境白書』によれば、日本におけるカラーテレビの普及率は一世帯あたり二・五台である。企業や病院や学校などの分も加算されると、合計で一億二〇〇〇万台にもなる。常時宣伝されているように、二〇一一年の七月二四日にアナログ電波が完全に止まるのなら、まだ買い換えていないアナログのままの五〇〇〇万台のテレビが廃棄物に変貌する。これは環境省の言う「廃棄量の減少」とは整合しない。同時に、高齢者を中心とした膨大な「テレビ難民」や「テレビ棄民」が誕生する可能性が大きい。「知る権利」を奪われた人々はどうすればいいいか。

二重規範の貫徹

アナログを捨て、デジタルテレビ、専用のビデオ、アンテナの三点セットを新しく買い替えれば、五〇〇〇万台の「製造必要量」が新規需要として見込まれる。これは同じく環境省の「製造必要量の減少」という政策基準に適合しなくなる。一世帯の一台当り四〇万円の強制的個人負担も適正ではない。

これら不整合を引き起こす政府による二重規範について、環境省も総務省も沈黙したままであり、与野党政治家の大半も黙っている。(1)

「地デジ」により、テレビやビデオの廃棄量を増やしたり、新規の製造必要量を増加させれば、国策としてのCO2地球温暖化抑止はますます不可能になる。本気でCO2排出を半減させるには、経済活動を停滞させ、社会活動を鈍化させるしかないが、現今のCO2地球温暖化論では、この社会的ジレンマへの配慮はなされていない。

意味不明なエコ替え

また、民間企業でも「エコ替え」が宣伝の中心になっている。しかしこのやや意味不明の対応レベルでも、「廃棄量の減少」と「製造必要量の減少」という環境省の政策基準には適合しない。エコマネー、エコバック、エコワット、エコドライブ、エコステーション、エコファーマー、エコプロダクツ、エコシティ、エコツーリズムなどが、実に無造作に使われている。「エコ」商品が氾濫すれば、「廃棄量の減少」には程遠くなる。

同様に、政府や自治体では、グリーンカンパニー（環境保護を考えた商品を開発する企業）、グリーンコンシューマー（環境問題を意識した消費者）、グリーンデザイン（環境保護を意識したデザイン）、グリーニング（環境保護政策）、グリーンライト（ゴーサイン）、グリーンネス（環境への配慮）などが多用されている。ただ実際のところは、「グリーンワッシュ」（環境に優しいふりをする）にすぎないのではないか。

折りしも“We can change.”が流行語になっている。環境省と総務省は共同して、アナログ電波とデジタル電波の共存を二〇一一年から最低五年間は続けることだ。国民のためのこの柔軟性が、日本での変化を促進させる起爆剤になることを政治は理解できるだろうか。日本型の“We can change.”は、環境をめぐる政府の二重規範を解消して、無意味な「エコ」や何も示さない「グリーン」への過剰な思い入れを払拭するところから始めたい。

注

（1）二重規範については、金子勇『環境問題の知識社会学』ミネルヴァ書房、二〇一二年、第四章でまとめた。

（『西日本新聞』二〇〇九年二月二三日）

46　政治に必要な科学的思考

「我々は無用な事柄を沢山知っているくせに、却って必要な事柄は知らないでいる」

（ヴォーヴナルグ・関根秀雄訳『不遇なる一天才の手記』岩波文庫、一九五五：二一七）

国民の見識

衆議院で三〇〇を超えた議席を持ちながら、先の国会での提出法案の決定率が現在の日本国憲法下では最低の五五・六％であった理由は、与野党を問わず、現代日本で何が重要な政策決定かの判断ができなかったからであろう。

国民は昨年の八月三〇日に自民党にお灸を据えたが、本年の七月一一日には一転して民主党にお灸を据えた。政策の策定力がなく、その実行力にも乏しいのに、選挙になると、タレント候補まで擁立して与野党問わず盛り上がってしまう。選挙に勝利して、何をしたいかと尋ねたら、次回の選挙に勝つための態勢づくりというジョークが本気に聞こえる。参議院選挙でタレント候補の多くが落選した現状を見ると、担いだ党や出馬した候補者よりも国民の見識が光っている。

党内抗争や「政局」で走り回ることを止め、「郵政改革」や「派遣法改正」や「地域主権改革」など、日本を覆い尽くす閉塞感を除去するのに有効な重要法案を与野党は本気で審議しないと、これからも国民は救われない。菅内閣で謳いあげられた「新成長戦略」には論理矛盾があるからである。

そこでは六つの「成長分野」が想定されている。「グリーン・イノベーション」、「ライフ・イノベーション」、「アジア経済」、「観光・地域」、「科学・技術」、「雇用・人材」という分野のそれぞれで、日本社会が直面した沢山の課題解決が待ったなしの状態にある。だから、強い経済、強い財政、強い社会保障でこれらを包括する戦略が本格的に実行されれば、「元気な日本」の復活にも貢献するのは間違いない。

元気な日本にはCO2が増える

しかし、その「元気な日本」はCO2の排出が膨大になることに直結する。二〇二〇年のCO2（温室効果ガスとなぜ表現するのだろう）を二五％削減することは不可能である。それを軸とした「地球温暖化対策基本法案」は廃棄されたからよかったものの、成立していたら、「元気な日本」は不可能になったはずである。なぜなら、六つの「成長分野」とりわけ「観光立国」は膨大なCO2の排出を前提にするからである。アジアからの観光客の拡大が「切り札」であれば、海を泳いだり歩いたりして観光客が来ない以上、その拡大にはジェット機の利用の増大しかない。

ジェット機のCO2排出量

ジェット機の運行時におけるCO2の排出量は一分間で約六〇〇キログラムである。東アジアや東南アジアの諸国から日本までの飛行時間は平均で四時間程度であるから、片道の飛行時間での排出量は四×六〇×六〇〇＝一四四〇〇〇キログラム（一四四トン）になり、往復では二八八トンである。すなわち、観光開発を進めるほど、CO2は増大するので、この戦略は「グリーン・イノベーション」分野とは抵触せざるをえない。

私たちの記憶に新しいアイスランドの火山噴火では、大量の火山灰が大気中に舞い上がったが、温室効果ガスについては、欧州航空便の欠航によってむしろ減った。イギリスのダラム大学によると、アイスランド火山噴火の初期のCO2排出量は一日一五万トンだったが、欧州全体の航空便が通常通り運航されていた場合、同排出量は一日五一万トンらしい。

このように現代社会に不可欠な航空機からのCO2排出増加は世界的にも続いているので、これを無視して、スーパーのレジ袋の使用を止めたり、発電所の増設を前提とした電気自動車の普及を進めても、最終的な二五％削減にはならないであろう。

悪玉ではないCO2

「グリーン」も「エコ」も大流行であるが、言葉とは裏腹に人間の活動すべてを増大させれば必ずCO2排出は増加する。二五％削減など不可能であるとともに、日本の「成長」や「元気」を奪う元凶そのものである。(1)

そもそもCO2は悪玉ではない。植物の光合成に不可欠であり、ビニールハウスの主役でもある。五〇年後百年後の不確かな問題への「予防原則」を言う前に、派遣問題をはじめ山積する現前の事実を直視して、論理的で実行可能な対応策を優先することが、政治家の責任ではないか。

（『西日本新聞』二〇一〇年一〇月一八日）

注

（1）二酸化炭素地球温暖化論への根本的疑問は、金子勇『環境問題の知識社会学』（前掲）第三章で、体系的にまとめた。

47 北海道環境政策の危険な内容

一面的なCO2地球温暖化論

道庁の広報紙『ほっかいどう』は年六回、奇数月に道民世帯すべてに配布される。まるごと税金の広報紙は、原則として道民の様々な立場に配慮して編集されるものであろう。しかし、七月号はその原則への配慮がなく、かなり一方的な内容だった。

それは「特集」に象徴される。世界全体で進むCO2による「地球温暖化」は国際社会が直面する最優先の課題であるとの認識が、何の根拠もなく出されている。学界レベルでは、地球温暖化への疑問も根強く、寒冷化を主張する人々もいる。ひとまず温暖化は認めても、その原因が人為的なCO2ではなく、活発な太陽活動を強調する専門家も多い。これらへの配慮を一切省略した広報紙面には疑問が残る。

加えて、CO2による地球温暖化が「海面上昇や生態系の変化、洪水をはじめ異常気象による災害の多発など、地球全体に影響を及ぼします」という証拠は今のところ存在しない。それらのほとんどは「仮定法」の世界である。「仮定法」に依拠して、「低炭素社会」を実現したいと語るのは自由であるが、税金による広報紙にはふさわしくない。CO2による地球温暖化論では、その原因論も過程論も結果論にも、世界的に見てもまだ科学的な決着がついていないからである。

CO2とGDPは正の相関

例えば、毎年の『環境白書』では、一九九三年以降からCO2の排出量とGDPとの正の相関を示してきた。両者は関連してともに増えたり減ったりするので、「環境と経済が調和する低炭素社会」は今のレベルでは絶望的に困難である。なぜなら、CO2の排出量を減らせば、経済活動は鈍り、消費生活水準は低下するからである。

広報紙では、「温室効果ガスの中でいちばん量の多いCO2は、人間がエネルギーをたくさん使うことで増えてしまう」から、排出量を減らそうと呼びかけている。本気で呼応すれば、クルマや家電を使わない、移動しない、活動しない、食べる量を減らす等のライフスタイルを余儀なくさせられる。もちろん省エネ製品も作れない。

観光開発はCO2を増やす

他方で、知事は熱心な観光開発論者である。しかしアジアからの観光客はジェット機利用なので、観光開発は「低炭素社会」づくりとは完全に衝突する。なぜなら、ジェット機は一分間に六〇〇キロものCO2を排出するからである。例えば上海からの一機当り四時間の往復排出量は二八八トンにもなる。このCO2激増は観光開発の一面だが、「低炭素社会」論者にこの簡単な事実の認識はあるのか。「CO2をできるだけ出さない」暮らし方とは何か。食べる量を減らし、ジェット機の観光開発を止めて、「エコ」や「グリーン」と叫ぶことか。

呼吸の管理か

一番気になるのは、広報紙の末尾で、人間一人が一生涯の呼吸の際に出すCO2が六・四トンだから、これも三〇本の植樹によって吸収させようというメッセージが出されたことだ。そこには、長生きしないほうがいい、多くは産まない方がいいという隠れた主張さえも読み取れる。呼吸によるCO2排出量までも削減対象にするのは理解を超える。

人間存在の原点にある呼吸によるCO2そのものまで政治や行政が統制しようとするのは空前絶後のことであり、環境ファシズムという批判も的外れではなかろう。予想される森林環境税の布石とはいえ、道民は知事と道庁の体質をこれまで以上に注視したほうがいい[1]。

ホームページを見ると、北海道庁は省エネや新エネルギー活用を試みた取り組みに、CO2削減一トンにつき一〇万円を助成する「一村一炭素おとし事業」を始めたようである。この助成対象は市町村、企業、ＮＰＯなどの共同体（コンソーシアム）であり、二億円の事業予算が計上されている。助成の上限は一〇〇〇万円というから、一〇〇トンの削減がこれに該当する。

３Ｒに抵触する環境政策

例えば、まだ使える水銀街路灯を発光ダイオード（ＬＥＤ）電球に交換して、年間〇・六トン（六〇〇キロ）の削減効果を狙い、合わせて電気代の七割節減が可能になるという。また、バス燃料の軽油をバイオディーゼルに転換したら、軽油三八七リットルにつきＣＯ２が一トン削減できるともいわれる。

しかし、使える水銀灯を廃棄して新しい街路灯に変えることは環境省が建前として堅持している３Ｒ（Reduce, Reuse, Recycle）の筆頭原則であるReduce「廃棄量削減」に抵触するし、わざわざ新規に発光ダイオード（ＬＥＤ）電球の街路灯に変更することも「製造必要量の減少」という国の環境政策とは衝突する。年間に〇・六トンのＣＯ２の排出は、ジェット機一分間の排出量に匹敵することを承知しての事業なのだろうか。誤差を意図的に覆い隠した環境政策の裏に何があるか。

道庁によれば、道内の二〇〇七年度のＣＯ２排出量は年間六四五四万トンであった。一方この一トン一〇万円の「炭素おとし事業」では年間二〇〇〇トンが予想されており、その比率は〇・〇〇三％にすぎない。これでは「塵も積もれば山となる」は該当しないであろう。この二億円は事業効果を狙ったというよりも、環境を生業とする関係者組織の維持費用に回される危険性を感じる。

空気中に〇・〇三％しか存在しない無色無臭のＣＯ２は本当に悪玉なのか。環境を守ることは長年の３Ｒ原則の着実な実行しかありえないのに、総務省は「地デジ」で環境省や経済産業省は総力をあげての「エコ替え」推進で、それぞれこの大原則を廃棄した。ＮＨＫをはじめとするマスコミは一面的なＣＯ２地球温暖化論一色であり、与野党政治家は全くこの問題を調整する役割を果たしてこなかった。

科学の精神
しかし科学の精神からすると、このようなレベルを超えて、むしろＣＯ２は悪玉ではなく、観光をはじめとした人間活動を活発にして、ＣＯ２が増大しても、「環境の先進地」づくりは可能という視点が提示できる。道民悲願の新幹線の札幌延伸すら、膨大なＣＯ２排出は不可避である。政治も行政も科学的な成果を正しく理解して、不偏不党の中立を心がける努力がほしい。誰もどこも責任を取らないまま、誤った原則が大手を振って一人歩きをするＣＯ２地球温暖化対策の現状は、日本の不幸の象徴である。

注

（1）人間は一年当たり約一トンのＣＯ２を排出しているから、正しくは人生八〇年で八〇トンになる。詳しくは、金子勇『環境問題の知識社会学』（前掲）、第三章（注）を参照のこと。先鋭なＣＯ２地球温暖化論者である江守によれば、「人間が吐く息に入っているＣＯ２は、実質的に気候システムに影響を与えません。……人間が吐き出すＣＯ２は、人間が摂取した食べ物や飲み物の中にあった炭素が原料です。……差し引きゼロなので実質的に影響はない」（江守、三二ページ）。すなわち、北海道庁の広報誌による特集は、人間の呼吸作用からのＣＯ２排出量、およびその捉え方についての誤解をもとに作成されていたことになる。このようなレベルの行政の政策立案では日本の危機は救えない。

参考文献

金子勇「地球温暖化の知識社会学」『北大文学研究科紀要』一二五号（二〇〇八年）、八五～一三四頁。

金子勇「自治体の地球温暖化対策の諸問題」『日本都市学会年報』四二号（二〇〇九年）、五〇～五八頁。

金子勇『社会分析――方法と展望』ミネルヴァ書房、二〇〇九年。

金子勇「地球温暖化論の恣意性」中部大学学術研究所編『アリーナ』中部大学、二〇一〇年、九七～一一〇頁。

江守正多『異常気象と人類の選択』角川SSC新書、二〇一三年。

（北海道雇用経済研究機構編『HEERO　REPORT』No.109、二〇一〇年一〇月）

48　発電問題への「国民共同」の疑問

技術に絶対安全はない

東日本大震災からの復興計画とその実践に際しては難題山積の状態である。国会での復興費用の論議は先送りされたうえに、電力供給の問題だけでも国論を二分する。しかし、基本的な解決策への「国民共同の疑問」には、具体的な事実に基づく議論による答えがほしい。

例えば、福島原子力発電所の地震津波による被災は自然災害の部分はあるが、その後の事故は人災と考えられる。正確な事故情報を速やかに公開しなかったことからも、原発への不信感が増幅された。その結果「原発事故は、現在だけではなく、過去も未来も破壊する。……不完全な人間が作り出す技術は、普遍的に不完全な存在だ。……絶対に安全な技術など、存在しない。……だったら、私たちは勇気を持って原発を手放さなければならない」というような「三段論法」(?)風の結論が広く溢れ始めている。

ただし、新幹線や航空機や宇宙開発にも「絶対安全な技術」はないはずだから、原発以外の現代の大型工業技術も「手放すべき」なのかどうか。そうでなければ、主張者には原発のみにこだわる理由を明示する義務がある。

三割が原発からの発電

もちろん原発分の電力を廃棄したら現在量の七割の電力しか使えないことを、日本国民が大筋で合意できれば原発廃棄は構わない。すなわち二〇〇九年の総発電量約一兆kwhのうち原発分三〇〇〇億kwhが不要ならば、総発電量は一九八〇年代前半の七〇〇〇億kwhに戻り、それを前提にした社会の再構築が国民に共有されれば何も問題はない。

しかしそれでもその主張者は、発電量三割減社会への処方箋として、二〇二〇年を展望しながら一九八〇年代の社会システムを想定する義務を負う。これが無理ならば、次善の策として、三割減少分の代替エネルギー源として地熱発電、太陽光発電、風力発電などの自然再生エネルギーを想定するしかない。

土地を無視した風力発電願望

二〇〇九年度のそれらの合計は一一〇億kwh（全体の一・一％）であり、今後特に期待が寄せられている風力発電は五〇億kwh（〇・五％）に過ぎなかった。仮に自然再生エネルギーを一〇年後に二〇倍にする計画ならば、風力発電も一〇〇〇億kwhへの増加となる。このためにはどれだけの土地資源と風車の建設費用が必要か。一台の風車には最低でも一五m×一五m＝二二五㎡の土地が使われる。日本全体での風車の合計数は一四〇〇台程度であるが、そのための敷地として三一・五万㎢が用いられている。二〇倍の風車であれば二八〇〇〇台となり、使用する敷地面積は六三〇万㎢へと拡大する(1)。

これをどこでまかなうか。東京圏、関西圏、名古屋圏にはそのための土地がないから、東北や北陸の過疎地に風車を立地させるのでは、原発立地の場合と変わらない。発電施設は地方の過疎地で、そこで発電された電力は人口集中している大都市圏に送るという構造では、これまでの原発六〇年間の歴史と同じである。この単純な問題に正対する論考はなかなか見当たらない。

電力輸入が不可能な日本

さらに、ドイツにおける風力発電比率の高さに対してNPO関係者などから評価の声が聞こえるが、原発による発電比率が日本と近似的な二五％程度であることも、さらにドイツが原発大国フランス（全体の七七％が原発による発電）から電力輸入国であるという実態にも触れられないことが多い。隣国の原発に依存しながら、自国の自然再生エネルギーを強調するドイツの事例は、今後の日本における発電問題の判断素材にはなりえない(2)。

夏を目前にした現在、電力に関連するいくつかの「国民共同の疑い」を解消していきたい。

注

（1）風力発電や太陽光発電にとっての最大の制約は土地にある。このことについては金子勇『時代診断』の社会学』（前掲）、第七章に詳しく図示して説明している。

（2）ヨーロッパにおける国際的な電力ネットワークについても、（1）の文献の第七章で図解して詳述した。

（『西日本新聞』二〇一一年六月二〇日）

49　地球温暖化の嘘

毎年一兆円の温暖化対策費

日本は昨年一二月、「京都議定書」からの〝離脱〟を決めました。

二酸化炭素（CO2）に代表される温室効果ガスの削減義務を定めた京都議定書は、一九九七年に採択され、日本は〇二年に批准。当初は、米国、ロシア、日本、カナダ、EU一五カ国といった先進国全体で、〇八年から一二年までの「第一約束期間」に、一九九〇年比で五％以上のCO2を削減しようというものでした。

しかし、〇一年、ブッシュ政権となった米国は、「経済に悪影響を与える」と、批准を拒否して離脱。当時、世界最大のCO2排出国だった米国の離脱で、議定書そのものの意義が問われましたが、〇四年にロシアが批准したこともあり、〇五年に議定書そのものは発効しました。それ以降、日本は、毎年ほぼ一兆円の費用を使って忠実に削減義務を果たしてきたのです。

しかし、昨年一二月、一二年末に期限切れとなる「約束期間」の延長を巡って開かれた国際会議で日本は、延長への参加を拒否しました。議定書の批准国ではあり続けるが、一三年からの削減義務は負わないというものです。

同様にロシア、カナダも削減義務から離脱。カナダにいたっては会議後ほどなくして、議定書そのものからの離脱を表明しました。

費用対効果で期待薄

日本政府の立場は、世界最大の排出国である中国に削減義務がなく、米国が加わっていない枠組みでは、世界全体でのＣＯ２削減には繋がらないというものですが、本音のところでは、費用対効果で期待が持てなくなったからでしょう。

日本は京都議定書の約束期間にＣＯ２排出権を合計一億トン分取得する予定で、着実に実行してきました。公表事例だけでも、余剰排出枠をもつウクライナからは三〇〇〇万トン分を二億九〇〇〇万ユーロ（〇九年のレートで三二五億円）で購入し、チェコからは四〇〇〇万トン分（五〇〇億円）を購入しています。しかし、いずれも外国の排出枠を日本が肩代わりするだけですから、この取引自体は地球全体のＣＯ２削減とは無縁な支出です。

加えて、東日本大震災からの復興に五年で二〇兆円という膨大な費用が見込まれることも、離脱への促進力になったはずです。

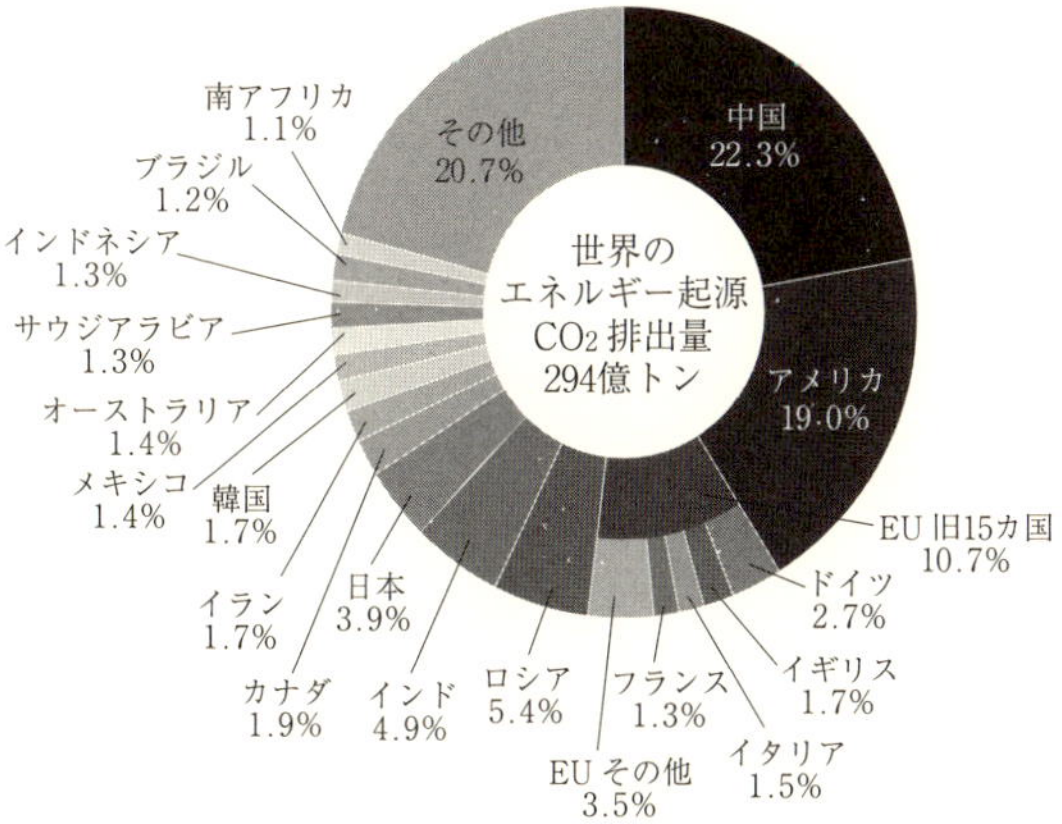

図1　世界各国の CO_2 排出量割合（2008）

※EU 15カ国は，COP3（京都会議）開催時点での加盟国数である

（資料）　IEA「CO_2 EMISSIONS FROM FUEL COMBUSTION」2010 EDITION を元に環境省作成

（出典）『平成23年度　環境白書』：160。

日本の排出量は四％に達しない

図1で分かるように、世界全体に占める日本のＣＯ２排出量はわずか四％です。景気悪化と失業率上昇を覚悟して日本が〇・五％削減しても、二二％超の中国、一九％のアメリカ、約五％のインドなど世界のほぼ七五％の国がＣＯ２の排出を

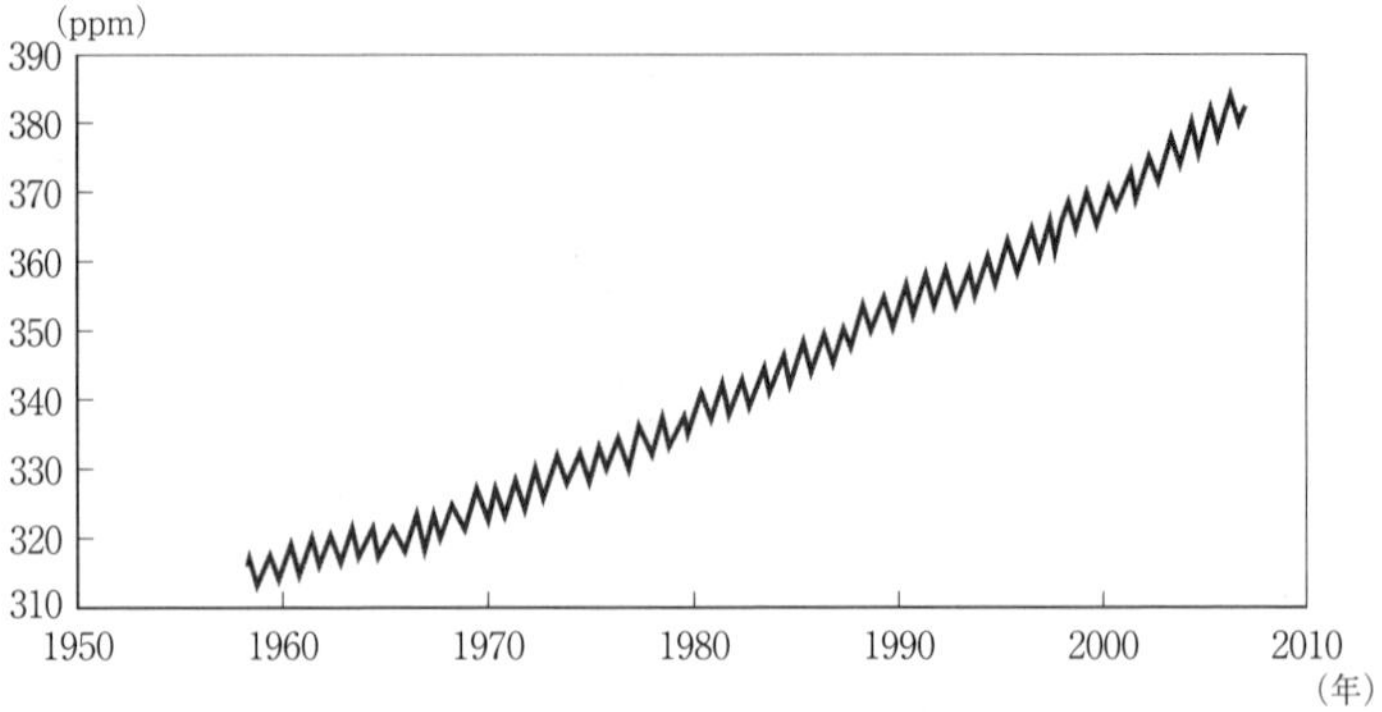

図2　マウナロア観測所のCO_2の濃度（びっくりグラフ様式）

増大させているのです。日本がいくら頑張っても、地球全体の排出量削減にはなりません。

京都議定書延長への参加拒否は、「加盟国だけが議定書の削減義務を遵守しても、世界の排出量は減少しない」、「排出権取引は温暖化脅威を逆手に取ったビジネスの手段である」という正常な判断が、日本社会全体にも少しずつ浸透したことを意味するのではないでしょうか。

さらに私は、議定書の前提となっている、CO2による地球温暖化論（以下、温暖化論）そのものへの疑義を唱えたいと思います。

二つの大きな疑問があります。

(1)温暖化の主因とされるCO2濃度は環境や人間に悪影響を与えるほどに上昇しているのか。

(2)CO2濃度上昇による地球の温暖化は、そもそも真実なのか。

まず、CO2濃度は環境や人間に悪影響を与えるほどに上昇しているのでしょうか。

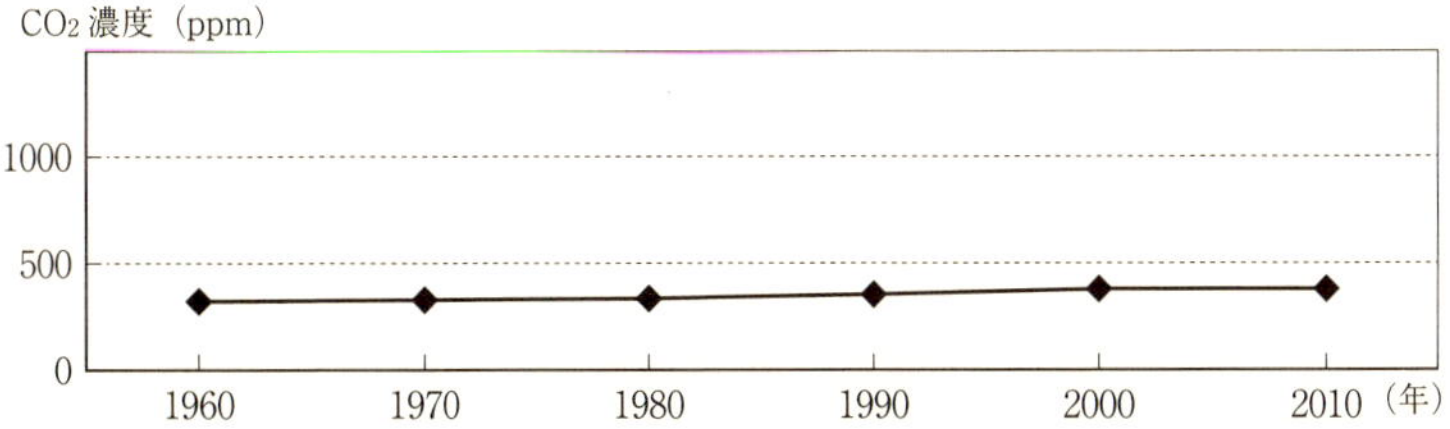

図３　マウナロア観測所の CO_2 の濃度（通常のグラフ様式）

「びっくりグラフ」は誤り

温暖化論で使用されるＣＯ２濃度上昇の根拠は、五〇年以上も継続されてきたハワイ・マウナロアでの観測結果データです。それは図２のグラフで示されます。一見、右肩上がりで、確実に上昇を続けているように見えます。

しかし、よくご覧ください。グラフの縦軸の〇から三一〇までを切り捨ててしまっているのです。

これはハフという統計学者が指摘した「統計でウソをつく法」の一つで、上昇カーブがどうにでも操作できるグラフであり、私は「びっくりグラフ様式」と呼んでいます。

この「びっくりグラフ」を通常のグラフに直せば、図３になります。

もちろん観測データによれば、一年間で三ppm程度の上昇はあり、一〇年間平均で一〇〜一五ppmの濃度上昇はあります。

しかし、一ppmとは百万分の一であり、この程度の上昇が、どの程度温暖化の原因となっていて、地球環境や人間に悪影響を及ぼしているのでしょう。それに図３を見れば、この五〇年で濃度が「かなり上がった」とは言いにくいでしょう。しかも、ＣＯ２が空気中に占める割合はわずか〇・〇三％に過ぎないのです。

また、ＣＯ２濃度上昇による地球の温暖化は真実なのでしょうか。ハワイ・マウナロアでＣＯ２濃度観測が始まって以降の観測データでは、わずかながらも着実に増加していることを示します。

そのデータの下、一九六〇年前後から八八年までは、温暖化と正反対の「地球寒冷化」と、それに伴う食糧不足が、世界的に心配されていたのです。

ところが、八九年にアメリカ議会で新たな「人類の敵」としてCO2が悪玉にされ、八八年設立の「気候変動に関する政府間パネル（IPCC）」の活動で、それからの二〇年間は「温暖化」の不安ばかりが言われるようになりました。

寒冷化から温暖化へ

CO2濃度は一貫して上昇しているのに、ある時期では「寒冷化」が、その後は「温暖化」が主張されるようでは、科学的な正確さとは程遠いでしょう。

また、〇九年にイギリスで発覚した温暖化を誇張するデータ捏造事件（クライメートゲート事件）により、世界的に地球温暖化への疑念が膨らみました。

IPCC報告書執筆者への捏造疑惑について、英議会などの調査では、「捏造などの問題はなかった」とされました。が、その後、報告書の中で、「ヒマラヤの氷河が二〇三五年に消失」は「二三五〇年」の誤りであり、「オランダの国土の五五％が海面より低い」は「二五％」のミスであることが発覚。これら報告書の信頼性を疑わせる出来事に、世界各国の科学アカデミーを傘下に置く国際組織は、「IPCCの運営体制には根本的改革が必要」と、検証しました。

それゆえか、日本の政府やマスメディアが依拠したがる諸外国（フランス、カナダ）の議会では、温暖化懐疑論が強まり、対策法案は否決。同じくアメリカでは国会へ提出する原案すら作れませんでした。

しかし、このような各国の動きの日本での紹介は皆無に近かったのです（詳しくは渡辺正『「地球温暖化神話」終わりの始まり』丸善出版、二〇一二、を参照してください）。

その代わり、報じ続けられてきたのは、溶け出した氷の上に乗るシロクマの写真であり、南極大陸の氷河が溶け出して、南の島が沈没の危機にあるというエピソードでした。

これらについては、二〇〇八年夏に赤祖父俊一アラスカ大学名誉教授がコメントしています。

温暖化論批判

すなわち、二〇四〇年夏に北極海の海氷は消えるというシミュレーションを発表した研究者がいたが、一方で、二一〇〇年になっても十分氷は残るとする研究者もいた。ところが、マスコミは前者にだけ殺到し、後者の結論は記事にならないと、見向きもしない。溶け出した氷の上に乗るシロクマについては、「たとえ、二〇四〇年に氷が消えても、それは秋の短い期間であり、冬には北極海は氷で覆われる」と、赤祖父氏は整理しています（赤祖父俊一『正しく知る地球温暖化』誠文堂新光社、二〇〇八）。海面上昇に関しては、既に一八五〇年頃より始まっていて、平均では年に一・七ミリ程度。したがって一〇年で一・七センチ。一〇〇年では一七センチで、せいぜい小さな波くらい。しかも、一九六〇年からは年に一・四ミリ程度に上昇率は減少しているというのです（同右）。

このような指摘について温暖化論者はもっと正対してもらいたいと願います。

人類の新たな敵か

この二〇年間の世界とりわけ日本で、大気汚染、水質汚濁、土壌汚染などの従来の環境政策を変質させてきたCO2地球温暖化論は何だったのでしょうか。一つは、温暖化論の誕生前後にソ連の崩壊とベルリンの壁の破壊など東西冷戦が終結したことで、人類があらためて団結するために、新たな敵としてCO2が位置づけられたことが指摘されます。

しかし残念なことに、その目論見はうまくいかず、新しい南北問題が生み出されました。毎年の国連気候変動枠組条約締約国会議（COP）における先進国と途上国の激しい論戦を見れば、CO2削減を媒介にして人類が一枚岩になって地球環境を守るということはなさそうです。

逆に自然科学系の学問の在り方への疑問が膨らみました。「予防原則」が適用されるCO2地球温暖化論の有効年限は一〇〇年先ですが、国民の多くは明日や週間天気予報を信じても、三カ月先の天気予報には無関心です。三カ月先すら正確には予報できないのに、一〇〇年後の地球環境の温暖化仮説を無条件に受け入れることは不可能です。これは地震予知と同じ文脈にあります。

沈黙した温暖化対策論者

さらなる疑問は、東日本大震災の後では温暖化対策論者の多くが沈黙を続けたままであるという事実に向けられます。このグループの元来の主張は、ノーベル平和賞を受けたゴア氏と同じく、火力発電を減少させ、原子力発電を増加させることであり、それがＣＯ２地球温暖化対策の要でした。しかし、福島原発人災により原発推進が叫べなくなり、一部の人だけ二〇年先の自然エネルギー発電への希望的観測に終始しています。

それにしても、原発科学技術への全面的な不信感とは対照的に、自然エネルギー発電技術への全幅の信頼感はなぜ成立するのでしょう。自然科学とはそのような性質なのでしょうか。また、太陽光発電は一九七〇年代八〇年代の「太陽熱温水器」の轍を踏まないのでしょうか。

「エコ」という理由で「補助金・助成金」を続けても、最終的に安定した品質の電力量という成果が得られない場合、どこがまた誰が責任を取るのかがいっさい分りません。ＣＯ２地球温暖化対策の「予防原則」は、むしろ「非可逆的投資」の土台になる恐れがあります。

東日本大震災から一年。私たちは地球温暖化対策に関する政策を根本的に見直す必要があります。

二〇兆円は復興資金に

一〇〇〇兆円の借金を抱えた日本が、震災からの復興を最優先課題とするならば、限られた財源を効果も必要性も不明な温暖化対策に回すことはできません。復興には、冒頭で述べたように、今後五年間で二〇兆円近くかかるとされています。

それなのに、二〇〇八年に政府が策定した「長期エネルギー需給見通し」では、温暖化対策に必要な資金は二〇年までに最大五二兆円。年間四兆円以上と試算され、すでにこの四年間で一六兆円が使われてきました。これらの支出を今すぐ中止し、復興資金に振り向けるべきではないでしょうか。

「誤作為のコスト」を見直そう　地球温暖化をめぐっては、何も対策を取らないと数十年先に被害が出る「無作為のリスク」論がしばしば語られます。しかし、温暖化そのものを疑う立場からは、温暖化対策自体が間違いで、無駄なカネを使ってしまう「誤作為のコスト」こそが問題なのです。

京都議定書に制約された四年間の「誤作為のコスト」一六兆円が残っていたら、改めての復興増税は不要になったはずです。

今こそ、温暖化対策を直ちに中止して、その費用を「三・一一」の復興に回す決断の時期でしょう。

（詳しくは、私の『環境問題の知識社会学』ミネルヴァ書房、二〇一二年をご覧ください）。

（『週刊新潮』二八四〇号、二〇一二年）

50　風力発電計画に見る合成の誤謬

環境アセスメントの限界

「環境アセスメントとは、開発事業の内容を決めるに当たって、それが環境にどのような影響を及ぼすかについて、予め事業者自らが調査・予測・評価を行い、その結果を公表して一般の方々、地方公共団体などから意見を聴き、それらを踏まえて環境の保全の観点からよりよい事業計画を作る制度」（環境省『環境アセスメント制度のあらまし』）とされる。

事業者は、最初に調査内容をまとめた「方法書」を公表する。「方法書」の住民説明会を踏まえた「準備書」が第二段階になる。「準備書」への意見聴取を取捨選択してアセスメントが確定すると、事業者は補正後の「評価書」を第三段階として作成し、アセスメント事業の実施、環境保全措置の実施、事後調査の実施を行い、最終報告書が作成される。

合成の誤謬

合成の誤謬は、一見周到に見えるこれらの手続きのなかに潜んでいる。なぜなら、アセスメントは事業者単独で行われるからである。事例とした石狩市で同じ時期に風力発電事業を四社が計画してはいるが、環境アセスメントは別々に行われる。景観にしても騒音や低周波音にしても、事業者単独の環境アセスメントでは大きな問題にはなりえない。

しかし、一社は四〇基の洋上風力発電計画をもち、残り三社は一〇基ずつの陸上風力発電なので、既設の一〇基を加えて合計八〇基の風力発電機が五年後に一斉に作動する。そうすると、八〇基の総和による景観の破壊、騒音や低周波音による住民生活の妨害、住民の健康被害さえも危惧される。数回にわたり私が聞き取り調査を行った環境省も経済産業省も、この予見される合成の誤謬への対策は皆無であった。

反原発運動の逆機能

第二に、今後に期待される風力発電、太陽光発電、洋上風力発電、地熱発電などが一〇年先に実用化されても、安定的な電力供給体制とは無縁であり、不安定供給により国民生活や産業活動にも支障が発生する。「『原発』は『エネルギーの独立』を前提にした『経済問題』であり、決して『環境問題』たりえたことはない」（山口昌子、二〇一二：一一二～一一三）からである。自然エネルギー開発もまた環境保護の事業ではなく、「経済問題」になるという誤謬がある。

第三には、暮らしと命を守るはずの反原発運動には、節電以上の対案がないために、火力発電の急増による電力価格の高騰を招き、結果的に国民生活と産業活動に多大の不利益を及ぼす誤謬が挙げられる。代替電源候補としての再生エネルギーでは、一〇〇万キロワットの原発一基を太陽光発電で賄うには、東京・山手線の内側と同じ面積が必要と試算される。それは不可能だから、当分は輸入燃料のＬＮＧによる火力発電で代替するしかない。

化石燃料輸入による貿易赤字

二〇一一年の日本の貿易収支は三一年ぶりに赤字に転落した。東日本大震災の影響や歴史的円高による輸出の不振がクローズアップされたが、原発停止に伴う火力発電強化による燃料輸入の急増も見逃せない。燃料輸入額は、前年より四兆四〇〇〇億円も増え、二一兆八〇〇〇億円に達している。燃料費は、電気代に転嫁されて企業や家計を圧迫する。コスト増で企業の海外脱出が加速、国内雇用が減り、賃金が減少する可能性が高くなった。加えて、一部の業界とマスコミが期待する太陽光や風力などの再生可能エネルギーでは、電力会社の買い取り価格が高過ぎるといわれ始めた（『平成二四年版　経済産業白書』）。この費用は各世帯が支払う電力料金全体に含まれるので、現在の支出はまだ月に一〇〇円程度だから負担感は生じないが、引上げ率はきわめて大きいから、いずれ反原発運動が掲げる国民の暮らしにもいのちにも確実に影響する。

交換価値に乏しい自然エネルギー

第四の誤謬は第三と関連するが、自然エネルギーが「原発」や火力発電との交換価値を持ちえないところにある。日本の総発電比率に占める自然エネルギーは二〇一二年でも一％にも満たないが、これを二〇倍に引き上げるにはメガソーラー用の土地面積が膨大になり、風力発電用地さえも大幅に不足するという事実に正対しないままで、正確な購入費用や想定外の地震や津波への対策が完全に欠落している。反原発運動者の原発に向ける技術的極限の制約条件は、自然エネルギー施設には全く適用されていない。

全体的に、安定した供給量と電圧が保障されない場合の電力使用価値が、国民生活と産業活動においてどの程度あるのか不明である。生産者にとっては交換価値が、消費者にとっては使用価値がそれぞれ重要である。これまでに社会学や経済学で得られた成果は、「使用価値の生産が増加すれば、その交換価値は減少する」という命題であり、自然エネルギーの使用価値はどこまであるのか疑問が残る。

第五に、反原発運動は非科学的で誇張された否定のための運動であり、国民の「生活の質」には逆機能を持つという誤謬が認められる。放射線の恐怖にのみ焦点を置く作家、作曲家、ルポライター、タレント、政治家、マスコミなどの非専門家が終結した集会で発信される情報には、「放射能はとにかく怖く、身体に悪い」といううわさによる意味記号の強化が目立つ。しかし、うわさは協和音的情報であり、必ずしも真実とは限らない。

放射線の「晩発影響」を正しく知る

長崎大学放射線影響研究所で長年にわたり被爆者の放射線の「晩発影響」に従事して、加えてチェルノブイリ事故の直後から二〇年間の調査を続けてきた長瀧は、「一〇〇ミリシーベルト以下の低線量被曝の影響は疫学的に認められていない」（長瀧重信、二〇一二：八）と断言する。「晩発影響」とは数十年にわたって生じる放射線の影響を意味する専門語である。現代日本を代表する放射線研究の専門家が「一ミリシーベルト以上の被曝は危険であるという宣伝」を「流言飛語的な情報」（同上：六）とみなしているのに、作家などとともに一般国民が集うなかで「放射線は一ミリシーベルトでも怖い」という非科学的な情報発信が繰り返され、これをマスコミが煽ってきた。

「（うわさ）は、社会的凝集力の所為である。実際、うわさは、数千の孤立した個人ではなくて、その集団全体を巻きこむ団体的現象である。あるうわさに同意することは、その集団の声、集団的見解への自己の忠誠を表明することである。……普通、それは、他の集団、何らかの贖罪の山羊をいけにえにして行われるのである。集団のアイデンティティは、共同の敵を満場一致で指摘することによって、容易に樹ち（ママ）立てられる」（Kapferer, 一九八七＝一九八八：一三五～一三六、傍点原文）。いけにえが「科学」ならば、この国には未来がない。

うわさとしての「核禍」を超えて

「三・一一」以降の「放射能は怖い」といううわさに国民が加担するのは、(1)そのうわさを共有して仲間になり、連帯できる喜びがある、(2)絆が得られ、放射能は危ないという福音の伝達が可能になり、生きがい感や達成感に結びつく、(3)集団のアイデンティティが作り上げられ、その共有が「自己確認の手段」にもなり、反対派である他者との距離を鮮明にする、などの機能をうわさ集団が持つからである。

反原発運動の出発点は現在の政治不信であり、その判断を「反放射能」に投影するかたちで、自然エネルギー賛歌という外見を作り出した。しかし、それは社会システムの不安定さを助長するという誤謬から自由ではない。「一ミリシーベルトでも怖い。大事なのは数で圧力をかけること。これからも普通の人が参加できる雰囲気作りに努め、ぶれずに、シンプルに声を上げ続けたい」というデモの趣旨からは、非科学的なうわさに誘惑された姿しか浮かばない。このような核禍（nuclear peril）意識からは、次の時代は描き出せない。

参考文献

金子勇『環境問題の知識社会学』ミネルヴァ書房、二〇一二年。

Kapferer, J-N, *Rumeurs*, Éditions du Seuil, 1987.（古田幸男訳『うわさ』法政大学出版局、一九八八年）。

長瀧重信「科学者の合意と社会的責任」『學鐙』丸善出版、二〇一二年、六―九頁。

山口昌子『原発大国フランスからの警告』ワニプラス、二〇一二年。


（北海道都市地域学会編『第五〇回北海道都市地域学会研究発表会梗概集』二〇一二年八月）

51 リスクに備える社会システムづくり

リスクの大小

人間が作り上げた社会システムには、日常的な窃盗や交通事故などの小さなリスクから、マグニチュード九クラスの地震やときおり話題にもなる富士山噴火まで、様々な巨大なリスクが共存する。この社会的リスクは、システムの機能不全、損傷、損失をもたらし、最終的には解体まで進むことがある。しかし機能不全に代表されるリスクには、社会システムに備わる自己組織性（self-organizing system）による適切な資源配分と人員配分で対処できる。とりわけ小さな範囲で、被害者が少数の人々であり、短期間で適応できるリスクならば、これで十分である。

逆に社会システムの自己組織性で対処できないリスクになると、広大な地域（large areas）が巻き込まれ、その大部分の人々（most people）が長年（many years）にわたり、その影響下で暮らすことになる。

範囲、人数、期間

このように、リスクの判断要素には図1に示した範囲、人数、期間がある。すなわちAは「狭小—少数—短期」、Bは「拡大—多数—長期」、Cは「全体—全員—永久」というモデルになり、取り上げるリスクでABCが決まり、その対応も具体化する。

	A	B	C
範囲	狭小—	拡大—	全体
人数	少数—	多数—	全員
期間	短期—	長期—	永久

図1 リスクの3分類

今日のリスク論ブームは東日本大震災（以下、「三・一一」と略称）以降に発生したが、大震災自体は自然現象の巨大地震と大津波を原因とした。「三・一一」では死者の九割以上が津波による水死であり、行方不明者まで含むと二万人を超える。歴史に残る巨大地震であった関東大震災では死者一〇万五〇〇〇人の大半が焼死だったから、幅広の五〇m道路建設を実行し、住宅壁材に軟石を使い、火事に強いまちづくりを実践した。また阪神淡路大震災の死者六四三四人のほとんどは圧死だったので、それ以降はマンションや商業ビルや一戸建て住宅の「耐震構造」が実行された。

震災史に学ぶ

したがって、大正や昭和の日本人のように震災史に学ぶなら、「リスクB」への対応として地震と津波に強いまちづくりこそが最優先されるはずであった。しかし、「三・一一」では同時に福島原発が被災し、政府や東電による事後対応が人災の様相を強めた。さらに被爆、被曝、被ばく、ヒバクといった語が混用され、それに一部の「市民」が過剰反応した。その結果、放射能、放射線、原子力など核エネルギーリスクのみがマスコミで一年半以上も強調され、衆議院選挙の争点という「リスクC」に昇格した。

すなわち「三・一一」は、(1)地震と津波、(2)原発と放射能という二つのリスクを世界中に広めたが、日本の政治、行政、企業、マスコミ、学界そして国民の大半が(2)にのみに関心を持ちすぎたために、(1)への対応が放置され、社会全体が震災の歴史に学ぶという英知が失われた。

二万人以上が亡くなった津波への対処こそが「三・一一」レベルの「リスクC」回避の筆頭政策になるのに、放射能による直接的な死者は皆無の「原発リスク」が、政治家、マスコミ、学界などで共有されてしまった。さらに「反原発」の人々は、「三・一〇」までの日本の総発電量に占めてきた原発分二五%の代替電源を明示せず、一〇年先でも不確実で、大停電という「リスクC」の危険性を持つ自然エネルギーに過大な期待を寄せすぎている。

例えば敷地面積〇・六平方キロに立地する一〇〇万KWH原発一基に匹敵する一〇〇万KWH太陽光

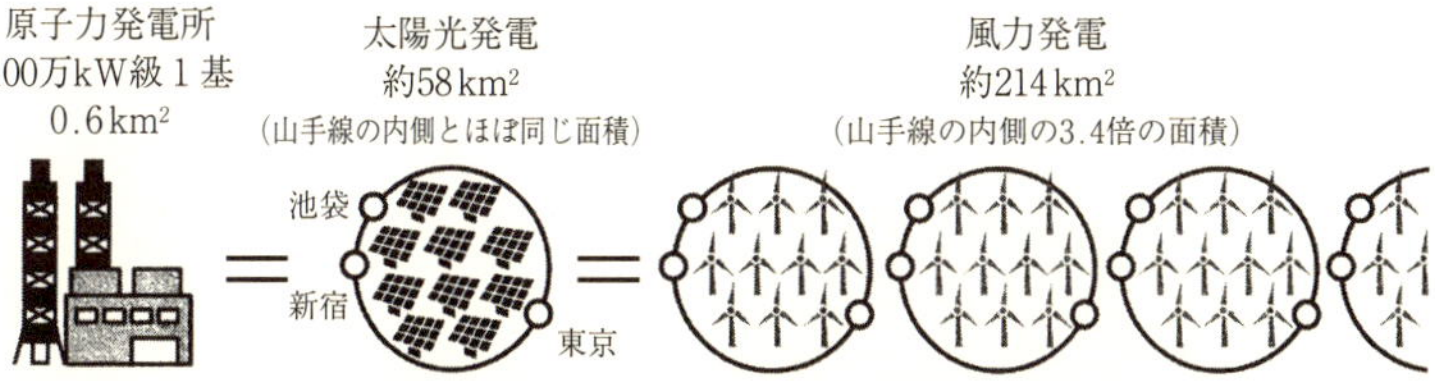

図1　100万KWHの発電施設に必要な土地面積
（出典）第1回低炭素電力供給システム研究会資料（2008年7月8日）。

発電では、山の手線沿線内側の総面積五八平方キロの敷地が必要であり、それを風力発電で得る場合、三・四倍の二一四平方キロの敷地面積の確保が前提となる。したがって、原発分四九基を代替する太陽光発電や風力発電のための土地面積の確保は困難であろう（図1）。またその取得費用と造成費用の負担主体問題は一顧だにされない。

代替可能性に乏しい

なお、社会科学の「生産可能性」（production possibility）概念に照らしてみても、火力や原子力による発電を太陽光や風力などが代替できる可能性は乏しい。なぜなら、後者では発電量も電力品質も一定しないからである。これらを無視して自然エネルギー依存を強行すれば、二〇兆円の「誤作為」に終始したCO2地球温暖化論が示してきたように、貴重な資金が無駄に費消されてしまう。学術的に見ても、一連の地球温暖化対策ではすでに二〇兆円が捨てられたという指摘がある（渡辺、二〇一二）。

停電リスク

停電に関するリスクについては、二〇一二年一一月下旬に北海道胆振地方で発生した暴風雪による五万六〇〇〇戸の大停電（リスクA）の観察と比較により、問題点が判明する。

胆振地方の大停電の原因は、暴風雪による火力発電所の発電停止ではなく、送電用鉄塔の倒壊であった。その結果、暴風雪当日のJR列車が九四本運休して、航空機の欠航が五八便にのぼった。さらに北海道有数の温泉である登別温泉の営業が不可能になり、営業する合計二〇のホテル・観光旅館では、宿泊のキャンセルなどによって暴風雪による停電が続いた四日間での被害総額が四億円を超えた。小中学校の臨時休校も続き、大病院もまた診療や手術が二日間は不可能になり、在宅患者では持病の悪化や体調不良が増加したことから分かるように、老若男女のすべてに「リスクA」が発生した。

スーパーやガソリンスタンドも営業停止が続き、郵便局や銀行のATMも止まったために、市民生活の不便さも募った。レストランでは仕入れていた食材が使い物にならず、加工業でも製品の品質が落ちるという損害が発生した。工場生産活動にも大きな影響があり、停電により切削機械が途中で止まり、部品が作れず、修理ができず、納期に間に合わない町工場が多数出た。このような暴風雪による大停電は「リスクA」の典型ではあるが、確率的には北国ならば繰り返し発生するという特徴をもつ。

リスクAは珍しくない

すなわち、このような日常的リスクは想定外なのではなく、想定していた自然の猛威には対処できなかっただけである。そのなかで、今回の暴風雪による北電の火力発電所の被害は皆無であった。しかし将来的に期待が集まる太陽光発電や風力発電では、暴風雪による施設破壊が想定され、その結果としての発電停止が予想される。この身近な「リスクA」は、夏場の台風でも冬季の暴風雪でも容易に発生する。福島原発人災で言われた「千年に一度」の頻度とは比較になりえない。文字通り台風や暴風雪下の地域社会のすべてで、全国の人々が一週間近く停電というリスクを受けるのである。

リスク論を正しく理解し、放射能が一ミリシーベルトでも怖いというような非日常的な環境言説を超えて、もっと身近な暴風雪や大停電のリスクに備えることが、資源配分と人員配分を変更する社会システムづくりを占う試金石となる時代が到来した。環境と人口の両面からリスクを見ていきたい。

参考文献

金子勇『環境問題の知識社会学』ミネルヴァ書房、二〇一二年。
金子勇『少子化する高齢社会』日本放送出版協会、二〇〇六年。
渡辺正『「地球温暖化」神話――終わりの始まり』丸善出版、二〇一二年。
（『エネルギーレビュー』第三三巻第三号、二〇一三年）

第Ⅵ部　音楽とマスコミ

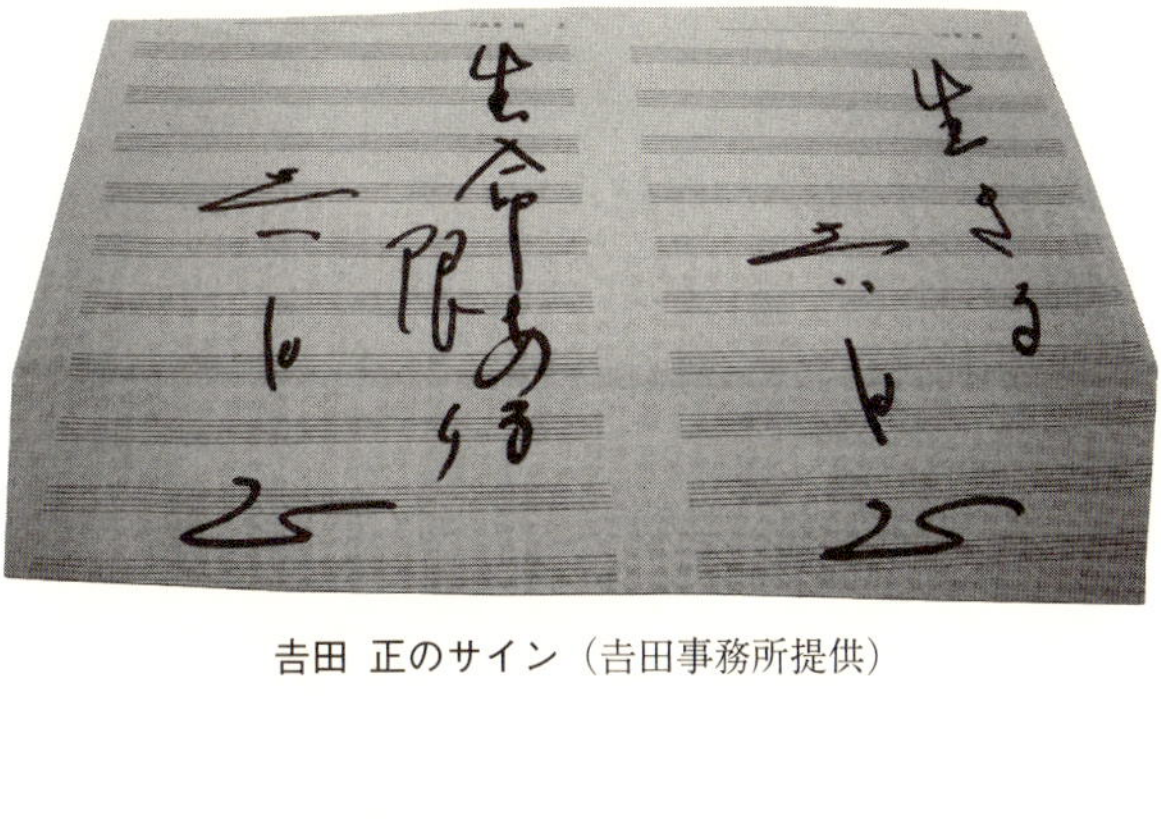

吉田　正のサイン（吉田事務所提供）

52 変わるCMソング——「古きよき歌」が復権　商品イメージと無関係に流行

最近、テレビから流れるCMソングにある変化が感じられるようになった。もっと正確に言えば、商品の宣伝に用いられる音楽に変化がおきていると思われるのである。それは、小椋佳の『揺れるまなざし』（昭和五一年）以降、この数年来のテレビCMソングを決定的に特徴づけてきた「イメージソング」の退潮と、それに代わる「オールディーズポップス」（古きよき歌）の復権である。

イメソン退潮

必ずしも特定の商品名を歌いこまない新しいCMソングとして、「イメージソング」はテレビ広告界とレコード産業に新鮮な衝撃を与え、この数年ヒットチャートを独占した感があった。例えば、松崎しげる『愛のメモリー』（昭和五二年）、河島英五『酒と泪と男と女』（同）、堀内孝雄『君のひとみは一〇〇〇〇ボルト』（五三年）、松山千春『季節の中で』（同年）、ジュディオング『魅せられて』（五四年）、久保田早紀『異邦人』（五五年）等がすぐ想起されよう。

このうち『魅せられて』がレコード大賞を受けたことは記憶に新しい。総じて、それらはニューミュージック系の歌手がリズミカルに歌っていた。

しかし、今年になってその傾向に変化があらわれた。変化の先駆はママス&パパスの『夢のカリフォルニア』の登場にあろう。この約一五年前のビッグヒット曲の放送は、乱造の様相を帯びてきた『イメソン』の氾濫の中で、一服の清涼剤と思われた。この曲の使用が一定の効果を持ちえたので、その後モンキーズの『デイドリームビリーバー』、ウォーカーブラザーズの『インマイルーム』、ビートルズの『PSアイラブユー』、日本のGSグループ、ジャガーズの『君に会いたい』、サベージの『いつまでもいつまでも』というように、次第に多く用いられるようになった。

さて、このCMソングの質的変遷は何を表しているのだろうか。とりあえず、ここでは次の諸点を指摘しておこう。まず、初期に大ヒットした『イメソン』の多くは、シンガーソングライターの作品であった。これは曲想の自然な発露という点において、絶対の強さを持っていた。作曲者の情感が直接伝わるからである。さらに、商品名の露骨なPRを避けたことで、オリジナルな音楽作品としての完成度も高かった。また、この人たちの多くは相対的に歌唱力にも恵まれ、表現力も持っていた。

質的変遷

その結果、新しい歌のジャンルが誕生し、数多いヒット曲は商品のイメージとは無関係に流行した。彼女自身がつくった作品ではないが、ジュディの『魅せられて』がワコールの商品に結びつく人は、おそらく極めて少ないだろう。

けれども、昨年度レコード大賞新人賞が「タノキン」の一人に与えられて以来、CMの世界に変化がおきた。本来、レコード大賞は歌謡曲の賞だと思っていた私は、音程と発声の点で著しく劣る若者に音楽賞が与えられたことに驚き、そして絶えず人為的に「スター」を創出していかねばならないマスコミ文化界の宿命を強く感じた。その三人の若者が現在、もし人気があるとしても、歌唱力に裏づけられていない以上、それはせいぜいミーハー族の代理経験願望の投影の結果にすぎず、数年のうちに消失するであろう。その手の歌手が消耗品扱いされるのは、マスコミ文化史の常識である。

つまり、だれが聞いても歌手とはいえない若者に、スターへの特急券を渡さざるをえなくなったマスコミ文化界に対して、柔軟な発想と対応力とをもつ一部の企業は、そのCMでオールディズポップスへの回帰を始めたのだ、と私は見る。とりわけ、高級品のイメージを売りこむのに、音程が不確かなタレントを使うことは企業の自殺行為である。高級品は確実性に富み、永続性に優れるという印象がなければ、簡単に売れるものではない。

歌は短命の時代

これらを考慮すれば、『夢のカリフォルニア』から『君に会いたい』までの使用は成功したといえる。これらの作品はすべて数人のグループによって演奏され、ハーモニーも確かで、印象に残りやすいメロディを含んでいる。利潤に敏感な企業がそこに狙いをつけたのはさすがである。

寺尾聡の『ルビーの指環』などの大ヒットを支えたのは二〇代から三〇代の青年層であって、決して中・高生なのではない。この世代は、ビートルズに代表される数多くの名曲を聞いて育っているので、音楽志向は強い。この点を無視して、レコード業界が購買層を中・高生と簡単に位置づけ、消耗品的歌手づくりしかしていない姿勢は疑問に思われる。二〇代、三〇代が通常レコードを買わないのは、それに価する内容を伴う作品が少なすぎるからであり、良ければ買うことは寺尾のＬＰの大ヒットで十分証明された。

現代は長く歌いつがれる曲が非常に乏しくなっている時代である。ピンクレディー、山口百恵はいったいどんな歌を残したか。一〇年先に聞いてみたいと思える歌は、どれくらいあるだろうか。オールディズポップスのＣＭ登場が、行き詰ったレコード業界、マスコミ文化界の転機となることを願う。

（『西日本新聞』一九八一年八月二一日）

53　生涯学習としての音楽社会学

音楽社会学への芽生え　博士課程二年の二月に、久留米大学商学部と医学部におけるそれぞれ通年三〇回の社会学講義の非常勤講師の紹介をいただいた。久留米大学での業績審査はパスしたものの、博士課程三年目の四月から講義の苦労が始まった。なぜなら、それまでは都市社会学とコミュニティ論しか研究していなかったからである。それで毎週三日くらいかけて四ページの学説史の講義ノートを作成し、それを三〇回続けた。主内容はデュルケムとヴェーバーの古典を中心にして、清水幾太郎と富永健一の著書で補完しつつ要点をまとめた。そのうちの一冊にヴェーバーの『音楽社会学』（一九一一＝一九六七）があった。全体的にはほとんど理解不能であり、一年生相手の講義では使えなかった。

しかし精読すると、クラシック音楽を素材として、西洋近代社会ならびに近代化に内包する「合理性」の音楽論的な解明が学べ、碩学による音楽作品を使った社会分析の手法に衝撃を受けた。部分的にも、例えば「モーツァルトの世界的な名人芸、楽譜出版業者ならびに演奏会企業化の要求の増大、それに市場と大衆の作用にもとず《ママ》く大量の音楽消費の要求の増大」（ヴェーバー、同右：二三五）は、そのまま日本の高度成長期と連結すると判断できた。

本書から「音楽と社会」分野への手招きを感じたので、近代化の一環としての都市化の時代すなわち吉田「都会派メロディ」が疾走した高度成長期を、音楽社会学で論じてみようと決意した。博士課程三年の二七歳の時であった。

高度成長期は数多くのイノベーションの時代でもある。私の青春時代である中学から高校・大学にかけて、次のような新しい商品が溢れ始めた。講義の準備のために読んだロジャース（一九六二＝一九六六）のイノベーション理論は学ぶところが多く、今日までイノベーションにも関心を持ち続けている。

イノベーションの時代

(1)ダスキン（一九六四年）
(2)キッコーマン減塩しょうゆ（一九六五年）
(3)S&Bゴールデンカレー（一九六六年）
(4)シャチハタ（一九六八年）
(5)カップヌードル（一九七一年）
(6)サトウの切り餅（一九七二年）
(7)ごきぶりホイホイ（一九七三年）
(8)ペンテル筆（一九七六年）
(9)ウォークマン（一九七九年）

これらはもちろん狭い意味の「技術革新」の成果ではあるが、国民の支持があったからこそロングセラー商品になったのだから、広くイノベーションと国民性との関連にも関心が芽生え、これも歌謡曲と同じく研究テーマとして意識した。

幸いにも一年間の非常勤講師としての講義が縁となり、翌一九七七年四月に専任講師として久留米大学に採用された。二学部における社会学講義はもちろん、二、三年生の演習と外書購読、四年生の卒論演習等を受け持ったので、大物二人に加えて、パーソンズ、マートン、ミルズ、マンハイムなどを計画的に学ぶ毎日が続いた。英文のコミュニティ論摂取も相変わらず行っていたので、アドルノやエリアスなどの音楽社会学に取り組む余裕はなく、その問題意識は水面下に深く閉じ込めていた。

見田宗介と小泉文夫

一年後の一九七八年四月に、それまで入手不能であった見田（一九七八）が講談社学術文庫に収録された。この名著を文字通りむさぼり読んで、見田の鋭さに舌を巻いた。ただし、歌謡曲を作詞の面だけで論じることの限界も強く感じた。この思いは三〇年間継続し、『吉田正』の本格的準備二年前まで音楽知識の不足に悩むことになった。

北大に移る直前の一九八四年五月に、小泉（一九八四）が刊行された。これは東京芸大の音楽学者による本邦初の本格的歌謡曲研究書であり、繰り返し精読した。音楽学者らしい楽曲の分析が盛りだくさんだったが、見田とは逆に作詞面への論及に乏しく、ヒット曲の時代背景の描写は皆無であった。

見田による作詞面だけでの歌謡曲研究は不十分だと判断し、小泉には楽曲の分析だけではヒット曲の時代性は分らないと不満を持った。若さとは勝手なものである。しかしこの両者から、歌詞の内容分析、楽曲の解析、時代背景への目配りの三本柱を、本格的な音楽社会学による歌謡曲研究の中核として抽出できた。以後は、本業の傍ら、『吉田正』への模索と古書店での資料収集が一五年以上続くことになる。

すぐにこの課題に取り組めなかったのは、それまで一〇年間行ってきた研究課題「都市化とコミュニティ」を、「高齢化と地域福祉」に変えたからである。このために、北大移籍後の二年間は統計学の独学を行い、コンピュータによる五〇〇人規模の社会調査データ処理法の習得に全力を尽くした。そのために、楽曲の解析能力を高める音楽理論の独学などの余裕はなかった。

吉田メロディへの手がかり

やっとのことで統計学とデータ処理法の課題をこなしたので、八六年から三年間の科学研究費により小樽市、久留米市、札幌市の三都市市民合計一五〇〇人の訪問面接調査を行った。その計量的比較分析結果を金子（一九八八）として『計画行政』第二〇号に発表したところ、八九年にこの論文に第一回の日本計画行政学会賞が授与された。また、北大で最初の単著となった金子（一九九三）で、九州大学から博士（文学）学位を取得することができた。加えて、一九九四年に同書に第一四回日本都市学会賞（奥井記念賞）が与えられた。

その後、一九九五年講談社現代新書、一九九七年ミネルヴァ福祉ライブラリー、一九九八年ＮＨＫブックスなどの依頼が舞い込み、ほぼ二年おきに単著を刊行することになった。一九九〇年代のテーマは「高齢化と地域福祉」に極力絞って、日本各地での自らの調査結果を活用した。例外は松下国際財団の援助による台湾台北調査である。台北では、半数程度の「内省人」高齢者は日本語をきちんと話せたから、調査そのものは難しくはなかった。大陸からの移住者である「外省人」高齢者には通訳を用意して、家族関係とコミュニティ関係を詳しく調べるうちに、台北の「朝オケ」を知った。

台北市内の公園では、朝早くからカラオケ大会（朝オケ）が行われており、市民の歌好きに驚いた。日本語の歌、台湾語の歌、中国語の歌の三グループに分かれていて、私も朝から通って吉田メロディではなく日本語の演歌を歌って仲良くなった。それらの結果はミネルヴァ福祉ライブラリーシリーズの金子（一九九七）に掲載した。

また、同じ頃の九七年七月にカンザス大学に出かけた折、セントルイスまで足を伸ばした。公園や街中の至るところで、本格派のジャズグループが文字通りストリートミュージシャンとして演奏していた。市民は無料でそれを聴き、気に入ったら夜の本格的ステージに再度出かけるという。コミュニティに音楽が溶け込んだ市民のライフスタイルを垣間見た。「音楽と社会」の結びつきは洋の東西を越えているのだろう。これは二〇〇四年から少子化調査をはじめたパリでも実感することになる。

吉田正の逝去

そのような時期の一九九八年六月一〇日に吉田正が逝去した。一九九〇年代も音楽社会学への胎動は続いていたので、当時番組審議会委員長をしていた北海道テレビのキー局であるテレビ朝日のルートを使って、吉田への面会を希望していた。しかしそれは吉田宅に届いておらず、テレビ朝日関係者のリップサービスに過ぎなかった。吉田メロディのいくつかの点を、直接本人に尋ねたいという希望が消えてしまった。

しかし、たまたまその時期に、札幌の古書店で吉田と同世代のしかもビクター専属の作曲者渡久地（一九九一）を手に入れた。渡久地政信自らが筆を取った自伝であり、行間に溢れる人生への思いと作曲への情熱は類を見ない。吉田との交流にも沢山のページが割かれている。その内容に、ともすれば消えそうな音楽社会学の灯火を維持できた。見田と小泉の著書に加えて、私の音楽社会学を励ましてくれた三冊目の本との出会いである。

さらに、出張の合間をぬって福島市の古関裕而記念館、長野県中野市の中山晋平記念館、故郷の福岡県大川市の古賀政男記念館、東京代々木上原の古賀政男音楽博物館等に足を運んだ。吉田正の前に立ちふさがった大御所作曲家の記念館にもまた、多くの刺激を受けた。

「都市化の音楽社会学」を放送

たまたま五〇歳記念として金子（二〇〇〇）を用意していたので、最終章に「都市化の音楽社会学」を書いた。これは作曲家記念館を歴訪した刺激により一年がかりで音楽理論を学び、吉田「都会派メロディ」の音楽理論的な特質を、音階、リズム、調子、音域などに分け、見田の作詞分析の手法を取り入れつつ二〇頁にまとめたものであった。

その内容を、二〇〇〇年の冬に依頼のあった放送大学ラジオ講座で、「都市化の音楽社会学」として二回の番組に転用した。その九〇分のラジオ講座テープと拙著を吉田正夫人である喜代子氏に献呈したら、早速に会いたいと言う連絡をいただき、ご自宅を訪問した。二〇〇一年の四月だった。そこで、吉田事務所の方、ビクター関係者、クラシック編曲で吉田メロディを継承されている大沢可直氏などを紹介された。

ここまでくると二〇頁では済まなくなり、また九〇分のラジオ講座だけでも不十分と判断するようになり、積年の課題である音楽社会学としての『吉田正』の執筆は避けられなくなった。しかしまだ音楽面の素養が不足しているという現実が立ちふさがり、出版まではあと一〇年近くが必要となった。

二〇〇〇年代に入ってからの研究テーマは「少子化と子育て支援」に移行したが、実際には「高齢化と地域福祉」の延長線上にあった。三年かけて少子化をテーマとした金子（二〇〇三）を上梓したところ、恩師の鈴木広先生から丁寧な「書評」をいただいた（鈴木、二〇〇四）。七三歳の恩師が五四歳の弟子に「書評」されること自体がありがたいことであり、加えていくつかの課題をそこで指摘していただいた。その中の一つに外国の事例研究があった。そこで当時も少子化対策で成功したフランスの事情について調べようと決意して、三〇年前に忘れたフランス語初級の独習を始めた。

パリ調査　二〇〇四年九月からほぼ毎年パリに一週間前後出かけて、市役所・区役所をはじめとする現地の少子化、高齢化、家族関連の資料などの書籍を購入してきた。これらは定年後の楽しみになっている。パリではインタビュー調査もした。調査対象は、北海道出身者がフランスでつくっているポプラ会に紹介いただいたフランス人家庭である。パリ在住の人々が中心だが、ジャンヌダルクの火刑で有名なルーアンでも行った。

調査の合間にルーブルやオルセーの名画とともに、ムーランルージュやリドの世界的なショーを楽しんだ。そして街中や地下鉄構内で演奏するストリートミュージシャンの多さに驚いたのは、セントルイスと同じである。

数年かけて、パリ調査の結果も含めた少子化関連の単著を刊行した（金子、二〇〇六a；二〇〇六b；

二〇〇七）。すでに六〇歳が近づいており、自分なりの還暦記念を考えたときに、やはり音楽社会学を形にしようと決心した。出版のあては全くなかったが、たまたまミネルヴァ書房の編集部員と雑談の折に、「日本評伝選」での追加領域と候補者紹介を希望されたので、ためらわず日本の歌謡曲作曲家を挙げた。なぜならそれまでは、「からたちの花」で有名な山田耕筰しか予定されていなかったからである。

「日本評伝選」シリーズに入った

最初に挙げた候補は、古賀政男、服部良一、古関祐而、吉田正の四名であった。編集委員会で審議の結果、とりあえず古賀政男と吉田正だけ先行という結論が得られた。社長からは二名ともにという打診があったが、到底不可能であったので、吉田正のみを引き受け、古賀政男論は東京芸大出身の声楽家藍川由美氏を紹介した。二〇〇八年の暮れのことである。彼女とは面識がなく、全体の三〇％を古賀メロディ分析に充てた藍川（二〇〇二）の著者であること以上の知識はなかったが、幸いにも引き受けていただいた。

「日本評伝選」シリーズは二〇〇三年に始まったミネルヴァ書房の大型企画であり、吉川弘文館の歴史人物叢書とは異なるコンセプトをもっている。義経、信長、家康、高杉、伊藤、明治天皇などは重なるが、力道山や手塚治虫までも包摂した幅の広さが特色になっている。

新書とは異なり、学術的な企画の一冊として『吉田正』が発表できることは、最高の動機づけになった。二〇〇九年の正月休みから、音楽辞典を買い込み、音楽理論の摂取、楽譜の読解、歌詞の分析を開始した。同時に渋谷にある吉田事務所、二〇〇四年四月二九日に日立市にオープンした吉田正音楽記念館、作詞家佐伯孝夫の墓がある浅草区堀切の九品寺、作詞家宮川哲夫の遺品を収蔵する町田市市民文学館等を歴訪した。吉田正本の準備をしていると切り出すと、どこでも大変好意的に応対していただき、秘蔵の資料や写真等を惜しみなく提供していただいた。

『吉田正』の完成

執筆開始は二〇〇九年の三月くらいからであった。人生の愛読書の一冊である司馬遼太郎『坂の上の雲』（文春文庫）の第八巻のあとがきに、「自分が最初の読者になるというだけを考え、自分以外の読者を考えないようにしていままでやってきた」（司馬、一九七八：三四一）があり、吉田正本もまたそのつもりで書こうと決意した。幸い三〇年かけて資料を集めていたので、それらを順次読み込み、併行して音楽理論を学び、原曲を聴きなおした。一人カラオケでも吉田メロディを繰り返し歌い込んだ。

自らの秘蔵資料として、生前からテレビで繰り返された「吉田メロディ特集」を自分で録画したビデオ数本と、一九九三年五月三日にＮＨＫＦＭで放送された二時間スペシャル「吉田正の世界」があった。これらに残された本人の肉声が執筆過程でも威力を発揮した。加えて、日立市吉田正音楽記念館で購入した『命ある限り　吉田正・私の履歴書』から、吉田の「肉声」を拾う努力をした。

「吉田正」執筆の五原則

具体的に取りかかってからは、試行錯誤ながら執筆の五原則ができた。歌謡曲の作曲家論なので、歌詞の分析で作曲家を論じることだけは厳禁した。それ以外にも、

(1)誰も書いてない内容を自分で書き、第一読者になりたい。
(2)時代を記録することの意義を歌謡曲に託する。
(3)時代を独走するにはイノベーションが必要である。
(4)目標とライバルの存在が大きな仕事を達成させる。
(5)吉田メロディで、少年時代から青春時代を振り返る回想法の実践をする。

という骨格が見えて、それに沿った叙述を心がけ、六カ月ほどで脱稿した。

本書で扱った「吉田メロディ」の代表作は、一九五三年（街のサンドイッチマン）から七一年（子連れ狼）までの一八年間に集中している。六種類のジャンルを書き分けた吉田が歌謡界で疾走していた時期になり、私は四歳から二一歳であった。この膨大な歌を覚えたのは、六〇年まではラジオだけであり、その後はテレビの歌番組を通してであった。レコードが買える家計ではなかったため、音源はマスメディアのみであった。

音楽表現の特質

音楽と美術は芸術の代表的分野である。しかし、個人の創作であるところは同じでも、その表現形式は全く異なる。音楽表現では、作曲家、編曲家、演奏者、歌があれば作詞家と歌手という五組の分担を伴うのに対して、絵画ならば画家一人ですべてを完結できる。音楽でも美術でもある時代の人間が創作するのだから、作品にはその時代性が刻印され、それがまた作品の個性となる。芸術鑑賞とは個性の味わいである。

絵画の素養は皆無であり、絵筆をとったこともないが、美術館巡りは好きである。たまたま横山大観記念館での鑑賞の際に求めた画家の自伝にあった「いかに罵倒されようとも我慢することにつとめました。世間のとかくの評判などは眼中におかないで自己の信ずる道を進んだ」（横山、一九九九：七六）などに励まされたりした。

ルーブルで初めてモナ・リザを見る前に読んだダビンチへのコメント、「彼ははじめることと、企てることと、準備することに一生費やしてきたので、何一つ成就しなかった」（メレジコフスキイ、一九七一：五一四）に触れて、三〇年にもなる音楽社会学の企ての長さを反省して、どこかで成就したいと考えたこともあった。また、モナ・リザに触れた「特定の婦人の特殊的な一回的なあるいは偶然的なものを除き、あらゆる性向を包蔵する女性それ自体を具象化した」（久保、一九七二：七二）という指摘から、個別的対象や作品を経由して、「主題の本質」をいかに把握し、「統一的全体」を得るかを心がけるようにした。これは社会調査と理論化に通じる方法である。

歌詞とメロディとリズムの分析

そのような思いを胸に、執筆に際しては実証社会学の基本である「観察された事実」の分析に忠実であろうとした。具体的には楽譜とCDの両方を使って、メロディとリズムと音階を軸とした音楽作品論を追究し、小泉の方法を遵守した。他方では、見田が行った手法、すなわち従来の歌謡曲研究に見られる作詞面だけで作曲家を解説する動向への批判を込めた。歌詞を国民が朗読したからヒットしたのではなく、歌ったからヒット曲が生まれたと考えたからである。

吉田は、自分の前に聳え立つ大山脈として、暗くて湿り気が多く、前途を悲観するような古賀メロディを乗り越えるべく、一九四八年の「異国の丘」から七年かけて吉田「都会派メロディ」を完成した。古賀メロディを楽曲面からみると、ヨナ抜き短音階（ラシドミファという五音しか使わない）と長音階（ドレミソラという五音しか使わない）と農作業のリズムからなっていた。

和声短音階と旋律的短音階

一方の吉田メロディは明るくて、カラッとしており、希望が沸いてくる高度成長期にふさわしい音楽であった。楽曲的には、（♯）の巧みな使用による和声短音階と旋律的短音階（ラシドレミファソラ八音とファ半音とソ半音も使う）、およびブルースのリズムに特色をもつ。ともにワルツではあるが、古賀の「ゲイシャ・ワルツ」（一九五二年）と吉田の「再会」（一九六〇年）では、聞いた印象は極めて異質である。

吉田メロディの幅広さは、男性版と女性版の「都会派愛の歌」、「青春歌謡」、「青春リズム歌謡」、「股旅もの」、「時代もの」という六つの支流を持つところにある。『吉田正』ではこれらの音楽面の特徴をまとめ、歌謡曲の時代表現機能を強調した。

パートナーの存在

合せて両者の人生から、着実な仕事の遂行には、息のあったパートナーの存在を発見した。古賀と作詞家西條八十とが不可分なように、吉田の場合は、作詞家佐伯孝夫が存在する。佐伯孝夫が書き分けたジャンルの幅広さと表現の軽妙洒脱さとは、吉田メロディの可能性を広げて、数多くの名曲に結びついた。そしてこの二組の作詞作曲コンビのみが、今でも日本歌謡史に燦然と輝いている。

しかし、学術作品でも芸術作品でも時代を疾走する勢いには限りがある。一人ないしは一分野での独走はせいぜい三年しかありえない。例外的に吉田メロディは六分野に広がりを持っていたので、五三年「街のサンドイッチマン」から七二年「おまえに」までの長期にわたって、日本の高度成長期の歌謡曲世界を席巻した。このような時代を彩った歌謡曲の背景にまで目配りすると、音楽文化創造の奥深さが楽しめるであろう。

閉塞感が強い二一世紀の今日からふり返ると、貧しくはあったけれど、将来への夢と希望に溢れていた高度成長期には、そこに生きる日本人に圧倒的に支持された吉田メロディがあった。『吉田正』では、この作曲家の生き方と作品研究を通してイノベーションに溢れる時代を追想し、今日の閉塞感の緩和を試みた。

吉田作品の特徴

八〇曲ほどの吉田作品を多角的に検討した結果、以下の特徴が分かった。データベースは吉田の晩年に出された「吉田正大全集」（全一一巻）である。

(1)伝統と権威（古賀政男、万城目正、服部良一、古関裕而）への挑戦
(2)イノベーション、創作・革新は街の風俗探求から始まる
(3)第一位の疾走方法、三年ごとに作風を変えていく
(4)高度成長期の時代表現、ふるさと派歌謡と都会派歌謡の両方で行う
(5)時代認識の先取り、都会、青春、漂泊、夜と昼、大人と若者、春夏秋冬、すべてを喜びに変える

(6)パートナーの重要性、佐伯孝夫と宮川哲夫の存在が大きい
(7)ライバルの重要性、青春歌謡で遠藤実の活躍がそれに該当する
(8)国民への強いメッセージ、貧しくても辛くても楽しく生きよう
(9)生きる喜びの体現としての歌謡曲がある
(10)時代の記録としての歌謡曲は重要な機能を持つ

多くの書評

二〇一〇年一月に刊行して、喜代子夫人はじめ多くの関係者に謹呈したところ、大変喜んでいただけた。また、一月二四日の『日本経済新聞』で「説得力のある論述は、今後の歌謡曲研究に一石を投じることになる」と書評された。『北海道新聞』、『エコノミスト』、『西日本新聞』でも相次いで書評が出たが、四月一八日『読売新聞』では音楽評論家片山杜秀が「作曲家の評伝と戦後社会史を兼ねた傑作。日本の音楽社会学の夜明けだ」とまとめてくれた。私の狙いを正確に読み取った書評に感激した。一〇冊を超える単著の中でも、本書は新聞での書評が一番多かった。

三田明さんと吉永小百合さん

さらに予期せぬことが続いた。二月の終わりに吉田正のご仏前に供えるべくご自宅を訪問したおり、三田明さんが待っていてくれた。青春時代の「美しい十代」からファンであったので、ツーショットの写真をいただき、記念にしている。スター歌手とは思えないほど気さくな団塊世代の仲間である。

六月には喜代子夫人主催の「吉田正一三回忌」のパーティに招待された。三五〇人が帝国ホテルの会場に集う豪華なものであり、芸能界の輝きに触れた。そしてそこには吉永小百合さんがおられた。勇気を持って自己紹介したところ、『吉田正』を読んでおられたようで、「吉田先生の本を書かれた先生ですね」と答えられた。おそるおそる写真撮影をお願いしたら、もって瞑すべきツーショットが得られた。

全くのお宝であるが、一一月に文化功労者になられたので、その年の写真という意味で、家宝ものとなった。

「昭和の歌人たち」に出演　おまけはまだ続く。六月末にNHKBSで放送している「昭和の歌人たち」という歌番組に出演依頼が来たのである。加えて、札幌市生涯学習センター（ちえりあ）一〇周年企画として、「吉田正の歌の世界」講演の話が舞い込んだ。

前者は、物故者に限定した作曲家と作詞家を取り上げ、一人七五分をかけてその偉業を見直すNHKBSの歌番組であり、吉田メロディの作詞者である佐伯孝夫の特集だという。しかも主催は日本音楽著作権協会（JASRAC）であり、吉田正はその第三代目の会長経験者であった。そもそもが『吉田正』を読んで企画したとの話だったので、出演することにした。収録は八月末に代々木上原のJASRACビルが隣接する古賀政男音楽博物館「けやきホール」であった。

司会はもとNHKアナの宮本隆治さんと歌手の由紀さおりさん、ゲスト歌手は橋幸夫さん、三浦洸一さんはじめ吉田門下生と若い歌手であった。私は佐伯孝夫の作詞面の特徴と吉田メロディの新しさと幅の広さを前半の五分ほどで話した。後からDVDを観ると緊張の連続であったが、楽しい時間でもあった。放送は九月一九日であった。

一方、札幌市生涯学習センター（ちえりあ）での「吉田正の歌の世界」講演は一〇月二一日であった。講演の時間帯が一四時から一六時だったにもかかわらず、四〇〇人の定員のうち三〇〇人が来場された。講演に先立ち、パワーポイントの原稿と使用する吉田作品を二〇曲選んだところ、それぞれをカラオケビデオ風に編集していただけた。当日は、自らで用意したパワーポイント原稿、それに「ちえりあ」で作成していただいたカラオケビデオの歌と映像をふんだんに使えて、大変楽しい講演会になった。

橋幸夫さんと歌謡曲論　二〇一〇年一二月の暮れには、喜代子夫人の九〇歳を祝うパーティに出席した。その席で、吉田学校の「門下生総代」である橋幸夫さんと歌謡曲論を一五分ほど交わした後、これまた記念すべきツーショットをいただけた。つまり、小学五年生から橋さん、中学二年生から吉永さんと三田さんのファンであった私は、還暦をすぎた二〇一〇年にこの三人の大スターとツーショットを撮る機会に恵まれたのである。

音楽社会学による達成感　三〇年近くの「少子化する高齢社会」研究で、高齢者の生きがいは高校入試で出題されない科目である音楽、美術、保健体育、技術家庭の領域に含まれることが分かっている。主要五科目は六〇歳までの現役時代には有効だが、五〇歳を過ぎたら残りの四科目が人生後半を支えてくれる。たまたま私の生涯学習分野は音楽であり、都市化、高齢化、少子化、地球温暖化などの研究課題以外の一領域として歌謡曲研究があったにすぎないが、『吉田正』による達成感はひとしおであった。

三〇年以上続いた音楽社会学への胎動の節目に出会ったヴェーバー、見田、小泉、渡久地、吉田の五冊が、音楽社会学の灯火を守ってくれた。同時に、素人の生涯学習の成果なので発表の機会には恵まれないだろうと諦めていたときに、評伝選シリーズに加えていただいたミネルヴァ書房、秘蔵の写真、資料、手紙、原稿などを惜しみなく与えていただいた吉田喜代子氏、吉田事務所、吉田正音楽記念館、町田市民文学館の暖かいご支援に心から感謝する次第である。

参考文献

藍川由美『「演歌」のすすめ』文藝春秋、二〇〇二年。
金子勇「住民参加論の問題状況」日本社会学会編『社会学評論』第二七巻二号（一九七八年）、七一～七七頁。

金子勇「高齢者の都市アメニティ」日本計画行政学会編『計画行政』第二〇号（一九八八年）、八四～九三頁。

金子勇『都市高齢社会と地域福祉』ミネルヴァ書房、一九九三年。

金子勇『高齢社会・何がどう変わるか』講談社、一九九五年。

金子勇『地域福祉社会学』ミネルヴァ書房、一九九七年。

金子勇『高齢社会とあなた』日本放送出版協会、一九九八年。

金子勇『社会学的創造力』ミネルヴァ書房、二〇〇〇年。

金子勇『都市の少子社会』東京大学出版会、二〇〇三年。

金子勇『少子化する高齢社会』日本放送出版協会、二〇〇六年 a。

金子勇『社会調査から見た少子高齢社会』ミネルヴァ書房、二〇〇六年 b。

金子勇『格差不安時代のコミュニティ社会学』ミネルヴァ書房、二〇〇七年。

金子勇『社会分析――方法と展望』ミネルヴァ書房、二〇〇九年。

小泉文夫『歌謡曲の構造』冬樹社、一九八四年。

近藤啓太郎『大観伝』中央公論社、一九七四年。

久保尋二『レオナルド・ダ・ビンチ研究』美術出版社、一九七二年。

見田宗介『近代日本の心情の歴史』講談社、一九七八年。

メレジコフスキイ（谷崎精二訳）『先駆者』旺文社、一九七一年（原著名、刊行年の記載がない）。

Rogers, E. M., 1962, *Diffusion of Innovations*, The Free Press.（藤竹暁訳『技術革新の普及過程』培風館、一九六六年）

司馬遼太郎『坂の上の雲』八、文藝春秋、一九七八年。

鈴木広「書評　金子勇『都市の少子社会――世代共生をめざして』」西日本社会学会編『西日本社会学会年報』第二号（二〇〇四年）、一七五～一七七頁。

横山大観『大観画談』講談社、一九六八年／日本図書センター、一九九九年。

渡久地政信『潮騒に燃えて』サザンプレス社、一九九一年。
Weber, M., 1912, *Die rationalen und soziologischen Grundlagen der Musik.*（安藤英治・池宮英才・角倉一朗訳『音楽社会学』創文社、一九六七年）

（北海道社会学会編『現代社会学研究』第二四巻、二〇一一年）

54　活性化シンボルとしての音楽記念館

シンボルとしての音楽記念館　一九九八年六月一〇日に七七歳で死去した吉田正は、都会派歌謡、青春歌謡、またたび歌謡の三ジャンルで戦後日本の大衆音楽に多大の貢献をした。その生涯で二四〇〇曲を作曲した吉田は、戦後日本の高度成長期を歌謡曲という表現手法によって記録した作曲家の代表であり、その時代証言的な作品の意義は非常に大きい。

その一〇年前の一九八九年に、「露営の歌」、「暁に祈る」、「とんがり帽子」、「長崎の鐘」、「君の名は」そしてあの「東京オリンピックマーチ」ほか生涯五〇〇〇曲といわれた古関裕而が八〇歳で没している。五歳年上の古賀政男と同じく、古関もまた昭和前期後期を通して大衆音楽の作曲家であった。福島市に生まれた古関は「音楽の故郷も福島」（古関裕而『鐘よ鳴り響け』古関裕而記念館、一九八〇年）という。幸いなことに、福島市名誉市民第一号の彼が亡くなる前年に、福島市は古関裕而記念館を市制施行八〇周年記念として造った。

時代を記録する歌謡曲　歌謡曲が時代を記録する機能は強く、その音楽自体が時代のシンボル効果をもち、そこに生きる国民の支えにもなる。昭和の作曲家たちは一九八〇年代までをきちんと時代証言として残してくれたので、この詳細な研究は今後の音楽社会学の課題である。同時にその功績として、彼らの音楽記念館を造ることがあってもいい。しかし、日本の自治体も市民団体もなぜかこの問題には関心が乏しく、歌謡曲作曲家の記念館は、生まれ故郷の福岡県大川市と東京代々木上原にある二つの古賀政男記念館（博物館）、古関裕而記念館そして長野県中野市にある中山晋平記念館しか、これまでには存在しなかった。

二〇〇四年四月二九日に日立市にオープンした吉田正音楽記念館は、日本で四番目の歌謡曲作曲家の記念館である。先行する中山、古賀、古関らの記念館がそれぞれの故郷に設立されたのと同様に、吉田の故郷である日立市にそれは設立された。これには市だけではなく、吉田夫人をはじめ吉田事務所それに弟子に当たる歌手の方々や専属していたレコード会社その他の多大な協力があった。そのためオープンまでに七年が経過し、吉田の七回忌を目前にしてようやく実現したものである。

太平洋を見下ろすかみね公園丘に設立された五階建ての吉田正音楽記念館は、誕生と同時に日立市の新しい地域シンボルになった。今後は先行する三つの記念館と同じく地域に根ざした大衆音楽の拠点として、またそれを媒介とした地域活性化の貢献の方法が具体化されることになる。

吉田メロディの特徴

私の研究テーマは「少子高齢化」であり、仕事柄高齢者へのインタビュー調査も多い。その際、歌謡曲の話題は、初対面の高齢者とスムーズに対話を始める最良の触媒になる。明治生まれの中山晋平、古賀政男、古関裕而そして大正生まれの吉田正という日本の歌謡曲を代表する作曲家の作品は、高度成長期の日本を支えてこられた今の高齢者の応援歌であり、当時の回想を呼び起こすカギになっているからである。このうち吉田正に特にこだわって、その都会派歌謡・青春歌謡・またたび歌謡を調べてきた。私の小中高校時代の愛唱歌であったことが一番の理由であるが、先人をどのように乗り越えるかの具体的なノウハウを学ぶためでもある。端的には古賀メロディという大山脈とは異なる吉田メロディとは何かを問いかけてきた。

さて、スタンダアルは、モオツアルトの音楽の根底は tristesse（かなしさ）というものだ、といった（小林秀雄『モオツアルト』）。同じ文脈で、吉田正の音楽世界には pleasure（喜び）が溢れているといってよい。この理由の一つには吉田自身の性格がもちろん挙げられるが、彼が生き抜いた戦争と平和の時代体験が、「喜び」を基調とする大衆音楽を作らせたことも指摘しておきたい。いうなれば、吉田メロディは地域と時代と世代の交差点に登場した日本人による「幸せな音楽」なのである。

まずここでいう地域とは具体的には中国とロシアである。吉田には中国大陸での従軍経験とシベリア抑留体験があり、これが帰国後の吉田の原点にあることは、本人がテレビやラジオで繰り返し語った通りである。ただ「異国の丘」で劇的にデビューした吉田の作品でも、昭和二〇年代は四七抜きのいわゆる日本的なメロディが中心であり、特に記憶に残る作品には乏しかった。むしろその時代は、「上海帰りのリル」（渡久地政信）や「湯の町エレジー」（古賀政男）それに「長崎の鐘」（古関祐而）や「青い山脈」（服部良一）の印象が強い。

都会派メロディの登場

ところが、昭和二八年の「街のサンドイッチマン」あたりから、リズムに吉田の個性である都会派ブルースの特徴が表れてきた。そしてそれが完全に定着するのは昭和三〇年の「赤と黒のブルース」からである。この二曲のメロディラインはまだ四七抜き短音階であったが、リズムが完全に吉田独自の世界である都会派ブルースに変貌している。ブルースのリズムを使いながら、和声短音階（G#）もしくは旋律的短音階（F#、G#）が用いられているところが最大の個性である。四七抜き短音階ではなく、この両者を多用したメロディこそが、中山と古賀と古関の伝統を破り、高度成長に離陸する日本社会の都市化開始時点を音楽で表現するための工夫の産物なのであった。

さらに、都会派メロディは見事なスキップの旋律に共鳴する。三橋美智也や春日八郎が歌っていたふるさと派メロディには絶対登場しえない付点八分音符と十六分音符がセットで繰り返し用いられる。それらからは、東京・銀座という都会の舗装された歩道を軽快な革靴とハイヒールで歩いている雰囲気が伝わってくる。

そしてこの二曲を鶴田浩二がヒットさせたことは、時代と世代との関連で見ても、大変興味深い。鶴田自身は吉田と同じ大正世代に属しており、終戦後に再度芸能界に入り、そこでこの二曲に出会ったからである。すぐ後から来る橋幸夫や戦後生まれの吉永小百合と三田明との世代の差は歴然としているが、鶴田の初期の都会派歌謡曲が大正と戦後世代との間の橋渡しをしている。この中間に位置するのが、都会派メロディのもう一つの巨峰を形成したフランク永井と松尾和子そして和田弘とマヒナスターズである。これらの世代と鶴田そして三浦洸一が、並行して都会派歌謡曲を完成させたことになる。

戦前派による第一期黄金時代　このように見ると、当然ながら戦前派が吉田都会派メロディの第一期黄金時代を支えていることになる。「赤と黒のブルース」は「上海あたりで特務をやっていた男の望郷歌」（平岡正明『大歌謡論』筑摩書房、一九八九：五四五頁）と評されるが、名言である。戦地、戦争体験、上海の意味シンボルを一〇年後に東京・銀座で復活させるのには鶴田のキャリアが必要であった。

すなわち吉田メロディは、「異国の丘」を出発点として、四七抜きの日本音階と外地都市の筆頭である上海という大都会を経由して、戦前派がこれを担う形で、都会派歌謡曲として東京・銀座に到達したのである。その後、急速にかつ大量に吉田メロディのヒット曲が生み出され、第一期の黄金の昭和三〇年代前半に結びついていく。吉田の帰国後一〇年が経過したこの時代は、全国の農山漁村が高度成長の影響を受け始めたことにより、それまでの伝統的な村落風景が消失をはじめ、他方で東京・銀座に象徴されるような都市景観が徐々に地方でも増加してきた。東京という大都会の既視感（デジャビュ）が地方の村に生きる人々にも共有され始めた。この「中国・シベリア対日本」、日本の地方の原点としての「リンゴ村」をもつ「東北農村」対都市の代表である「東京・銀座」という二重構造の交差点に、昭和三〇年代前半の吉田メロディは第一期の黄金期の季節を迎えたのである。

まさしくその時代は、人口の都市集中としての都市化が日本全国で始まり、高度成長の夜明け前にさしかかっていた。この時代に一世を風靡した吉田都会派歌謡曲には、明日に向かって生きようとする日本人の欲求や気分などが濃縮されていた。周知の「哀愁の街に霧が降る」、「有楽町で逢いましょう」、「泣かないで」、「誰よりも君を愛す」、「東京ナイト・クラブ」という佳曲は、日本全国の地域で生きる人々に、まだ見ぬ東京という大都会を身近な歌謡曲を通して体験させてくれた。

都会派歌謡曲の完成

もっとも東京・銀座だけが都会派雰囲気を醸し出していたのは昭和三五年までであり、そこでの幸せは、松尾和子「グッド・ナイト」に象徴される「夜が楽しい」世界の到来に結びついた。銀座は一流企業の社員が出かけられるところであり、農村型社会では決して味わえなかった「夜が楽しい」世界でもあった。同時代の北海道から九州における地方都市や農村では、依然として夜なべ仕事をする父親がいたし、いろりで繕い物をする母親の姿もあったからである。もちろん、佐伯孝夫と宮川哲夫の見事なまでのカタカナを駆使した都会派風俗の描写が、吉田メロディを精錬させたことは疑い得ない。

吉田メロディの功績

ナイト・クラブやジャズ喫茶それにネオンなどの都会派風俗は、夜も楽しめる時代の象徴であった。そして、夜が楽しめるという「生きる喜び」は地方出身の若者には驚異的な世界であった。

高度成長が本格化して、集団就職が目立つのは昭和三六年以降であるが、全国から東京へ集まってきた若者が大した混乱もせずに比較的整然と都会の暮らしに馴染めたのは、都市生活のなかに根付いていた町内会の存在と、故郷で五年前から聞いていた吉田の都会派歌謡曲の故である。都会の雰囲気を吉田メロディですでに味わっていた地方からの流入層は、現実の都市生活への適応を、かつてのふるさと農村にあった自然村や共同体と同質な都市の町内会を通して行った。その意味で、日本社会の秩序の解体は起きなかった。一方、都会派歌謡曲は新しい都市生活に違和感を覚えさせないばかりか、移住してからも懸命に生きる人々に夢を与えた。

その後、地方出身の若者がますます増加する昭和三七年になると、「銀座」から「羽田空港」までの「都会派ライン」は東京全体に拡散し、「若い東京の屋根の下」や「みんな名もなく貧しいけれど」に見られる「下町風景」まで含まれるようになる。なぜなら、この時期には全国の農山漁村や地方都市から首都圏に向けて大規模な人口移動が進んでおり、そこで学んだり働いたりする若者がたくさんいたからである。

「東京」は一方では○○銀座という名称によって全国にあまねく浸透したし、他方では戦後生まれの団塊世代が急速に東京に集中してきた。いわば、拡散と集中のメカニズムが東京を拠点に働き始めた。いわゆる戦争を知らない子どもたちも小学生になり中学生になろうとしていた。社会システムが都市型に変貌し始め、高校生が急増した。何しろ昭和三五年の高校進学率は五七・七％でしかなかったのに、昭和四〇年には七〇・七％に急増したのであった。これが吉田の青春歌謡曲を軸とした第二期の黄金時代の背景となり、昭和三八年からピークを迎える。

青春歌謡の誕生

都会派から青春派への展開は、都会の二十代後半から三十代の愛情を歌い上げた都会派歌謡曲から、「美しい十代」を主人公とした純情に志向する都会派青春歌謡曲を確立させた。これは「夜が楽しい」世界を超えて、「寒い朝」の冬、「みんな名もなく貧しいけれど」の晩春、「白い制服」の初夏、「あの娘と僕」の真夏、「サロマ湖の空」の秋、「江利子」の晩秋という形で、季節すべてで「楽しい」青春が描き出された。いうなれば、都会派歌謡曲が「夜」を、都会派青春歌謡曲が「季節」を、それぞれ日本人に開放したのである。

昭和三〇年代前半の第一期において、都会派歌謡曲を引っさげた吉田は完全に時代を独走していたが、後半の青春歌謡時代は強力なライバルである遠藤実が登場して、舟木一夫を先頭にして競合する関係に変貌した。ただし吉田の新人発掘力は余人の追随を許さず、橋幸夫、三田明、吉永小百合の組合せが五年間の第二期黄金時代を支えたことになる。

「生きる喜び」の表現

この合計一〇年間の独走時代の吉田都会派歌謡曲と青春歌謡曲は、吉田自身による「生きる喜び」の表現であると考えられる。この両者に、昭和二〇年代から作曲されていた「またたびもの」や「任侠もの」とを加えて、吉田の音楽ジャンルは大きくは三分され、小さくは六通りに分けられる。つまり吉田は自らの音楽を大別して三ジャンルで表現する使命感を得た。たとえて言えば、銀座が空間的な喜びの表現であり、青春歌謡は世代的な喜びの表現であり、股旅ものは時代を遡及するノスタルジックな喜びである。そしてこれは「潮来笠」だけには止まらない。

歴史ものと時代もの

「南海の美少年」や「燃ゆる白虎隊」は歴史に志向し、「弁天小僧」や「お嬢吉三」は歌舞伎に題材を取っている。「木曾ぶし三度笠」、「佐久の鯉太郎」、「磯ぶし源太」、「沓掛時次郎」などの時代小説を読むような股旅ものも数多い。そして、われわれの記憶に残る最後のヒット曲が昭和四五年に鶴田が歌った「傷だらけの人生」と昭和四六年の橋の「子連れ狼」であったことはきわめて象徴的であった。

ちなみに『日本流行歌史／戦後編』（社会思想社、一九八〇：二一〇～六八頁）の年表によると、昭和四七年に吉田が作曲したフランク永井の「おまえに」が、しばらくあとの昭和五二年にリバイバルヒットした事実を最後に吉田の名前は年表には登場しない。昭和二三年の「異国の丘」から数えて三〇年間の第一線での活躍である。これは浮沈が激しいこの業界では異例のことであるが、大きくは三つのジャンルを平行して書きつづけた吉田の努力のたまものといってよいであろう。

音楽記念館という地域シンボルをどう活かすか

シンボルとはあるものの「代理象徴」以上のものではないが、これがもつ意味は大きい。なぜなら、「シンボルは、何らかの企てへ我々をかり立て、行動を際立たせ、ことの正否の呼び水になる」（シュヴァリエ＆ゲールブラン・金光仁三郎ほか訳、『世界シンボル大事典』大修館書店、一九九六）からである。そしてシンボルとはまさに革新の源であり、地域においても深い変質を呼び起こすものである。シンボルの機能について、シュヴァリエは「生きたシンボルは、人間の創造的な無意識とその環境から生まれ、個人生活と社会生活にきわめて有効な機能を果たす」と述べ、多次元のシンボルを次の九つの機能に整理している（同右）。

(1)未知への探求機能…未知の世界を探索する
(2)代用表現機能…予感できる漠としたものを啓示し、意識に浮上させる
(3)媒介機能…現実と結びつけ、現実への求心力を高め、一体感を見出す
(4)結合機能…宗教、宇宙、社会、心理にわたる全体を凝集させ、人間と世界を統合する
(5)治療機能…個人を超えた参加の感情がもたらされ、個人への愛情や庇護の作用がある
(6)社会性機能…現実に同化させ、社会環境と深い関わりを持たせる
(7)活性化機能…無意識の素材を活性化させ、強化させる
(8)超越機能…個人を超えた力を連結させ、活力を解きほどき、広げる
(9)変圧器機能…認識を豊かにさせ、心理的な活力の「変圧器」となる

ここで私は、地域シンボルとしての音楽記念館を活性化機能面から考察する。そうすると、以下のような検討課題が浮かんでくる。

立場としては、もっと吉田正音楽記念館の意義を高め、国民から愛されることを目的にする。そのための工夫一覧を以下にまとめてみよう。いずれ日立市役所でも今後の方針の検討があるはずであり、その参考になればと考える。

吉田正音楽記念館で考えたこと

五月中旬の土曜日に私が出かけていった際にも、来館者の多くが中高齢者であり、この層の方々が直接吉田メロディに親しんで来た歴史を持ち、そしてそれを歌いたがっているという事実があった。これは何人かの入館者と直接に話をしてみた結果である。

先行の古賀政男記念館の地下室にはカラオケルームがあり、有料とはいえ自分の歌をCDに収録できるようになっている。このニーズは吉田正音楽記念館でも同じというより、もっと高いものがあるはずである。なぜなら、吉田メロディを愛唱する年齢層が古賀メロディよりも若く、その分だけカラオケにも慣れているからである。

私もカラオケルームで自分の歌をCDに収録するが、ただ残念ながら、吉田作品の多くではそれができない。著作権の関係であろう。しかし、吉田正音楽記念館では吉田作品もCD収録が可能であるということになれば、リピーターが確実に増えるに違いない。具体的には駐車場の一部にカラオケ収録装置付のルームを設置すれば、入館者のマイCDが有料で作成できて、喜ぶ方々が多くなると思われる。

第二の提言は、橋、三田、吉永らの弟子の方々に、思い出のステージ衣装を提供してもらい、吉田メロディの具体的な担い手が、どのような衣装で歌っていたかを見てもらうコーナーを館内に造ることである。(1)入館者の大半は、吉田メロディを橋、三田、吉永それにマヒナや松尾やフランクらの歌唱で覚えて、血肉化している。そのため、歌手のデビュー当時の衣装やレコード大賞受賞時の衣装さらにはNHK紅白の出演時の衣装は、入館者に多大の興味を抱かせるはずである。これもリピーターの増加をもたらす。

ミニコンサートの実現

第三に、月に一度は、弟子のうちの歌手一人が記念館でミニコンサートを行い、入館客との交流をする企画を市役所が経費を支払ってでも実施することを提言する。それは例えば吉田音楽記念館カレンダーを作り、そこにミニコンサートの当日には印をつけ、年のはじめに周知するという方法になる。歌手のスケジュール調整が最大の課題であるが、例えば月命日一〇日前後の日曜日にミニコンサートを固定すれば、徐々にその情報は広がるし、歌手との交流を目当てに来館者が増加するのではないか。ただし、音楽記念館のスタジオにしては狭すぎるという印象をもったので、その場所には工夫が必要である。

第四には入館無料は止め、三〇〇円でもいいから有料にすることを挙げたい。課長の中山氏は「市長の大英断」といわれたが、三〇〇円程度の有料ならば、誰も文句は言わないはずであり、歌手のミニコンサートや入館客との交流をする際の経費にもそれは転用できる。

第五には遊び心に訴える戦略を強化することである。私は展望カフェのアップルジュースを飲んだが、遊び心で例えばメニューに「都会派ランチ」と「青春派ケーキコーヒー」と「またたび派和食」などの独自ブランドの飲食物を用意することが面白さをそそるであろう。同時に一階の土産グッズコーナーをもっと広げて、関連グッズを開発してほしい。

第六に、最低でも日立駅と記念館入口では、吉田メロディを流し続けるくらいの全市をあげての支援が必要である。(2) 例えば、小樽駅構内では石原裕次郎の歌が終日流れているし、ホームの一つを「裕次郎ホーム」と小樽駅は命名した。

国民が愛唱する吉田メロディをきちんと継承していくには、以上を含めての工夫がもっと必要であり、それを開始するのに遅すぎることはない。

注

（1）　これはすでに実行されている。

（2）　日立市内の五つあるＪＲ駅では、二〇〇四年一一月からすでに実施されていた。上りはいずれも「いつでも夢を」である、下りは十王駅が「若い港」、小木津駅では「明日は咲こう花咲こう」、日立駅は「寒い朝」、常陸多賀駅が「公園の手品師」、大甕駅が「恋のメキシカンロック」となっている。

（二〇〇五年書き下ろし）

55 「戦争責任」でバランスを――私の新聞評

ロシア、韓国巡る報道に疑問　「新聞評」の基準を⑴汗のしみこんだ正確な記事かどうか、⑵バランス感覚が豊かな記事かどうか、に求めて四月の紙面を考えてみる。

「汗のしみこんだ正確な記事」とは、記者が自分の直接取材で書いたものという意味であり、第一日曜日から新しく連載されはじめた「わがまちナンバーワン」はこの点で秀逸の企画である。札幌市の公園数が政令指定都市でトップであるという事実、室蘭地区のサッカー人口率の高さとレベルの高さ、芦別の食用ユリ根のすばらしさ、倶知安の道栄紙業の古紙利用の心意気など、盛り込まれる情報の質が高く、日曜日の紙面が楽しくなった。

正確だが記者の汗は感じとれない役所発表もまた、貴重な情報源であることは間違いない。一般健康診断（厚生省）の受診率が全国平均よりも低いこと、豊かさ指標（経済企画庁）のなかの「育てる」領域と「快適性」評価では、北海道が都道府県順位で第一位を占めたこと、晩婚化は全国的傾向（厚生省）だが、道内男性はやや早婚、女性は比較的晩婚であること、そして九〇年度県民経済計算（経済企画庁）で北海道は全国二八位を占めたことなどは、詳しく報道されるに足る有益な情報である。

できればこれらの道内における実態を、記者が足を使い汗を流しながら、さらに掘り下げてルポして欲しい。それは何よりも北海道を地域生活の場面から正確に知るという効用を持つはずであるから。

さて、残念ながらいくつかの記事には「バランス感覚」が必ずしも豊かではないように思われる。三回連載の「もう一つのシベリア抑留」は大変優れたリポートであり、教えられることが多かったし、ロシア核投棄にたいしては「即刻対処が必要」という読者の意見や知事の中止要請を掲載し、一定の判断が示されている。

バランス感覚

ただ、他方では「ロシアへの目」（今日の話題）にみられるように「数十年かけて見守る歴史の目」が強調され、ロシアによる戦争責任の問題の報道姿勢に違和感を覚える。

もうひとつ韓国への戦争責任の問題の報道。とくに韓国からの特派員報告にいう「ありのままの真実」や「誠意」の内容には、公平で十分なバランス感覚が窺えない。

社会学には社会的逆機能という考え方があるが、その一方的な報告が詳しくなればなるほど、韓国との「共生」を願う大多数の日本人にとってはむしろ逆に作用するのではないか。なぜなら、一九五二年から六五年までの李承晩ラインによる日本人漁船乗組員の大きな被害も「ありのままの真実」であり、四月一七日付で紹介された六万二〇〇〇人もの「シベリア抑留死者」にたいするロシア側の「誠意」とともに、こちらにも「誠意」が必要だと日本国民は思っているからである。

その意味で「関係の正常化」や「国際貢献」にとって特定の立場のみを強調するよりは、お互いの主張をバランスよく取り上げる姿勢の方が読者に参考になるのではなかろうか。

顕在的な反日に対する潜在的な嫌韓や嫌ロそして嫌米が増幅される作用は、宇宙船地球号で「共生」していく必要のある乗組員としてはむしろ不幸なことではないかと思えてならない。

（『北海道新聞』一九九三年五月三日）

56　治安・治山・治水の大切さ――私の新聞評

奥尻島ルポに涙と怒り伝わる

八月の紙面を通して、政治の根幹が治安・治山・治水にあるという真理を改めて思い知らされた。

まず、治安の維持と社会問題解決の重要性は、世界中からの外電や特派員報告に教えられることが多い。私たちはつい学生時代の外国像をそのまま何十年も抱きつづけることがあるが、国際面はそれを正しく修正させ、現状の的確な理解に役立つ。七回連載「英国・変わる底流」は、深刻な不況と犯罪や暴力や人種差別の増加が徐々に社会全体に浸透しているイギリスの姿を詳細なところまで明らかにした。他の社会問題も多種多様だ。

アメリカで「同性愛者の条件付き軍入隊」に「憲法違反」の立場から提訴（三日）、核兵器製造拠点だったリッチランドの放射性廃棄物による土壌汚染（五日）、移民排斥に走るフランスの治安悪化と人種差別の実態（一七日）、ブラジルの九歳から一七歳まで二〇〇万人に上る「子供売春」（二一日）、そしてアマゾンで先住民の大虐殺（二三日）など、いずれも世界人類の未来に影響する政治、環境、人種、人権などをめぐる社会問題である。再度発生した日本人学生射殺事件もまた、もちろんアメリカの社会病理の反映である。

人間の狂気

しかし極め付けは、ブラジルで赤ちゃんの心臓（八〇〇万円）や腎臓（三五〇万円）の密売で五〇人以上が犠牲者となった事件（一四日）、同じくポーランドでも男の赤ちゃんが三〇〇万円、女の子なら少し安い値段で「密輸出」されていた事件（一五日）である。それらすべてに人間のもつ狂気の側面を垣間見ることができるが、論評抜きで淡々と報道している姿勢に好意をもつ。どう受けとめ考えるかは読者自身の問題なのだろう。

夏休みを意識した「テーマパーク・この夏」は、成否の諸原因まで追求した格好の企画であり、「藻岩山から'93夏」と夕刊の「道庁池物語」もさわやかであった。三回連載の「夏の伝言・学徒出陣から五十年」は戦争の持つ狂気を改めて教える好企画で、原爆とともにこれはいつまでも伝え続けなければならない。この点で二三日の「直線曲線」に一言。「侵略問題」を「請求書」や「金満ケチ日本」などの次元で判断してほしくない。

一二日の麻生直子さんの詩「憶えていてください」は魂の叫びである。北海道南西沖地震の犠牲者二三四人のご冥福をお祈りするとともに、この「大震災」による被害者の方々に精一杯の応援をしたい。「島よ」や「じいちゃんの海」その他の現地ルポも、記者の涙とやりきれぬ怒りがそのまま伝わってくる。政治の原点である治山・治水の持つ意義を繰り返し嚙み締めておきたい。

道新だけで五万件に上る三〇億円の義捐金は、まさに国民一人ひとりの心である。これは、一二日の「坂本九思い出記念館」と「特報土曜フラッシュ・チェルノブイリ被災の子らの受け入れ」にも感じた。大切なことだと思う。この優しさと相手への思いやりの心が治安・治山・治水の大原則と結びつくとき、民主主義も人種も貿易黒字も環境保全もそして国際貢献もはじめて生き生きしたものになるのだから。

（『北海道新聞』一九九三年九月六日）

57　不透明な社会の構造疲労——私の新聞評

歯切れ悪い　コメ関連の記事

一二月の紙面から伝わってくるのは「手で拭く」くらいでは見通せない「日本社会の構造疲労」である。

弥生時代からの米作の歴史で初めての市場開放が決定された。本紙でも政治、経済、社会の各面で精力的な報道がなされたが、そのなかでは四％輸入でさえも北海道の打撃は大きいという内容が注目される（一二日）。ただ「ではどうするか」という対応についてコメ関連の記事の歯切れはよくない。

この主食を外国に頼って大丈夫なのかという疑問を総合的に考えるために、主エネルギーとしての石炭の凋落《ちょう》史と九九％の輸入に依存する石油の歴史を振り返ることは有益であろう。それにしても戦後一貫して減反や休耕田などの「政策」を担当してきた農水省と、一年前まで政権を担当してきた自民党の責任はどこにあるのだろうか。

コメの市場開放も外圧が深い関連をもつが、ロシア自民党の「原爆」や「北海道封鎖」発言はいったい何を物語るか。これではせっかくの「ロシア美術館」全国巡回（一九日）もかすんでしまう。日本海への「核廃棄物投棄」問題でもロシアの言い分は日本人の体質とは合わない。

省益と党益が目立つ

外務省は政府開発援助（ＯＤＡ）を一九九二年実績で一兆四〇〇〇億円、九三年から五年間で八兆円の支出をはやばやと表明しているが、財源については多くを語らない。構造不況対策や高齢化対策のための消費税率アップについては大蔵省や厚生省任せだ。「省益」のみの論理が先行している。

三％の消費税導入（年間で約六兆円の増収）の際にも「福祉目的」が叫ばれたが、この四年間で合計二四兆円のうちどれだけが「福祉」に使用されたのか。高齢化するからカネがかかるといった「高齢者」をだしにした議論はもうやめてほしい。この議論がどれだけ高齢者の「生きがい」と「社会参加意欲」を奪うか、もっと認識すべきである。

「省益」の極め付けは、通産省の産業政策局長の辞任劇にあった。「通産官僚の衆院選挙出馬↓情実的昇格人事↓当選↓族議員」の「常識」があったという。この一連の論理が「軽犯罪」（二三日）という認識では「国益」も「国民益」も期待できない。二四日社説の通り「政治に強いリーダーシップが望まれる」。

しかし「政治改革」は「選挙制度改革」とりわけ「定員問題」に矮小化されたままである。そこからは、不透明な時代に政治家が果たすべき「信条」が聞こえてこない。国会の動向からも固有政党名には意味がなく、与党と野党しかなく「党益」のみの倫理が先行しているように思われる。

「省益」と「党益」は同根であり「日本社会の構造疲労」の根源になっている。新聞は社会の木鐸《ぼくたく》としてもそれらの問題を積極的に報道し、読者の思考と態度決定に刺激的な情報源であり続けてほしい。

（『北海道新聞』一九九四年一月三一日）

58　メディア規制――対案のために

国民的合意への議論期待　「個人情報保護法案」「人権擁護法案」「青少年有害社会環境対策基本法案」の、いわゆるメディア規制三法案の成立は見送られたが、「個人情報保護」も「人権擁護」も重要なので、建設的な対案の論点を考えておきたい。

本年は一九五三年にＮＨＫテレビ本放送がはじまってちょうど五〇年になるが、なぜこの時期に「規制法案」が国民の一部からも待望され、それを政権与党が取り上げて法案にしようとしたかはもっと幅広く検討されてよい。

例えばマスコミが高唱する「国民の知る権利」は、これまでの歴史で十分に満たされてきたのだろうか。マスコミ情報は千差万別、玉石混交で、国民が念頭におく「番組」が異なりすぎて、まず意見の一致は得られない。ワイドショーやバラエティー、ドラマと報道の内容を比べることに無理があるからである。報道で「知る権利」は満たされても、ワイドショーの内容は「知る権利」とはほど遠い場合も多い。

また、一連の外務省関連の事件で「知る権利」が満たされないのは、この一〇年間の外務大臣の責任であろう。特定の国会議員と外務事務次官レベルで責任追及を終わらせるのは、最高責任者である外務大臣に失礼であろうし、国民の「知る権利」は今日でもないがしろにされたままである。マスコミはなぜ歴代の外相に取材しないのだろうか。

メディアの恣意性

さらに、「過剰な取材」「有害」などの判断に権力側の「恣意性」が入る、という反対論の脆弱さもある。過熱取材で人権への配慮不足があったマスコミも「恣意性」から免れていない。この「恣意性」は諸刃の剣であり、権力側の判断基準も、マスコミ側の判断基準もニュース選択基準も「恣意性」に満ち溢れている。

要は「電波は公共財」との自覚が足りない番組の氾濫を念頭におく国民からのマスコミ批判に、民放連やＮＨＫがどこまで答えられるかに尽きる。マスコミは良質の情報と感動をもたらすと、国民は支持してきた。しかし、全マスコミが規制反対を叫んでいた時に、テレビ東京が「スクープ映像」撮影のため窃盗団に現金を渡していたことが発覚した。これでは規制反対の国民的合意は生まれない。

「個人情報保護」と「人権擁護」の法律を必要とする観点から、メディア規制法案への対案作成に向けて、「知る権利」の分野と内容、判断基準の「恣意性」、電波の持つ公共性に関し、マスコミ各社、政党、学界、国民各層によるさらなる議論を期待する。

（『北海道新聞』二〇〇二年八月一〇日）

第Ⅶ部　碩学の姿

佐賀県の高田保馬生家にて（筆者撮影）

59　高田保馬の社会学の復権——生誕一二〇年に寄せて

郷土の偉人

西鉄柳川駅からバスに乗って大川を経由して佐賀に行く。このほぼ一時間のバスの旅は、芸術と学問に関わる三人の郷土の偉人を想起させる。柳川からは一八八五年生まれの北原白秋、大川からは一九〇四年生まれの古賀政男であることはもちろんであるが、佐賀からは誰であろうか。社会学を専門とする私にとって、それは一八八三年生まれの社会学者、経済学者、そして歌人でもある高田保馬である。三人とも等しくそれぞれの分野で膨大な作品を残した。

しかし、白秋には柳川に、古賀には大川と東京代々木上原に記念館が作られ、日々入館者がいて、しかも全集や選集が繰り返し発売され、その人となりや作品に多くの国民が接しているのに、高田保馬には著作集も記念館もない。九大の初代の社会学教授、経済原論を担当した京大と阪大の名誉教授であり、一〇〇冊を超える著書と五〇〇余の論文を残したにもかかわらず、社会学と経済学における偉大な業績を知る人は誰もいない。それはまるで故郷の天山と同じく高く聳えたままである。

勢力論と人口史観

高田理論は、人間間や企業間の「勢力」が経済構造に影響を与えるとする「勢力経済学」と人口が社会を変動させるという「人口史観」を大きな特徴とする。後者は政治、法律、経済、思想、文化などを変化させる原動力として人口を位置付ける考え方である。例えば、人口が増加すれば、沢山の職場を必要とし、食糧やエネルギー源を国内外に求めざるをえない。それを支援促進するための法律を政治は用意するし、貧困にあえぐ人々が増大すれば、貧困の考え方を変えたり、対処の方針も見直される。人口史観とはそのような説明の仕方を軸とする歴史観である。

ただ長らくこの人口史観は不遇であった。なぜなら、高田がこの史観を提出した時代は二〇世紀前半の日本資本主義の勃興時期であり、それ以降の五〇年間は経済が社会を変動させる時代であったからである。すなわちその期間は、商品を作り出す生産力の強弱がすべての変化の根源にあり、経済が政治、法律、思想、文化などを突き動かすとする「唯物史観」が説明力をもっていた。学問的に見るとこの時代に高田は、河上肇を筆頭とするマルクス主義の信者との理論闘争を抱えて、他方では近代経済学の先端を走る位置にいた。社会学から経済学への転進であるが、そのためにこの人口史観は社会学での後継者を得なかったし、社会分析にも威力を持ち得なかった。

先見の明の人口史観

皮肉なことに一九七二年に高田が亡くなる寸前、日本の高齢化率は七％を突破して、一九七〇年が日本の高齢社会元年になった。これによって初めて人口史観の基盤が日本社会にも現われ、高田社会学は、少子化と長寿化という日本社会の内圧を解明する重要な理論装置となったと私は考える。例えば、高齢者が増大したので、介護保険制度が創られた。少子化が進み、年金制度が揺らぎ、社会保障財源論議が開始され、年金制度の見直しも始まった。また、福祉産業への就業人口は着実に増えている。ホームヘルパー資格取得への国民的意欲は高揚している。これらは人口が政治、法律、経済、思想、文化の諸分野を変えつつあることの証明である。先見の明とはいえ、この史観の提出は八〇年早く、高田の「遠視力」には脱帽するが、これは二一世紀の少子高齢化の時代にこそ、最も有効な社会学理論としての宝庫になるといえるであろう。

高田理論の継承

高田保馬は歌人でもあり、佐賀県の一〇を超える小中高の校歌を作詞し、宮中御歌会召人にもなったが、最終的には社会学の独創的業績で文化功労者として顕彰された。孫の世代の私は、数人の仲間の協力を得て年末までに『高田保馬リカバリー』（単行本初収録論文、高田理論の紹介と概説、高田理論の応用と展開）を出版し、学会大会でも報告して、ささやかな継承の努力をしていきたいと願っている。(1)

一九九四年に郷里佐賀県小城郡三日月町で「高田保馬博士顕彰会」が発足した。会長は三日月町の町長である。その規約には「この会は、経済学者・文学者として偉大な郷土の先覚者高田保馬博士を追慕し、その文献並びに資料を収集し博士のご遺徳とご業績を顕彰するとともに、青少年の健全育成と社会文化の向上に寄与することを目的とする」とのべられる。その生家の庭には「社会学・経済学者高田保馬生誕地」という石碑が建立され、三日月町図書館の入り口には高田保馬博士像が置かれ、図書館内には高田保馬コーナーがある。ぜひ一度訪ねて、この碩学の魂に触れて欲しい。

注

（1）同じ時期に、高田保馬の代表的な社会学作品『社会学概論』、『階級及第三史観』、『勢力論』をミネルヴァ書房から復刻していただいた際の監修を務めた。

（『西日本新聞』二〇〇三年一二月一五日）

60　高田保馬を語る

なぜ「高田保馬」か

二〇〇三年は文字通り高田保馬論に明け暮れた。『高田保馬リカバリー』を二〇〇三年一〇月に、『勢力論』『階級及第三史観』『社会学概論』の復刻版を十二月に刊行したからである。今回の編集部からの依頼は「自著を語る」であるが、これら四冊は厳密にいえば「自著」ではないので、ここでは四冊刊行に至るエピソードと合わせて、高田保馬の社会学の意義に触れてみたい。

『高田保馬リカバリー』を上梓したあとで、数名の方々からメールやお便りを頂戴した。恩師の鈴木広先生からは「近頃珍しい良書」とのお葉書をいただき、喜んでいる。意外だったのは複数の出版社からこのような本をうちでも出したかったというメールが来たこと、同時に少子化と長寿化の実証的研究者と見られる私が、なぜ高田保馬関連の本をここまで熱心に出す努力をしたのかという疑問が寄せられたことである。その回答の一部は『高田保馬リカバリー』の序文や拙稿にある。そして『階級及第三史観』の「解説論文」でもある程度は答えておいた。

清水幾太郎の「告別式」

ここではそれらに書き残したことをまとめておこう。私が卒論を書き終え、九大社会学研究室を卒業する直前の一九七二年二月二日に高田保馬はその八八年の生涯を閉じた。その告別式の模様は清水幾太郎「或る告別式」（『図書』岩波書店一九七二年三月号、『高田保馬博士の生涯と学説』創文社、一九八一に再録）で知ることができる。こくのある清水のこの文章を何度読んだか分からないが、「著書と一緒に著者も忘れられてしまっている」という結論は衝撃であった。

しかし唯一の救いは、一九七一年に今回復刻した『社会学概論』が富永健一氏の詳細な解説論文付きで出版されたばかりであったことである。私は清水幾太郎と富永健一両氏の論文を読むことで高田保馬研究を始めた。この時期は古本屋回りと重なる。なぜなら、一〇〇冊を超える高田保馬の本は全集や選集にまとめられてはおらず、古本屋か大学図書館でしか入手できなかったからである。大学院では都市社会学を専攻したので、集め始めた高田保馬の本はツンドクでしかなかったが、『高田保馬リカバリー』序文で記したような「高田先生の生家」というエッセイを鈴木広先生がお書きになったことで、「生家」を訪ねたあたりから関心が復活する。

黙殺された高田作品

それは社会学と経済学の門下生一同が出された『高田保馬博士の生涯と学説』(前掲)で頂点に達する。さらに八三年五月二八日の『日本経済新聞』で建元正弘阪大教授が書かれた「光彩放つ高田保馬の業績」で関心が増幅された。この年は生誕百年であったが、日本社会学会でも出版界でもとくに何も行われなかった。社会学者の大半は高田作品を読まず、触れず、語らずであった。たまに語るときには、四〇年前の言説のみを針小棒大に取り上げて論難するというパターンが出来上がっていた。

そもそも日本社会学会で、複数の研究者が一同に会したかたちで高田保馬を取り上げたのは逝去の年だけである。一つは『社会学評論』(九〇号、一九七二年九月)であり、もう一つは一九七二年一〇月の法政大学を会場とする第四七回大会で、シンポジウム「日本社会学と高田社会学」が午前九時半から午後五時まで開催された。高田理論社会学に忠実な向井利昌、全面批判者の宇津栄祐、意義と有効性を強調する富永健一の諸氏のご発表、吉田民人、稲上毅、小室直樹氏らのコメントを、私は末席で拝聴した。

その後三〇年間、社会学史の一部として簡単に取り上げられることはあった。しかし、高田保馬をタイトルにした社会学書は河村望『高田保馬の社会学』（いなほ書房、一九九二）と北島滋『高田保馬』（東信堂、二〇〇二）しかない。しかも、両者ともにはじめから高田保馬を酷評する意図を露わにした本である。それらはマルクス主義の観点からの糾弾や否定が全面に出ており、高田社会学の応用や継承をまったく放棄している。

高田理論の有効性を確認

しかし、今回復刻した三冊で明らかなように、二一世紀日本で最大の課題になる少子化や長寿化研究の理論社会学の一部に人口史観が有効なことは自明であるし、ネットワーク論やボランティア論の基盤に結合定量の法則を活用することもできる。勢力論は国際化、地方分権化の両方にも、また官僚制研究にも多くのヒントを提供する。

それらを念頭においた「テーマセッション」を、私は二〇〇三年一一月の中央大学での第七六回大会で「高田保馬リカバリー」として実施した。四冊でご協力いただいた盛山和夫、小林甫の両氏に加えて、森岡清志、下平好博氏らが登壇され、会場には富永健一氏はじめ多くの関係者が参集された。おそらく三一年ぶりの学会大会での高田関連の集合的議論であったはずである。

本来、書物は刊行された瞬間から、一人歩きをする。私が一年間やみくもに突き進んで企画をまとめ上げた四冊もまたそうであろう。ウェーバーもデュルケムもパーソンズも精読に値するのと同様に、高田保馬の社会学書も欧米の大家の作品にひけをとらない。

「自著を語る」は、編集者自らは語らず、作品そのものが自ずと語るものでもある。高田保馬の孫の世代である私にとっても、新字新かなにする作業はなかなか大変であったが、これはもう一つ下の世代にぜひ精読して欲しいからであった。ひ孫世代が直面する人口減少社会は人口史観なしには解明できない。そして社会学の現実感覚の強化にも有益である。

（『ミネルヴァ通信』二〇〇四年三月号）

61　分担と共育の思想を学ぶ——越智昇先生と私

初対面は企画会議

「あなたが鈴木広先生のところの金子さんですか」というのが、越智先生から聞いた最初の言葉である。時は一九八〇年八月、場所は本郷東大前の有斐閣別館であり、一九八二年一月に『コミュニティの社会設計』として刊行される「選書」の打合せ会議での自己紹介の折であった。

越智先生とはちょうど二回りの年齢差があり、しかもそこには奥田道大氏と大森弥氏という住民運動論系のコミュニティ論の担い手がおられ、久留米から上京した私は大変緊張していた。二日間の打合せ会では、私の隣に座っていた二歳上の梶田孝道氏も「受益圏・受苦圏」の熱弁をふるわれ、私もいくつかの報告をした。

この「選書」で私はⅣ「コミュニティの社会計画」を受け持ち、一年後の九月に無事脱稿した。この章を膨らまして、秋元律郎先生が企画編集され一九八〇年五月に出版された『政治社会学入門』（有斐閣）での分担執筆章「地域社会の支配者はだれか」といくつかの書き下ろし原稿を加えて、初めての単著『コミュニティの社会理論』（アカデミア出版会）を上梓したのは、『コミュニティの社会設計』と同じ年の暮れ（一九八二年一一月）であった。これが越智先生を巡る思い出の遠景である。

八四年に私は札幌に移り、「都市化とコミュニティ」という問題設定よりも「都市高齢化と地域福祉」の方が現状分析と対応策の提示に寄与するところが大きいと考え、テーマの修正を行った。そして一九九七年には「都市における少子化する高齢社会」をライフワークとして位置づけて、今日に至っている。

思想としてのコミュニティ論

しかし、この二一年の札幌在住の期間、私の潜在的テーマはコミュニティ論とQOL論であり続けた。なぜなら、都市で少子化か高齢化をテーマにした現状分析を行ったあとには、必ず「ではどうするのか」と自問してきたからである。そのヒントにはコミュニティ論とQOL論とが有効であった。加えて標榜している地域福祉の研究分野には、内外の制度論の解説論文と統計学的処理もなされず、実態調査を一歩も超えない論文が多く、理論志向が弱いように感じてきたからでもある。それらと差別化するために、都市で少子化か高齢化をテーマにした量的調査と質的調査を繰り返し、ミルズの「社会学的想像力」とマートンの「機能分析」を活用してきた。

このような経緯のなかで読んできた越智先生のコミュニティ論には、都市社会学系のコミュニティ論には稀な思想化への志向を強く感じた。マルクスはもちろんキェルケゴール、ハイデッガー、ルソーそれに三木清の文献まで目配りがなされていることに感心したことを思い出す。京大哲学科のご出身ということもあろう。

田をこしらえたら米ができる

その越智先生のコミュニティ論で私が一番影響されたのは、「田をこしらえたら米ができる」という思想である。これは前田俊彦氏の労働分類である「つくる」と「こしらえる」と「できる」の積極的な活用から導き出された（「コミュニティ経験の思想化」『コミュニティの社会設計』一四一頁）。この論述方法は私の地域福祉論では「社会関係を密にしたら、地域福祉の水準が高くなる」と変形する。また少子化克服でも、「社会的凝集性を強くすれば、少子化克服の土台ができる」と応用できる。

加えて越智先生は、隣接部門の成果を自分の当面の研究テーマにうまく取り入れるという特徴をお持ちだった。例えば、柳田國男、きだみのる、神島二郎、櫻井徳太郎などの業績はそのように利用されていた。隣接分野におけるこれらの業績は私の世代くらいまでで積極的な摂取が終ったように思われるが、越智先生の自在な読み方を学ぼうとした記憶がある。

第三に、「町内会の活発さとボランタリーアソシエーションの発展とが逆相関である」という命題に強く引かれた（『コミュニティ経験の思想化』『コミュニティの社会設計』一六四頁）。このような命題群を私も実証研究の中で発見できればと願ってきた。

「共育」の思想

第四に、長い間考えさせられたのは「共育」の思想であり、「共育としての社会体系」というアイディアである。これは重要な指摘であるので、折に触れて該当頁を読み込んできた。最終的には「共育」思想に自己流の解釈を施し、少子化研究を開始した時点で、「男女共同参画社会」を乗り越えるべく設定した「子育て共同参画社会」の主内容として活用するに至った。

越智先生が都市社会学の主論文を発表されていた時代は、日本社会が都市化の頂点を極めた頃であったために、「都市化とコミュニティ」という問題設定がそのまま社会構造解明と対策の王道になりえた。都市社会学の根本的テーマが日本社会の「構造改革」に直結する幸せな時代であった。しかしその直後にフィッシャーの都市社会学が紹介され、その下位文化論がもてはやされ、都市とは非通念的な「下位文化」から構成されるという視点が登場した。その結果、都市社会学でもまたテーマの「下位分化」が進み、それぞれの研究者が勝手に「分化した下位文化」の研究を行うようになった。学界も日本社会もコミュニティ的なるものを喪失して、日本社会の「構造改革」とは無縁な細分化された研究が大勢を占めるようになった。しかもその細かなテーマがノーマルとみなされ、受容されるという意味での「通念性」が学界にも共有されている。

顧慮されない重要なテーマ

今日、都市社会にとって「少子化する高齢社会」の論点は大きな意義をもつが、都市社会学ではほとんど顧慮されることがない。それはエイジング研究でも同じであり、数百ページにわたってエイジングの問題や都市のリスク環境やグローバル化や郊外化それに階層問題などが論じられたあと、「今後の都市では少子化が重要な課題になる」というようなわずか数行の締めくくりが通例となっている。結論でそう言うのなら、どうして少子化の研究を行わないのだろう。

社会的課題の解明こそ　その意味で越智先生が九〇年に出された『社会形成と人間』（青娥書房）で、日高六郎の言葉として紹介された「何よりも大切なのは、社会的課題を解き明かすことだ。それが社会学と呼ばれるかどうかは重大な問題ではない」（二一八頁）はこの一〇年の私の支えになってきた。

直接ゆっくりとお話した機会は数えるほどしかないが、以上のエピソードの周辺を思い起こしながら、改めて先生のご冥福を祈っている。

（越智昇先生追悼集編集委員会編『越智昇遺稿追悼集・啐啄同時』二〇〇六年一月一八日）

62　いくつかの箴言と教え――内藤莞爾先生の思い出

大学院は職安ではない

「普通の卒論は書き込めば分野が狭くなるのに、お前の卒論はどんどん広がるな」という正鵠を射たコメントを内藤先生からいただき、無事に学部を卒業して修士課程に入学した。直後の一九七二年の四月上旬、研究室に院生数名が呼ばれて、「大学院は職安ではない」といううきわめて正しい訓辞を聞いた。真理がここまでストレートに表現されると咄嗟の対応が難しくなり、全員がモゾモゾした。この意味が十分納得できたのは、北大文学研究科で実際に院生の指導を始めてからである。

末子相続研究

先生の主なご研究分野は末子相続研究とフランス社会学に大別できるが、私が学部生や院生の時代は末子相続とその周辺の家族論が中心であった。ご自宅の予定表に夏休みの調査として「末子」と書いてあったので、女性の名前と誤解された奥様が「末子（すえこ）とは誰か」と尋ねられ、弱ったというお話は数回聞いた。また、コンパの折に一度だけ西條八十作詞・古賀政男作曲の「ゲイシャ・ワルツ」を歌われたことを覚えている。

大学院で開講されていた社会学演習「九州社会の研究」では何を発表してもよく、私は都市研究の現状やコミュニティ論のまとめを行った。学者の名前としては、デュルケム、ウェーバー、マートン、モースなどがよく引き合いに出されていたと記憶する。

その後、文学部長という激務の間にまとめられた『末子相続の研究』（弘文堂、一九七三）で七四年の一〇月に文学博士を取得され、七五年の一一月に西日本文化賞を受賞され、七六年の夏には還暦を迎えられて、三年連続でお祝いのパーティが催された。博士課程にいた私は、受付や連絡係その他で三回とも参加した。

田舎教師にはなるな

七七年四月から久留米大学講師の就任が決まったので、三月中旬に研究室でご挨拶した。大学の研究者・教育者としての心構えをお話になり、まとめのお言葉は「田舎教師にはなるなよ」であった。「ローカルに止まらずに、常にコスモポリタンでいよ」、「教育だけではなく、研究も行え」という教えだったのであろう。同じ時期に『内藤莞爾博士還暦記念・学会創立十周年記念特集　現代社会学の成果と課題』（九州大学社会学会）が刊行された。私は執筆者一八人のうちで最年少だったため、拙論は先生の論文の次に置かれており、その位置とお聞きした心構えが妙に重なっている。

九大の最終年度は入院されておられたが、一九八〇年一月二九日に主治医が待機した教室で、「末子相続事始」という最終講義だけはなさった。私も久留米から出かけて、久しぶりに内藤節を堪能した。六月には退官記念出版として『社会学論考――実証研究の道標』（御茶の水書房）が出された。これにも私はささやかな気持ちをお届けした。定年後の先生は立正大学に奉職され、私は八四年一〇月に北海道大学に移ったから、それ以降は日本社会学会大会で遠くから拝顔する程度であり、小さな本を時々献本させていただくだけになった。

先生の最後の写真は、久留米大学で集中講義をした一九九八年一二月下旬に、たまたま近くのゼミ室で先生が一対一で院生に教えておられた時に撮影した。また、二〇〇二年の西日本社会学会大会が西九州大学で行われた際に、自由報告部会の司会をさせていただいた際に、研究発表を聞かれていた先生を発見して、部会終了直後にご挨拶をしたのが最後の会話になった。

相対化の重要性

内藤先生の研究をふり返ったときに、「相対化の重要性」を感じることが多い。末子相続研究そのものが、本流としての日本家族社会学における「家」や「長子相続」への疑問から始められている。「『家』理論は、日本の社会学が世界に誇りうる金字塔と、私は考えております。ただ日本の津々浦々の家族までが、この『家』という性格を持っているか。私は、これには疑念をいだいている一人であります」（『社会学論考――実証研究の道標』御茶の水書房、一九八〇：一八八）。「九州社会」の津々浦々の家族は「日本社会」とは同質ではなく、相対化された「家」への異論もまたそこでは根拠を得る。

フランス社会学にしても、六〇代から七〇代の終わりまで、堪能な語学力を活かしたデュルケム研究をしっかり踏まえられたうえで、先生はデュルケム学派やモースの研究にまで守備範囲を拡大された。すなわちデュルケム社会学を相対化して、学説の肥沃化を行われた（『フランス社会学断章』一九八五、『フランス社会学史研究』一九八八、『デュルケム法社会学論集』一九九〇、『デュルケムの社会学』一九九三、『デュルケムの近代家族論』一九九四、いずれも恒星社厚生閣）。

「老人問題」史観に矮小化されていた一九九〇年代に高齢社会研究の重要性を主張し、平成の世になってから「両立ライフ」と「待機児童ゼロ作戦」しか行わない少子化対策に、少子化は社会変動であり、社会全体の子育て支援として「子育て基金」の意義を説いたことは、私なりに行った相対化の応用である。

理論と調査

先生の初期の論文には実証研究の方法論や社会調査論がある。「安楽椅子」の社会学とは無縁だった先生の「理論と調査」論で私がしっかり学んだことは、複数の独立変数がもつ「クロス・プレシャー」問題である（『デュルケムの社会学』：一八）。これは現在手がけているＣＯ２地球温暖化論で直面している。ＱＯＬの維持上昇にもＣＯ２の排出量増大は欠かせない。アメリカ、中国、インドその他の合計で、世界全体でのＣＯ２垂れ流しが七五％に達した今日、排出割合が四％に届かない日本でそれを三・五％に削減する政策をどう位置づけるか。

もう一つは理論が一般理論（普遍化）の軸を持ち、実証は特殊理論（個別化）の軸を持つという分類、および「調査は理論・実証、どちらの研究にも適用される」（『社会学論考―実証研究の道標』：一〇）である。いずれも先生は末子相続研究で広く実践された。

翻訳書の分りやすさ

最後に忘れてはならないのは、先生の翻訳書である。語学ができない身からすると、ウェーバーの『社会学の基礎概念』（角川書店、一九五三／恒星社厚生閣、一九八七）はもとより、メゾンヌーブ『社会心理』（白水社、一九五二）、プロヴォ『人材の選び方』（白水社、一九五六）、カイヨワ『聖なるものの社会学』（弘文堂、一九七一／筑摩書房、二〇〇〇）などの業績は貴重である。久しぶりに再読しても分かりやすいフランス翻訳文であることが確認できたが、「人材」の原語が cadres だったことに感心する。多くの場合 cadres には「管理職」や「幹部」という訳が与えられるのに、先生は適切にも「人材」とされた。

また、原著がカイヨワ『現代社会学に関する四つのエッセイ』だったのに、彼が指摘した現代における「聖」（le sacré）の新しい拡散を読み込んで、先生は内容にふさわしい題名に変えられている。

外国語に堪能であり、多くのデュルケム関連書を世に送られ、同時に九州社会の津々浦々に埋もれていた古文書を自由に読み込み、そこから日本の家制度の相対化を行い、安楽椅子の社会学を拒否されて、人生をかけて調査と実証を自ら示された内藤先生に、改めて感謝申し上げる。

（『内藤莞爾先生の思い出――追悼文集』刊行発起人会、二〇一二年一月三一日）

63 綜合社会学による都市的世界の探究——鈴木社会学から学んだこと

鈴木広先生との出会い　小学生のころから歌謡曲の古賀メロディと吉田メロディを愛唱しつつ、東京オリンピックが開催された中学三年生までバレーボールと橋・舟木・西郷・三田という四天王による「青春歌謡」に入れ込んだ。高校では加山雄三主演の「若大将シリーズ」における大学生活への憧れを抱きつづけ、ベンチャーズやビートルズのエレキサウンドに加えて、同世代のグループサウンズの世界しか念頭になかった。(1)

福岡県筑後地方の県立高校を卒業して、九州大学に入学したのは一九六八年四月であった。そこには若大将の「京南大学」とは異質の世界が広がり、数年前から全国の大学では「学園紛争」ないしは「学園闘争」も始まっていた。(2)

映画の世界とは違う大学生活にもようやく慣れた六月二日に、米軍戦闘機が箱崎キャンパスに建設中の大型計算機センターに激突炎上した。それを契機として、九大総長を先頭にした全学デモによる板付基地撤去運動（“only 2 miles!”）が生まれ、福岡市内をデモ行進した。(3)四月からの講義にほぼ出席していた私もしんがりでそれに加わった。

二年生の一九六九年五月二一日に大学立法反対を掲げた教養部学生大会で無期限ストが決定し、直ちに教養部が学生運動家によって封鎖されてからは、私でさえも文化や芸能より政治と社会が日常化した。なぜなら、全学無期限バリケード封鎖が敢行されて、一切の講義や演習がなくなったからである。封鎖は一一月一一日スト解除まで続いたので、私たち二年生は授業をほとんど受けることがなかった。一二月にレポート形式を主とした「試験」に臨み、哲学・史学・文学を嫌って社会学を希望した私が文学部に移行したのは一九七〇年一月一〇日であった。第二外国語としたフランス語以外の新知識は皆無であり、入学後の二年間の知的後退はひどいものであった。(4)

当時の手帳を見ると、一月一二日社会学補講開始とあり、「社会的移動論」という題目の講義で、初めて鈴木先生と出会った。少し落ち着いた二月一二日に開かれた社会学移行生歓迎コンパで自己紹介したところ、先生から「大川出身ですか！」と声をかけていただいたが、その時はもちろんこの言葉の背景にある約一〇年前の「大川調査」については何も知らなかった。

釜石研究から大川研究へ　都市社会学では有名なＡα型の「釜石研究」の後、その対極にある零細企業集団型都市大川市の研究を先生がなさったのは私が小学五年生の時であり、その成果は一九六二年に『社会学評論』に発表されていた（鈴木ほか、一九六二）。その論文を探し、一九七〇年八月に「釜石研究」が採録された『都市的世界』（誠信書房）を購入して、調査を主体としながらも理論的志向が強い先生の都市社会学に触れるようになった。合わせて非常に水準の高い都市社会学翻訳論文集『都市化の社会学』（誠信書房）が一九六五年に出ていたので、都市論から社会学を学ぶことにした。その背景には、家具の町大川から旧城下町柳川の高校に三年間自転車通学して、街並みの違いに驚いていたという個人的体験もある。

「社会学的想像力」と「産業社会の構造」　幸いなことに、時期的には先生が翻訳されたミルズ『社会学的想像力』（紀伊國屋書店）とリプセット・ベンディックス『産業社会の構造』（サイマル出版会）もあったので、これらの精読を三年生の夏休みあたりから開始した。先生の学部演習ではこの両冊とともに、大衆社会論の古典でもあるリースマン、コーンハウザー、リプセットらの名著も取り上げておられた。そうすると、マンハイム、パーソンズ、マートンらにも目が向くが、これらはいずれも大学院に進んでから読みはじめた。

ただ三年生の後期と四年生の前期の一年間、先生は外国に出張されることになった。ご帰国され、先生の講義と演習が再び始まったのは四年生の一〇月からだったので、この一年間は勝手に日本都市社会学の源流である鈴木栄太郎、奥井復太郎、磯村英一らの代表的作品を読み、ヴェーバーやワースの都市論を学んだ。それらの融合といえば聞こえがよいが、切り貼りで卒論を提出した。

三年生の二月に富士通に内定してはいたが、社会学の面白さに惹かれるところがあり、卒論提出後に先生の研究室で進路相談をした。先生は、学問に大事なことは「能力よりライフスタイルだ」と答えられたので、卒論準備程度のライフスタイルでよければなんとかなると甘く考えて、大学院を受けた。三月一日の合格発表を見て、富士通に辞退届を出したら、福岡支店長から数回呼び出されて怒られたが、最終的には大学院に行くということで納得していただいた。

大学院時代のご指導と学び

大学院に入学したのは七二年四月であり、内藤先生も鈴木先生も八面六臂のご活躍をされていて、院生のご指導にも熱心であった。後年、私の『社会分析』（ミネルヴァ書房）の「書評論文」で、一回り上の世代の千石好郎氏はこの時代を「内藤―鈴木『家元』が最も輝いていた」と書かれた（千石、二〇一一：七六）。先生方にご迷惑をおかけした紛争世代の私たちが、諸先輩よりも「最も輝いていた」研究室の五年間を経験できたことは大変幸せなことであった[5]。

修士課程一年から、私は先生のコミュニティ調査のお手伝いをするようになった。最初は唐津市のコミュニティ計画づくりであった。一緒に唐津市役所企画課を訪ねて、挨拶のしかたや名刺の出し方までも学んだ。帰りに唐津くんちの「曳山」を見学した。

修士課程二年の七三年五月に先生がお作りになった「直方市民意識研究会」には、三浦典子氏と山口弘光氏とともに私も入れていただいた。私にとっては初めての都市コミュニティ調査であった。七月までに一四回の研究会を行い、調査票の成案を得た。その席上で、先生が「コミュニティ・モラール」概念を提唱された。この学説史に残る概念誕生の機会に遭遇できたことは人生の宝であったので、そのエピソードを書いたことがある（金子、二〇一一b：七）。

八月三一日から九月三日まで現地調査を行い、九月下旬までにデータクリーニングと集計をして、同時に執筆分担を決定した。ちょうど一年後の一九七四年八月から一一月までにすべての原稿が完成した。そして、この直方研究は鈴木広編（一九七五b）として刊行された。先生に都市調査のご指導を直接受けた貴重な二年間であった。

CPSの研究で修士論文を書く

その中の二章を受け持った私は調査データ論文をまとめながら、修士論文の作業を並行させた。アメリカで過熱していたCPS（community power structure）論争を学説史的に整理した理論編を前半でまとめ、直方での人脈を使い、CPS研究の「評価法」を応用した実証編を後半とした修士論文を七四年一月に提出した。この一年間で、異なるテーマの異質なデータを同じ時期に分析して、原稿を書き分けるという訓練をしたことになる。

七五年からの博士課程では先生が長年主宰されていた「移動研」に加えていただき、人吉市と大野城市と小倉北区での比較都市コミュニティ研究に従事することになった。ここでも直方研究の経験が役に立ち、膨大なデータを使って社会指標に関する章を執筆した。このまとめは五八八頁の大冊として刊行され、二年後の一九八〇年度に日本都市学会奥井記念賞を受賞した（鈴木広編、一九七八b）。

合わせて当時自ら追求していた都市政治社会学として「住民参加論の問題状況」を書き、先生にコメントをいただき、まとめなおして『社会学評論』に投稿したら受理されて、七六年の博士課程二年の時に掲載された。これは「移動研」とは異質のテーマであり、同じ時期に違った論文を準備したことになる。したがって、大学院時代に二度にわたり異なるテーマを同じ時期に研究するという貴重な体験ができ、定年までそれは役に立った[6]。

博士課程三年の一九七七年二月に、それまでの一年間非常勤講師をしていた久留米大学に、先生のご尽力により専任講師としての採用が決まり、四月から久留米に移った[7]。

綜合社会学からの都市研究

大学院時代の五年間、多方面の研究をされる先生のすぐ傍にいた私は、次第に先生の学問は都市社会学という狭い分野を越えた綜合社会学であるという思いを強くするようになった。端的には鈴木広編（一九七五a：一）に接した時からである。なぜなら、そこでは「原則1」として「現代日本の社会変動について、AGIL図式を考え、経済・政治・社会統合・人間の社会化それぞれの領域でどういう変化が進行しているかを問題にしたい」と述べられていたからである。また「原則2」としては、「それぞれの領域間の関係でどういう変化が進行しているか」を明らかにすることが課題とされていた。院生当時は、この「原則1」「原則2」と都市コミュニティ研究の結びつきが理解できず、大いに悩んだ。

加えて先生の研究では、「原則3」として、トータルな把握の能力と同時に、ミクロ分析をも統合する能力が重視されている。両者を満たさないと、誇大な大風呂敷か瑣末な重箱の隅しか見えないからである。そして「原則4」として、客体としての社会と社会の主体性の問題へのアプローチの同時共存があるある。

「高田保馬」を知る

ここにまとめた「四原則」は社会学の本格派を目指す限り、どうしても身につけたいことであった。もちろん「言うは易く行うは難し」の典型でもあるので、少しずつ努力するほかはなかった。転機は先生が「高田保馬の生家」『九州大学社会学会ニュース』（No.八、一九七五年五月）という短文をお書きになったところで得られた。一つは、このニュース編集の担当者が私であったことで、誰よりも早くその手書きの原稿を読むことができたからである。もう一つは高田保馬の生家は佐賀県三日月町（現在は小城市に編入）だったので、私の大川市とは筑後川の東西の関係にあったからである。この事実を知り、ニュース編集後に高田保馬の生家を見に行った。その二八年後の二〇〇三年に、生誕一二〇年の記念にその社会学代表作品を三冊復刻して、『高田保馬リカバリー』（ミネルヴァ書房）まで刊行するとは夢にも思わなかった。(8)

復刻版もリカバリーも、当時の佐賀県や福岡市や久留米市の古本屋で高田保馬本を丹念に集めた成果である。先生により「四原則」が活かせる理論社会学の方向性の一つとして、高田保馬の存在を教えていただき、それが三〇年かけて実を結んだというべきであろう。

鈴木広先生の綜合化された主題

二〇〇八年三月に先生の「喜寿の会」を企画したところ、五〇名近くの社会学者が参集した。その折に、小冊子を作り、その序文に先生の研究分野として七点に絞ったので、ご意見を伺ったことがある。それは、(1)都市化とコミュニティ、(2)社会移動と階層・階級、(3)宗教と社会階層、(4)アクション・リサーチと社会計画、(5)環境社会学と災害研究、(6)地域福祉と家族福祉、(7)過疎社会と炭住社会であるが、このまとめでよいというお返事をいただいた（『鈴木広先生「喜寿の会」発表レジュメ集』二〇〇八）。これらは先生の問題意識とともに、外部からの研究委託や時代の要請としていくつもの重複された理由により、選ばれた分野である。

綜合化された主題は、丹念な質的量的社会調査によって収集されたデータの分析が基盤となった高水準の実証的研究であり、一九八〇年の日本都市学会・奥井記念賞と一九九九年の日本都市社会学会・磯村記念賞はその証明である。

さらに実証的理論社会学ともいうべき翻訳が一〇冊近い。手元で確認できるのは『都市化の社会学』（編集、誠信書房）、マンハイム「世代の問題」樺俊雄監修『マンハイム全集3　社会学の課題』（潮出版）、ミルズ『社会学的想像力』（紀伊國屋書店）、リプセット・ベンディックス『産業社会の構造』（サイマル出版会）、リプセット『革命と反革命』（共訳、サイマル出版会）、ショート『世界の社会学』（社会分析学会訳編、恒星社厚生閣）、ボルダ『社会変革の挑戦』（監訳、ミネルヴァ書房）、ハンター『コミュニティ権力構造』（監訳、恒星社厚生閣）などである。[9]

これらは社会学理論と都市的世界の実証研究の一部であり、具体的には学説・翻訳と調査の融合というかたちで様々な成果に結びついている。

それらから、修士課程から今日まで、私が直接学んだ学問的姿勢をまとめてみよう。まずは「綜合社会学の研究と実践」である。私は先生の都市研究そのものが綜合社会学であると理解してきた。先生と同世代の都市社会学者の方々は都市論に特化される傾向が強かったが、翻訳書の選択からも分かるように、先生は狭い都市論に自らを閉じ込めることなく、「現代日本の社会変動について、ＡＧＩＬ図式を考え、経済・政治・社会統合・人間の社会化それぞれの領域でどういう変化が進行しているか」を常に研究されてこられた。都市社会学だけではなく、政治社会学、社会移動論、社会変動論等が翻訳されたことからもそれが分かるであろう。[10]

私は語学の才能に乏しく、また外国語の本を日本語に移し替える作業に関心がなかったので、ヴェーバー、ジンメル、デュルケムの古典の精読とともに高田保馬やパーソンズなどの代表作品を学習して、社会変動を人口論を軸として考えてきただけであるが、これは私なりの綜合社会学における「原則１」の実践のつもりであった。

計量調査の原点は直方研究

一九九五年以降急速に充実したコンピューターソフトであるＳＡＳ、ＳＰＳＳ、エクセル統計のいずれでも、五〇〇人規模の計量調査結果が簡単に集計できるようになった。その恩恵は大きいが、事前の調査票の作成こそが成否を左右することは当時も今も真理である。

私は科学研究費に依拠した訪問面接法による都市における質問紙調査を一九八六年から定年までに一五回行ったが、直方調査の際に先生から直接ご指導いただいた調査票の作成方法を順守してきた。そしてそのノウハウを、毎回手伝ってくれた北大の社会学専攻学部生、大学院生、助手、助教に繰り返し教えてきた。

調査結果は計量調査でもインタビューによる質的調査でも等しく得られる。直方研究とそれに続く人吉と大野城調査研究でも、先生の方法は両者の併用であった。計量データの直接的集計はなさらなかったが、私が身近にいた時代は西日本新聞社調査部の優秀なスタッフが代行して、そのデータ集を丹念に読みつつ、追加計算の指示を繰り返して出されるという手法であった。

質的調査と量的調査の融合

一方で質的調査と計量的調査が組み合わされた研究も多い。二〇一二年一二月の社会分析学会大会（久留米大学）で、「調査人生の中で一番面白かった思い出深い」調査は「創価学会と都市的世界」であったと自らが断言された。それは「折伏の苦心談を聞き取りして、組織の膨張論を解明する」研究であり、綜合社会学そのものであった。サンプリング地区は福岡市の四地区、すなわち天神、大濠公園、箱崎、東浜の地区であり、対象者は四五〇名で、有効回収率は約六〇％の調査結果が各種の聞き取り調査とともに併用された。一九六二年段階ではデータ分析もクロス集計までであり、多くの観察結果は各種のインタビュー調査と先行する文献研究に依存するものであった。

先生の研究を質的調査と量的調査が融合した綜合社会学とみるのは、その分析手法の多様性と成果の豊かさにある。移動効果、共同体の崩壊感覚、急性アノミー、疎外、集団治療、ユートピア、共同体の回復体験、組織同調、そしてＡＧＩＬを活用した「組織無窮動モデル」の提示などに読み取れるのは、都市社会学という狭い分野をはるかに凌駕する広大な視点であった（鈴木、一九七〇：二五九〜三三五）。すなわちテーマも綜合的であった先生は、仮説の豊富さと分析法の綜合にも熱心であった。

このように調査については多くを教えていただいたが、ライフスタイルとしても学んだのは論文執筆と報告書作成の同時並行という方法であった。ワープロやパソコンがない時代、先生の研究室にお邪魔すると、いつも書き物をされていた。それは翻訳はもとより、繰り返される社会調査により収集されたデータの解説とともに、それを活用した雑誌論文原稿ではなかったか。

報告書と論文の区別はあるにしても、いずれにしても沢山のデータをいつもご覧になっておられたので、学会大会発表の頻度も高かった。日本社会学会だけではなく、日本都市社会学会、日本社会分析学会、西日本社会学会の大会でも登壇されることが多かった。

一九九二年三月に出された先生の還暦記念論文集（ⅠⅡ）には四三人の弟子と関係者が論文を寄稿した。冒頭には先生の英語論文とともに略歴と業績目録が掲載されて、学会役割活動も記されている。それによると、一九六六年に日本社会学会理事に初当選され、以後理事四期満了までの期間で、社会学評論編集委員会、研究活動委員会、社会学教育委員会などを歴任されている。そして、一九八二年には日本都市社会学会を創設され、より細かな分野の学問の水準の向上と後進の育成にもご尽力された。

社会学テキスト作成

その一環として、翻訳の実行と社会学テキスト作成が挙げられる。いずれも私ができなかったものであり、既述した一〇冊近い翻訳書とともに、『社会学を学ぶ』からはじまったテキスト作成が指摘できる。詳細は「参照文献」に譲るが、書名だけをかかげれば、既述した『現代社会の人間的状況』、『人間存在の社会学的構造』、『社会理論と社会体制』を経て、『都市社会学』、『社会学群像』、『リーディング日本の社会学　7　都市』、『現代社会を解読する』、『都市化の社会学理論』、『現代社会学群像』、『現代都市を解読する』、『社会学と現代社会』などが陸続と出版された。これらは社会学、都市社会学、社会学史の三つの分野にまたがっている。

そして二一世紀になってから「シリーズ社会学の現在」として三冊の監修本が出された。『理論社会学の現在』、『地域社会学の現在』、『家族・福祉社会学の現在』がそれである。これは先生のご判断で、当時内容にもっともふさわしい研究者に寄稿を求めて刊行された三部作である。

古希記念論集の刊行

私たちもまた先生の古希を記念して、九大で都市研究をご指導いただいた八名と日本都市社会学会の若い世代の九名が寄稿して鈴木広先生古希記念論集刊行委員会編（二〇〇一）を刊行した。先生にも「アーバニズム論の現代的位相」を書いていただくことが出来た。このなかで先生はアーバニズムの綜合社会学的アプローチを説かれ、消費を取り上げて、その延長線上に少子化と環境の劣化を指摘されている。先生の結論では、「個人の自由が価値判断の基準とされる限り、マクロ的な全体社会の持続がそのミクロの判断基準に算入されるプロバビリティはほとんどない。世界の状況にラディカルな変更がない限り、少子化という傾向に転換が起こる条件は、目下の都市社会には存在しないのである。だから近代は自滅過程を不可避的にたどることになる」（鈴木、二〇〇一：一二）。

私は同じ本のなかで、「男女共同参画社会」の「ラディカルな変更」として「子育て共同参画社会」を提唱して、二年後に制度として「子育て基金」を提唱した（金子、二〇〇三）。それに対して先生から『西日本社会学会年報』（第二号、二〇〇四）で丁寧な「書評」をいただけた。七三歳の先生から五四歳になった弟子への「書評」それ自体がたいへんありがたいことであった。しかも「著者三〇年の研究生活で得たすべてが見事に結集した総括の書である」、「論述は平易、データは豊富、社会学の本としては珍しく分かりやすい上、主張が明快なので説得力がある」と褒めていただけたことは著者冥利に尽きる。(11)

少子化研究の五課題

合わせて五つの課題、すなわち (1)少子化のマクロ社会学的な理論化、(2)少子化する外国の事例研究、(3)高度資本主義社会システムが少子化を導き出す過程への「介入」の問題、(4)高田保馬の「第三史観」の理解方法、(5)環境破壊と人口減・社会消滅、を教えていただいた。それから一〇年間で、(2)についてはフランス研究を少し行った（金子、二〇〇七）。(3)については「国家先導資本主義論」を展開して、(4)では連結思考の重要性を主張しつつ、マンハイムの「時代診断」を現代的に応用した（金子、二〇一三）。また、(5)では環境問題としての二酸化炭素地球温暖化論と自然エネルギー問題を取り上げるようになった（金子、二〇一二a）。(1)についても『社会分析』（二〇〇九）や『コミュニティの創造的探求』（二〇一一a）で試みたが、まだ不十分なままである。

鈴木社会学の継承

学説史に燦然と輝く「コミュニティ・モラール」と「コミュニティ・ノルム」は、ぜひ継承したい社会学界の共有資産である。とりわけその造語の瞬間に同席させていただいたものとして、この思いは格別である。その意味で、七つに大別される先生の社会学研究分野のうち、「都市化とコミュニティ」を軸として以下検討したい。

まず一九七三年直方研究では「コミュニティ・モラール」を誕生させられたが、「コミュニティ・ノルム」はまだ提唱されていなかった。その経緯を調べてみよう。手掛かりの一つは、直方研究が一段落した直後にお一人で書かれた『長崎市の都市構造と市民意識』（長崎市、一九七五年五月）にあり、『都市化の研究』にその一部が採録されている。長崎市研究は、一九七四年からお使いになった分析軸である「土着と流動」および「コミュニティ・モラール」のパラダイムによる詳細なコミュニティ調査であり、直方研究と人吉・大野城研究を媒介する内容が豊富にあるが、「コミュニティ・ノルム」への言及はまだない。

コミュニティ・モラールのDL理論

その萌芽は翌年の『都市構造と市民意識―福岡市民意識調査』（福岡市、一九七六年三月）で認められる。先生は一九七五年の七月に実施された福岡市調査に全力を投入され、都市社会学のコミュニティ、集団構造、市民参加などの重要なテーマをすべて盛り込まれた。「コミュニティ・ノルム」への直接的言及はまだないが、今でも新鮮な「コミュニティ・モラール・ディレクション」というアイディアが打ち出されている。これは「コミュニティ・モラールのDL理論」とも表現された[12]。

調査票全体には綜合社会学性が濃厚に認められる。ミルズのいう全体社会への配慮はもちろん、そこでの個人生活の位置づけにも等しく配慮がなされている。まさしく「一つの観点から別の観点へと移る能力」（ミルズ、一九五九＝一九六五：九）が都市調査のなかで体現された。大学院の演習でもしばしば言及されたマートンの中範囲理論の立場で、コミュニティの綜合比較社会学を実践され、人間生態学、社会心理学、都市計画、人口論なども駆使されている。

人口動向、生活環境、行動特性（投票行動分析、友人と近隣のインフォーマル関係、町内会、サークル型団体、住民運動型集団を含むフォーマル関係）が具体的なデータに基づき論じられ、以下のような発見が示された。

(1)既成集団の欠落が住民運動を発生させる。
(2)インフォーマル関係の豊かさが、住民運動加入の促進剤になっている。
(3)生活要件の上昇が展望できるときには、運動参加者が増える。

報告書の分担執筆者は三隅二不二先生だけであったが、その担当箇所が軽く書かれていることと対照的に、先生の分担章からはデータ分析の細やかさと表現の緻密さとなかんずく文体の持つスピード感と圧倒的な迫力が感じられる。

この報告書でコミュニティ・モラールのDL理論が初めて体系化されたのである。私は奥井賞を受賞された『コミュニティ・モラールと社会移動の研究』はもちろん繰り返し読んできたが、「一九七七年八月二二日拝受」と自分で書き込んだこの『都市構造と市民意識』もまた同じように精読してきた。予算年度内の一九七六年三月刊行という表記ではあるが、報告書本体が二二〇頁もあり、実質的には脱稿されるまで二年近くかかられたのであろう。

コミュニティの諸定義

報告書では「コミュニティとは、社会体系を地域というアスペクトで把握した場合のターム……したがって地域社会体系と言い換えても差し支えはない……われわれの社会生活・共同生活状態を地域という角度でとらえたとき、それをコミュニティという」（一九七六：三二）と定義されている。この指摘は重要である。また類似の表現も多い。「コミュニティは社会状態であり、〈モノ〉は〈ヒト〉のために対象化されるのだから、ここでは〈ヒト〉の方に比重をおいて考える」（同上：三三）。「コミュニティは何らかの『集積』状態である」（同上：三三）。これらの認識は、同時進行していた人吉と大野城での都市コミュニティ比較研究でも用いられた。

そして、「『望ましい』コミュニティ状態を、維持し、創出しようとする態度は、人によって積極的だったり消極的だったりする。この態度を軸として、コミュニティ意識を把握するとき、コミュニティ・モラールという」（同上：三三）と述べられた。調査票では具体的に「地域にかんする認知」、「地域との同一化」、「地域に対する評価」と表現され、これらはモラールの量的な高さであるとまとめられた。そして、「コミュニティのあるべき姿」をべつに用意され、「モラールの質」として位置づけられた（同上：三四）。

モラールの質

この後にいよいよ「モラールの質」について言及される。すなわち、実態としてのコミュニティに関する意識、理想としてのコミュニティに関する意識、実際の行動にあらわれたコミュニティ性を類別され、「この複合物としてモラールというタームをつかう」（同上：三四）とされた。この分類は人吉・大野城調査では見られない使用法である。

これらの準備を経て、「Direction（方向性）はコミュニティ理想意識（D）であらわし、Level（水準）はコミュニティ実態意識（L）であらわす」（同上：三四）が登場する。この背景には奥田「コミュニティ・モデル」批判があり、人吉・大野城調査でも踏襲されるパラダイムになる。ただし「コミュニティ・ノルム」ではなく、「コミュニティ・モラールを水準（量）と方向（質）の複合状態」（同上：三四）と考えるという表現に終始されている。今日私たちが共有している「コミュニティ・ノルム」は「コミュニティ・モラール・ディレクション」とされ、その質問項目は以下の通りであった（同上：九一）。

「A　平準・格差」

（甲）自分の住んでいる地域の利益ばかり考えないで、非常に困っているよその地域のことを第一に考えてやるべきだ。

（乙）やはり自分の地域の利益を第一に考えるのはあたりまえである。よその地域のために自分のところが損をする必要はないと思う。

「B　改革・伝統」

（甲）どんな地域にもくらしのモトになる「しきたり」がある。しきたりはなるべく守って、人の和をこわさないことが大切だ。

（乙）しきたりをただ守るよりも、みんなが討論して新しいしきたりを作りだしていかないと進歩がないと思う。

「C　主体・客体」

（甲）新しい住民も、もとからの住民にとっても、地域は生活の大切なよりどころであるから、住民がお互いにすすんで協力し、住みやすくするよう心がけるべきである。

（乙）しかし現実には、そこに永住しないひとなど、地域への関心もうすい人が多いので、もとからの住民や熱心なリーダーに、なるべくまかせた方がかえって万事うまくいく。

これが、「コミュニティ・モラール・ディレクション」であった。

同時進行していた人吉・大野城調査では、コミュニティ・モラールは、

- 「インテグレーション（統合）因子」：町のひとびとのまとまり、リーダーは地域のためにやっている、地域の人はお互いに世話しあっている。
- 「アタッチメント（愛着）因子」：自分の町の気がする、地域の悪口は自分の悪口の気がする、この町が好きだ。
- 「コミットメント（関与）因子」：町のために何かやりたい、一緒にする行事（運動会、寄付、清掃）に参加する方である、町内、校区内ですること（役員改選、年中行事、道路工事）に関心がある。

とされていた（鈴木編、一九七八b）。

一方、コミュニティ・ノルムは、

- 主体・客体（voluntarism―nonvoluntarism active-passive）

主体（A）私は地域の人とは進んで協力し、住みやすくするよう、できるだけ努力している。

客体（P）私は地域のことはあまりわからないので、よく知っている熱心で有能なリーダーに

まかせたほうがかえってうまくいくと思っている。

- 特殊・普遍（localism—cosmopolitanism）
  特殊（1）日本全体がよくなることも重要だが、何よりもまず自分の住んでいる地元をよくしていきたい。
  普遍（C）地元のことも大切だが、やはり今のような時代には、日本全体をよくするほうが先決である。
- 格差肯定・平準志向（discrimination—equalization）
  格差（D）自分の地域の利益を第一に考えたい。
  平準（E）非常に困った問題のある他の地域をまず考えたい。

であった（同上）。だから、福岡市調査のあとに先生ご自身のお考えが変化して、「コミュニティ・ノルム」へと進まれたのであろう。

「コミュニティのDL理論」は未完

二〇一二年一二月に行われた日本社会分析学会大会（久留米大学）で、「コミュニティ・モラールのDL理論」から「コミュニティのDL理論」へと進まれなかった理由をお尋ねした。これは長い間気になっていたからである。はっきりしたお答えはなかったが、かりにコミュニティ・モラールは「L」レベル、コミュニティ・ノルムは「D」レベルとすれば、社会システム（役割構造：資源配分、人員配分、価値システム）もまた、「L」レベル（資源配分、人員配分）と「D」レベル（価値システム）で組み立て可能であり、そこに新しい社会学の展開の可能性があると思えるので、これからもこの点は継承したいと考える。

私化する私性

その他にも先生独自の社会学概念はいくつかある。一つは「私化」現象に付随した「たえず全体化する全体性、たえず私化する私性」という分析軸が指摘できる。これは鈴木(一九七〇：一七三)ですでに出されている。常に「社会体制と私生活の関連の仕方の変化」を同時に観察される先生だからこそ可能であった。興味深いことにこの時点では、「たえず全体化する全体性(サルトル)とたえず私化する私性(privacy)」という表現になっていた。しかしこれが鈴木編(一九七五a)では、「サルトル」や(privacy)という注記が消える。逆に説明が詳しくなり、「戦前の日本社会では私的なる主観性はいつも『たえず全体化する全体性』という客観的過程のなかに包摂されていた。いま、主観的な私的な世界を完全に展開させたものは、ほかならぬ体制=たえず全体化する全体性の客観的世界である。相互に前提し合っているこの二重過程は、たがいに相反する方向に、たえず遠ざかっていく。しかも、解体なしにはけっして分裂することはない」(鈴木編、一九七五a：二六四)。

その後、研究活動委員会での「日本社会の現状分析」を経て、『社会学評論』一三四号(一九八三)の特集でも期せずして「私化」が中心的論点になり、先生の総括が掲載され、それは三年後の鈴木(一九八六)の「補説」として採録されている。

ボランティア活動のK(C)パターン もう一つは一九八六年に公表された「ボランティア活動のK(C)パターン」の発見である。これは当初「階層的二相性」として提起された。すなわち収入・学歴・階層の高さに比例して増えるボランティア行動をVパターン、逆の下層的要因をもった伝統的な相互援助行動をΛパターンとして、合成した地点にKパターンが存在するとされた(鈴木、二〇〇二：二八九~二九二)。これは一九八一年の福岡県民調査結果から発見されたという意味でも、先生は「調査の達人」なのであった。しかも、データを精査して、KではなくCパターンと表現を変えられた。先生の文章では「KはVとΛとCとの合成」(傍点原文、同上：二九二)となる。

大学院から北大定年まで、先生への学恩は言葉に尽くせないほど常に感じてきた。福岡県生まれの私が九大に入学して、社会学を専攻して先生と出会い、久留米大学から北海道大学に移り、そこで定年まで勤務したことは偶然の連続であるが、それは北海道のご出身の先生とは逆のコースを辿ることでもあった。北海道に移った直後は倉沢進先生や高橋勇悦先生からよくそれを指摘されたものである。「北海道生まれ、福岡暮らし、勤務の最後は久留米大学」の先生の反対のコースを偶然に選択した感慨は今でも強い。

学術面の特色

久留米大学から北大定年までの三六年間、論文や著書をまとめることには努力してきたほうだが、その原動力は先生に読んでいただけるからであった。大学院時代毎年三月に提出する「年次レポート」がその原点であった。そして必ず早い時期にハガキで簡単なコメントがいただけることが楽しみでもあった。

学問と芸術の共存

最後に、学問と芸術の共存について触れておこう。嘉穂劇場については残念ながら私は何も知らない。しかし、大学院生時代から傍で拝見していると、先生は歌がお好きであり、なかでも歌曲を好まれるように思われる。一九九四年三月末の九大退官記念のパーティが「鈴木先生を聴く会」であったように、端的には「からたちの花」、「浜千鳥」、「初恋」、「砂山」、「落葉松」などをよくお歌いになる。しかし、カラオケがない一九七〇年代中期でも中洲の店ではギター伴奏で歌謡曲を時々歌われていたし、北大に集中講義で来ていただいた際に行ったカラオケの店では、主に歌謡曲を熱唱された。ススキノでは「大利根月夜」、「天城越え」、「夢芝居」の歌声が強く印象に残っている。

私は小学生のころから歌謡曲を口ずさんできた。そして三〇年かけて、ヴェーバーの「音楽社会学」を勝手に応用して『吉田正』（ミネルヴァ書房、二〇一〇）を書いた。もとより「下手の横好き」だったが、一年後にお会いした際に先生は「大変難しい音楽社会学をよく書きましたね」とおっしゃったのである。

少子化の「書評」をいただいた時と同じく、以て瞑すべしであろう[13]。

注

(1) このうち形になったのは、三〇年以上も温めていた吉田正論だけである（金子、二〇一〇）。なお、オリジナルな歌を四曲収録したＣＤ『北の恋心』制作（二〇〇三）もこれに含まれるかもしれない。
(2) 東大の安田講堂が「落城」したのは一九六九年一月であり、その年三月の東大入試は中止になった。
(3) 鈴木先生の研究室のドアにもこの標語のポスターが貼り付けられていたと記憶する。
(4) 当時は岩波新書、中公新書、講談社現代新書しかなく、ほそぼそとこれらから数冊を購入して読んでいたに過ぎない。
(5) この世代を先生は「孤独な無宿者の群」とみられ、国内に「準拠集団」をもたない「非日本人」とされた。そして、この世代こそが「戦後」であり、「異常で、ショッキングな、とても理解できない、日本人とは関係のない野蛮な異分子のように見る」（『朝日新聞』一九七二年六月一〇日）と結論付けられた。修士課程一年時の切り抜きを残してきたのは、「この世代」の一員である私のショックが大きかったからである。
(6) 一九九三年に『マクロ社会学』と『都市高齢社会と地域福祉』、および二〇〇六年に『少子化する高齢社会』と『社会調査から見た少子高齢社会』を同時に刊行した際にもこの体験が役に立った。
(7) 詳しくは金子（二〇一一b）を参照。
(8) ちょうど一〇年後の二〇一三年にこれらは重版された。今でも若い人々に少しずつ読んでいただけているようである。
(9) 翻訳書の選定に理論社会学が多いことからも都市社会学の分野に限定されない綜合性が感じ取れるであろう。なお、マンハイムの『世代・競争』（誠信書房、一九五八年）は手元にないために、一九七六年のマンハイム全集の方を掲げた。
(10) ここで同世代の都市社会学者と見なしているのは倉沢進、奥田道大、高橋勇悦などの諸先生である。

(11) これは現在のところ品切れであり、再版の見込みはない。
(12) ディレクションとレベルを組み合わせる考え方は社会学の中では皆無であったので、当時も今も私は大いに気になりつつもまだ体系的に考察していない。
(13) 私はこれまで二回、鈴木広先生について書いたことがある。一つは一九九二年三月の「九州大学社会学同窓会ニュース」であり、「鈴木先生と私」というタイトルであった。もう一つは社会調査協会編『社会と調査』第一一号（有斐閣、二〇一三年九月）の「調査の達人」コーナーに、「コミュニティ研究にみる綜合社会学の精神」という一五〇〇字の短文を発表している。

参考文献

金子勇「住民参加論の問題状況」『社会学評論』第二七巻二号（一九七六年）七一〜七七頁。

金子勇『コミュニティの社会理論』アカデミア出版会、一九八二年。

金子勇『都市高齢社会と地域福祉』ミネルヴァ書房、一九九三年。

金子勇『都市の少子社会――世代共生をめざして』東京大学出版会、二〇〇三年。

金子勇『少子化する高齢社会』日本放送出版協会、二〇〇六年 a。

金子勇『社会調査から見た少子高齢社会』ミネルヴァ書房、二〇〇六年 b。

金子勇『格差不安社会のコミュニティ社会学』ミネルヴァ書房、二〇〇七年。

金子勇『社会分析――方法と展望』ミネルヴァ書房、二〇〇九年。

金子勇『吉田正――誰よりも君を愛す』ミネルヴァ書房、二〇一〇年
金子勇『コミュニティの創造的探求』新曜社、二〇一一年 a。

金子勇「時代を切り取る社会学」金子ほか『社会学の学び方・活かし方』勁草書房、二〇一一年 b、三一〜六六頁。

金子勇『環境問題の知識社会学』ミネルヴァ書房、二〇一二年 a。

金子勇「少子化する都市高齢社会」『都市社会研究』四号（せたがや自治政策研究所）（二〇一二年 b）、一一〜二〇

頁。

金子勇『「時代診断」の社会学』ミネルヴァ書房、二〇一三年。

金子勇編『高田保馬リカバリー』ミネルヴァ書房、二〇〇三年。

金子勇・長谷川公一『マクロ社会学』新曜社、一九九三年。

ミルズ（鈴木広訳）『社会学的想像力』紀伊國屋書店、一九六五年。

リプセット&ベンディックス（鈴木広訳）『産業社会の構造』サイマル出版会、一九六九年。

リプセット（鈴木広ほか訳）『革命と反革命』サイマル出版会、一九七二年。

ショート（社会分析学会訳編）『世界の社会学』恒星社厚生閣、一九八六年。

ボルダ（鈴木広監訳）『社会変革の挑戦』ミネルヴァ書房、一九八七年。

ハンター（鈴木広監訳）『コミュニティ権力構造』恒星社厚生閣、一九九八年。

鈴木広ほか「零細企業集団型都市の社会分析」『社会学評論』一三巻一号（一九六二年）、五九〜八四頁。

鈴木広訳編『都市化の社会学』誠信書房、一九六五年。

鈴木広『都市的世界』誠信書房、一九七〇年。

鈴木広ほか編『社会学を学ぶ』有斐閣、一九七〇年。

鈴木広編『現代社会の人間的状況』アカデミア出版会、一九七五年 a。

鈴木広編『現代地方都市の位置と課題』直方地域開発懇談会、一九七五年 b。

鈴木広『長崎市の都市構造と市民意識』長崎市、一九七五年。

鈴木広ほか『都市構造と市民意識』福岡市、一九七六年。

鈴木広ほか編『人間存在の社会学的構造』アカデミア出版会、一九七七年。

鈴木広編『都市化の社会学』（増補）誠信書房、一九七八年 a。

鈴木広編『コミュニティ・モラールと社会移動の研究』アカデミア出版会、一九七八年 b。

鈴木広編『社会理論と社会体制』アカデミア出版会、一九八〇年。

鈴木広ほか編『都市社会学』アカデミア出版会、一九八四年。

鈴木広ほか編『社会学群像』アカデミア出版会、一九八五年。

鈴木広『都市化の研究』恒星社厚生閣、一九八六年。

鈴木広ほか編『リーディング日本の社会学　7　都市』東京大学出版会、一九八六年。

鈴木広編『現代社会を解読する』ミネルヴァ書房、一九八七年。

鈴木広ほか編『都市化の社会学理論』ミネルヴァ書房、一九八七年。

鈴木広ほか編『現代社会学群像』恒星社厚生閣、一九九〇年。

鈴木広編『現代都市を解読する』ミネルヴァ書房、一九九二年。

鈴木広ほか編『社会学と現代社会』恒星社厚生閣、一九九三年。

鈴木広監修『理論社会学の現在』ミネルヴァ書房、二〇〇〇年。

鈴木広監修『家族・福祉社会学の現在』ミネルヴァ書房、二〇〇一年。

鈴木広監修『地域社会学の現在』ミネルヴァ書房、二〇〇二年。

鈴木広「非日本人の出現」『朝日新聞』一九七二年六月一〇日。

鈴木広「高田保馬の生家」『九州大学社会学会ニュース』(№八　一九七五年五月)、二頁。

鈴木広「アーバニズム論の現代的位相」鈴木広先生古希記念論集刊行委員会編『都市化とコミュニティの社会学』ミネルヴァ書房、二〇〇一年、一～一五頁。

鈴木広「ボランティア的行為における〝K〟パターンの解読」鈴木広監修『家族・福祉社会学の現在』ミネルヴァ書房、二〇〇二年、二七四～二九四頁。

鈴木広「書評　金子勇『都市の少子社会――世代共生をめざして』東京大学出版会」『西日本社会学会年報』第二号（二〇〇四年）、一七五～一七七頁。

鈴木廣先生還暦記念論文集刊行委員会編『鈴木廣先生還暦記念論文集』(ⅠⅡ)、一九九二年。

鈴木広先生古希記念論集刊行委員会編『都市化とコミュニティの社会学』ミネルヴァ書房、二〇〇一年。

鈴木広先生喜寿の会世話人編『鈴木広先生「喜寿の会」発表レジュメ集』二〇〇八年。
千石好郎「書評論文　日本社会学の現状打破への熱い想い：金子社会学の中間決算書　金子勇『社会分析：方法と展望』」『西日本社会学会年報』第九号（二〇一一年）、七五～八一頁。

（日本社会分析学会編『社会分析』第41号、二〇一四年三月）

おわりに

　私が実践してきた社会学は、研究対象とする社会的事実や社会事象を見て、先学の研究成果を学び、関連する統計資料を読み、関係者の話を聞き、それらを総合しながら全体像を構築しようとするものであった。新聞や雑誌の短編であってもその原則を守り、可能な限り社会学的な水準を維持できるように努めた。

　ただ社会的事実や社会事象はたくさんの複合要因があるので、特定の視点または一つの切り口ないしは一元的な基準を用いるよりも、欲張りながらも複数の判断軸を活用したほうが生産的であり、微力ながら本書でもその方法を踏襲している。それらは、男女（gender）、世代（generation）、都市部と非都市部（community）、階層（haves と have-nots）の四軸である。

　これらの視点における男女（gender）は、文化的な差異を持つ性から構成される。世代（generation）は高齢者（old）と中年（middle）と若年（young）に大別される。コミュニティ分類の基本は urban と rural だが、「少子化する高齢社会」では、定住人口数を用いて過密都市（over-population）と過疎地（under-population）が分かりやすい場合も増えてくる。また、階層論でも「持てる人々」（haves）と「持たざる人々」（have-nots）の二分法と同時に、別の表現である裕福者（rich）と貧困者（poor）を使うこともある。いずれにしても、調査結果の解析に有効な基準は、男女、世代、コミュニティ、階層の四基準であるという方針を堅持した。

　これらの主要な判断基準から、現代日本でマジョリティないしはマイノリティとして認められる社会的事実に対して自分なりの得意な切り口を選択し、正確な認識に向けて研究する。学術的な個性とはそういう所からしか出てこない。世代でもコミュニティでも構わないが、得意な判断基準に特化する方がいい。絵画でも黄色を好む画家もいれば、青を得意とする画家もいる。ここには和辻哲郎の次の言葉がふさわしい。「美術に進歩をもたらそうとすれば、先のものが見のこした新しい美を見いだし、それに新しい形づけをしなくてはならない」(和辻哲郎『埋もれた日本』新潮社、一九八〇:四七)。

音楽で言うと、ヨナ抜き五音階が好みの作曲家、和声短音階が得意な作曲家、長音階が得意な作曲家などがいるし、ファに♯を使う人、ファとソに♯を使う人などいろいろいる。またリズムで勝負する作曲家とメロディ優先の作曲家などがいるが、基本的にはどれがいいという議論にはならない。それは時代が決めるからである。吉田正の楽曲を点検した「音楽社会学」の経験から言えば、和辻の言う「伝統の異なる他の様式が、しばしば天啓的な示唆を与える」(傍点原文、同右、五七)は真実である。

都市化、高齢化、少子化にしても、いずれも当該分野の先行研究から実証的な社会分析の方法論と成果を学んだうえで、課題の解明のために地方都市で五〇〇〇人規模の訪問面接調査を行い、計量的な分析を加えたり、インタビューを軸とした質的調査を併用してきた。統計資料や歴史的資料を読み解く一方で、量的・質的調査結果を駆使したオリジナルな一次資料から論文や著書をまとめながら、不十分とはいえ簡単な学説史と理論社会学の成果も学んだので、そこでの諸概念を選択して具体的なテーマに応用しながら、使いこなす努力をした。その過程で自然に道具箱が増えて、社会的事実の豊かさに気がついた。

現代社会学の祖を、仮にコント、トックビル、マルクス、ヴェーバー、パーソンズとすれば、コントのいう社会秩序を維持するには、ヴェーバーのいう合理性による思考を重ね、マルクスが必然とみた対立を緩和し、パーソンズが強調した共有価値を担い、トックビルが見抜いた平等な関係を新しく創造するという大きな課題に到達する。本書の短編でも、これらは明示的ではないにせよ全体としては意識されている。

ただし、私の学的な営為の第四に登場した「環境問題」は対象の多くが自然現象であるために、知識社会学の手法に依拠することになった。二酸化炭素を実験室で直接的には扱えないが、その濃度が増加して地球温暖化が進むという言説には、この手法が有効である。社会学でも、自然科学の成果を二次資料として解読することは可能である。

特に「三・一一」以降に登場した反原発運動は、被災地の復興のためのインフラ整備や地域社会づくりを後回しにしたうえに、電力料金を引き上げるという顕在的逆機能を発揮した。さらにその運動は電力料金の継続的な高騰に拍車をかけるようになった。日本における土地の制約を完全に無視したうえに、火力発電や原子力発電との代替性に乏しい太陽光発電や風力発電などの自然再生エネルギーに寄せられる過度の期待からは、強い社会的ジレンマも感じ取れる。

なぜなら、被災地の復興のための本格的インフラ整備を行うには膨大な二酸化炭素の排出が不可欠であり、それはこの二〇年間の地球温暖化論とは衝突してしまうからである。同時に復興にも大量の電力の安定供給が望まれるが、予定されている程度の自然再生エネルギーではそれは全くの期待薄でしかないからである。

この両者を合わせて「環境史観」と命名したのは、「少子化する高齢社会」がいわば「人口史観」に立脚しており、二一世紀の先進国ではこの両史観は共存する運命にあると考えたからである。

社会学の祖であるコントの言葉、「建設的理論のみが、社会全体を新組織への道に導くことによって、危機を終息させる」(清水幾太郎編『コント　スペンサー　世界の名著　四六』中央公論社、一九八〇：六〇)は、平成の今日でも真理である。

そのために、「科学のみが寄与できる事柄とは、経験的実在［そのもの］でもなければ、経験的実在の模写でもなく、ただ経験的実在を思考により妥当な仕方で秩序づける、概念と判断である」（ヴェーバー、折原浩補訳『社会科学と社会政策にかかわる認識の「客観性」』岩波書店、一九九八：一五八）を座右の銘として、ささやかな実証的研究を行ってきた。その一部を本書により公開できたことは大きな喜びである。これまでの長編とは異質の形式ではあるが、何らかのメッセージが届けば幸いである。

索　引

さ　行

た　行

な　行

は　行

ま　行

や　行

ら・わ行

欧　文

《著者紹介》
金子　勇（かねこ・いさむ）

1949年　福岡県生まれ。

1977年　九州大学大学院文学研究科博士課程単位取得退学。

現　在　北海道大学大学院文学研究科特任教授。同大学名誉教授。

文学博士（九州大学，1993年）。

第1回日本計画行政学会賞（1989年），第14回日本都市学会賞（1994年）。

北海道大学研究成果評価「卓越した水準にある」SS認定（社会貢献部門）（2010年）。

著　書『コミュニティの社会理論』アカデミア出版会，1982年。

『高齢化の社会設計』アカデミア出版会，1984年。

『都市高齢社会と地域福祉』ミネルヴァ書房，1993年。

『高齢社会・何がどう変わるか』講談社，1995年。

『地域福祉社会学』ミネルヴァ書房，1997年。

『高齢社会とあなた』日本放送出版協会，1998年。

『社会学的創造力』ミネルヴァ書房，2000年。

『都市の少子社会』東京大学出版会，2003年。

『少子化する高齢社会』日本放送出版協会，2006年。

『社会調査から見た少子高齢社会』ミネルヴァ書房，2006年。

『格差不安時代のコミュニティ社会学』ミネルヴァ書房，2007年。

『社会分析——方法と展望』ミネルヴァ書房，2009年。

『吉田正——誰よりも君を愛す』ミネルヴァ書房，2010年。

『コミュニティの創造的探求』新曜社，2011年。

『環境問題の知識社会学』ミネルヴァ書房，2012年。

『「時代診断」の社会学』ミネルヴァ書房，2013年，ほか。

叢書・現代社会のフロンティア㉑
「成熟社会」を解読する
——都市化・高齢化・少子化——

2014年3月20日　初版第1刷発行　〈検印省略〉

定価はカバーに
表示しています

著　者　金　子　　勇
発行者　杉　田　啓　三
印刷者　坂　本　喜　杏

発行所　株式会社　ミネルヴァ書房
〒607-8494　京都市山科区日ノ岡堤谷町1
電話代表　(075)581-5191
振替口座　01020-0-8076

冨山房インターナショナル・新生製本

ISBN 978-4-623-07010-7
Printed in Japan